管 理 实 验

覃 正 编著

科学出版社

北 京

内 容 简 介

全书共分为六章。第一章介绍管理实践与管理思想演进以及主要的管理理论体系;第二章介绍科学技术与管理思想、实践的相互关系,讨论云计算、物联网等新技术对管理思想、管理实践创新所产生的影响;第三章介绍管理实验基本知识以及管理实验的发展,并进一步探寻管理实验与其他实验的关系;第四章介绍实地研究方法、仿真实验方法以及空间变换方法,通过实例探讨此三类方法在实际管理问题中的具体应用;第五章介绍管理实验产生、发展过程中的六类经典实验案例;第六章介绍针对现实生活中的管理问题设计的房地产开发商市场决策实验、毕业生职业选择倾向实验等十个管理实验。

本书可以作为管理科学与工程学科相关专业高年级本科生和研究生的教学或参考用书,也可作为工商管理、公共管理、EMBA、MBA 和 MPA 等相关专业的参考用书。

图书在版编目(CIP)数据

管理实验 / 覃正编著 . 一北京:科学出版社,2014
ISBN 978-7-03-040106-9

Ⅰ. ①管… Ⅱ. ①覃… Ⅲ. ①管理实 Ⅳ. ①C93

中国版本图书馆 CIP 数据核字(2014)第 046477 号

责任编辑:王京苏 / 责任校对:阴会宾
责任印制:阎 磊 / 封面设计:无极书装

科 学 出 版 社 出版

北京东黄城根北街 16 号
邮政编码:100717
http://www. sciencep. com

骏 杰 印 刷 厂 印刷

科学出版社发行 各地新华书店经销

*

2014 年 3 月第 一 版 开本:787×1092 1/16
2014 年 9 月第二次印刷 印张:14 1/4
字数:337 000

定价:68.00 元

(如有印装质量问题,我社负责调换)

前　言

伴随社会、经济、科技的迅速发展，新管理问题不断涌现，管理者面临的管理问题日趋复杂。现有管理思想、方法和工具解决这些新问题还需要进行大量新的实验、探索和创新。管理实验作为观察管理现象和探索管理规律的实验研究方法，以实验形式解决现实中的复杂管理问题。管理实验能够对复杂管理问题本身进行简化、对管理问题构建的模型进行简化、对管理问题模型的求解进行简化。管理实验还能够为丰富已有理论，发现新的、未知的理论及为管理理论实证研究提供科学依据。

管理实践的发展正在超越传统组织向全球组织，尤其是向高密集型信息化组织方向发展，管理新思想、新方法的探索与实验正在超越传统研究向虚拟研究，尤其是向网络研究、数字研究方向发展。时代的快速变化使管理科学的实践与实验均表现出高度的敏感性。管理科学与实践的发展要求管理科学工作者不断从新的视角对新环境下管理科学的实践与实验进行创新思考。

本书系统介绍了管理实验的基本特征、基本原理和基本方法，同时介绍了基于实验分析、设计和实施的全过程。本书针对现实生活中的几类复杂管理问题设计了相应的管理实验，为读者运用管理实验方法解决实际问题提供参考，期望能够和读者一起探索解决管理问题的新思维。

本书编写在上海财经大学信息管理与工程学院博士生导师覃正教授的指导下完成。参加本书工作的有陈媛、崔丽丽、邵志芳、于长锐、张娥等老师，以及冯丽、袁圆、戴佳丽、黄在鑫、桑林莉、赵丽娜、咸劲、陈宗炜等研究生，在此表示衷心的感谢。本书的编著参考了大量国内外文献书籍，这些成果对本书的成文起了重要作用，在此向有关作者表示衷心感谢。书中难免有不妥之处，敬请广大读者批评指正。

作者

2014 年 1 月

目　录

第一章　管理实践与管理思想

管理由来已久，管理理论源于集体协作，管理既是一种普遍的社会活动，又是一种特殊的实践活动。管理活动自有人类社会以来就存在，管理实践的历史几乎和人类历史一样悠久。本章简要介绍管理实践活动、管理思想演进、管理实践与管理思想之间的关系以及主要管理理论体系。

内容提要

第一节　管理实践与管理思想的演进
第二节　主要管理理论体系

本章学习要求

> 通过本章学习，了解管理实践活动、管理思想的演进，掌握管理实践与管理思想之间的关系，熟悉主要管理理论体系。

基础知识

(1)管理。管理是通过计划、组织、领导、控制及创新等手段，结合人力、物力、财力、信息等资源，以期高效地达到组织目标的过程。管理是基于人性和人群差异性基础上的民主化、科学化操作，以达到预期目标的活动过程。

(2)管理实践。管理实践是管理人员能动地改造和探索现实管理世界的社会性的客观活动，它具有客观性和社会历史性。

(3)管理思想。管理思想是人们对在管理过程中发生的各种关系的认识总和，是包含一系列观念或观点的知识体系，它是指导管理人员从事各项管理活动的路标和蓝图。

(4)管理科学。管理科学(management science)是研究人类管理活动规律的一门基础性科学，它包括管理的思想、理论、理念，以及管理者制定决策的科学的、富有逻辑的、合理的方法。它以经济学、行为学、数学、计算机科学和复杂科学作为理论基础。管理科学与管理之间是理论与实践的关系。管理科学对社会的发展和进步有整体推动的作用，在国家学科体系中占有重要的地位。

(5)科学管理。科学管理又称古典管理理论、传统管理理论，是以美国的 F. W. 泰勒(F. W. Taylor)为代表的管理阶段、管理理论和制度的统称。泰勒把科学管理概括为：科学，而不是单凭经验办事；和谐，而不是合作；合作，而不是个人主义；以最大限度的产出，取代有限的产出，每个人都发挥最大的工作效率，获得最大的成功。

第一节　管理实践与管理思想的演进

本节将以生产力的时代发展和更替为主线，根据不同时代劳动生产活动中遇到的具体管理问题，阐述应运而生的管理实践活动。由于年代久远，古代管理活动大都已很难从文献中查证翔实，因此对管理实践活动的回顾在古代部分将以各国的管理思想和活动为主，现代部分将从现代管理理论萌芽的时代开始，对一些典型的管理实践活动作较为详细、系统地介绍。

一、远古时期的管理实践与管理思想

（一）中国古代的管理思想与实践

中国几千年的浩瀚历史造就了丰富的管理思想，许多管理思想至今仍具有借鉴意义，更有不少管理实践的成果仍为今人仰止。然而，尽管拥有博大的古代管理思想宝库，但这些管理思想与活动多零星分散在各种对人物、事迹或历史进行记录的著作中，加之年代久远，对这些管理思想和实践活动的整理和叙述已很难形成较为系统的知识体系。

中国古代传统的管理思想可分为宏观管理的治国学和微观管理的治生学两个方面。治国学主要适应中央集权的封建国家统治与管理的需要，包括财政田税管理、人口田制管理、市场管理、货币管理、漕运驿递管理、国家行政管理等方面；治生学则是通过官、民在生产发展和经济运行中的实践活动逐步积累起来，包括农副业、手工业、运输、建筑工程、市场经营等方面的学问。以下将从组织管理、经营管理、生产劳动管理、人员管理、军事管理等几个方面对中国古代的管理思想和实践活动进行回顾。

1. 组织管理实践与思想

严密的官僚组织管理制度是中国长达几千年的封建统治得以延续的基石。该制度最早可追溯到周朝。周公在《周礼》一书中对政治、经济、财政等方面设计了一套完整的封建国家管理体制。自周朝以后，历代封建王朝为提高国家管理效率，都非常重视组织管理，为封官定职编制了详细的官职表，其层次分明、职责清楚、权责明确。在漫长的封建社会统治过程中，我国逐渐建立了完善的高度集权的行政管理体制，历代封建王朝的统治是对这些组织管理制度的最好实践。

组织管理在古代军队治理方面得到广泛的应用，孙武在《孙子兵法》中曾提到军、旅、卒、伍的军队编制，层次关系明晰，编制比较完备。《孙子·势篇》中提到：“凡治众如治寡，分数是也；斗众如斗寡，形名是也。”意为管理人数的多与少，只要抓住编制名额有异这个特点即可，这与现代“按一定的管理层次和幅度建立组织机构”的管理思想类似。得益于有效的军队管理，中国古代军事相当发达，这从版图的扩张和辽阔的疆域范围可见一斑。

2. 经营管理实践与思想

中国古代有许多善于经营的商贾名人，他们在经营活动中积累的经营理财思想和经营管理艺术卓有成效。然而，在中国烟波浩渺的历史长河中，这些人物所占份额并不

多，仅有部分在史书有所记述。司马迁就在《史记·货殖列传》中记述了从先秦到汉初的一些经营家的经营之道，其中最为著名的有范蠡的"待乏原则"与"积著之理"以及白圭的"乐观时变"。春秋末期楚国宛人范蠡对商品价格与供求关系有着两条著名的经营之道：一是待乏原则，即市场上的物资应根据需求预测行情，预先收储以待时机，方有利可图；二是积著之理，其是指获取利润的方式，即通过商品供给量预测价格，贵则跌，贱则涨，要使资金经常流动、运作，才能获得好的效益。战国时期周国人白圭根据农业生产周期进行经营，强调观察农业丰收对市场动向的影响，把商情预测作为经营决策的基础；采取"人弃我取，人取我与"的经营策略；减少耗费，降低经营成本；主张薄利多销，数量上取胜的经营之道；主张简朴节约，与手下人同甘苦的经营方式。

在财务管理方面，中国古代早已实行会计制度和审计制度。在会计方面，南宋时期就已有人（见郑伯谦《太平经国之书》）主张将出纳和会计分离，还主张将司令和司书分开，便于实行会计监督。在统计分析方面，明代邱俊曾对公元1283～1329年共47年的海运、漕运记录逐年按起运实收和提携数量作了详细统计，从而得出了海运损耗较漕运小的结论。

3. 生产劳动管理实践与思想

民以食为天，国以食为政，农业生产是关系国计民生的大事。中国古代的生产劳动管理思想主要体现在农业生产、劳动分工及大规模工程建设方面。

农业生产管理一方面注重于农业生产结构的管理，即"务五谷，养桑麻，育五畜则民富"（《管子》）；另一方面注重根据时节、地理情况进行农业生产，即"顺天时，量地利"（《齐民要术》）；重视水利修建，早在战国时期秦国人李冰父子就修建了我国历史上最大的水利工程——都江堰；重视生产技术和生产工具，墨翟提出了劳动分工的思想，荀子认为群体协作具有重要的作用，孟子则提出了脑力劳动和体力劳动分工、管与干分开的思想；在运输方面，元代董博霄曾提出"排列成行"、"人不息肩"的运输作业方法，可缩短操作过程，减少不必要的停滞时间，提高工作效率，符合科学管理的原则。

4. 人员管理实践与思想

人员管理即"重人"是中国传统管理的一大要素，其包括两个方面：一是重人心向背，二是重人心归离。孔子、孟子、老子、管子等古代思想家们在著作中都提及了这种以人为本的管理思想，故中国历来讲究得人之道、用人之道，不但建立了较为完善的科举制度，而且在人才选拔录用时更加注重实际考察，下面分别从人才选拔机制和用人机制进行阐述。

在人才选拔中素有"选贤任能"、"任人唯贤"的主张，注重以仁义道德文章为选拔标准，同时对其进行观察、考察、调查、检察。对能力的考察有两项根据：一是看其研究问题的方法，是就事论事地研究问题，还是追根溯源地研究问题；二是看其解决问题是否具有全局视野，其解决方案是否符合可持续发展的原则。

在人才使用中注重人才的培养教育，使其"小人远之"、"君子近之"，成为国家和组织的有用人才。培养教育要讲究教之道，即因材施教。当人才进入到管理层时，要注重提高自身素质，重视自身的修养，倡导"格物—致知—正心—诚意—修身—齐家—治国—平天下"，表现了管理层通过自我修养、自我约束，以人格影响力强化管理的一种思想。

5. 军事管理实践与思想

中国古代的军事管理思想以"谋略"、"运筹"为中心，强调"人谋"，要求"谋定而动"，这恰恰体现了竞争的思想，要在竞争中博取胜利就必须有谋略。产生于两千多年前的《孙子兵法》，是中国古代军事管理思想的代表，其运筹与决策思想体现了预见性、系统性、严密性、权威性、及时性、灵活性、实践性和科学性等特点。谋定而动、全胜、决定胜负的"五事"、"七情"、以奇制胜等都是《孙子兵法》的思想精髓。此外，《孙子兵法》还体现了"慎战"的思想，"兵者，国之危器也"说明战争事关国家兴衰存亡和百姓的生死祸福，用兵一定要理智。

时至今日，孙子的管理思想广泛适用于战场、商场，《孙子兵法》更是众多企业经营管理者必读的书籍。

(二)其他文明古国的管理思想与实践

相比中国古代的管理思想和实践活动，西方一些古国(如古埃及、古巴比伦及古罗马等)的管理思想更具现代管理思想的雏形。

1. 古埃及的管理实践

历史研究发现，埃及早在古代文明时期就已提出了诸如"计划"、"分工"、"控制"及"领导"等十分丰富、广泛的管理概念。

在组织管理方面，古埃及人在法老之下设置了各级官吏，其等级分明、职责清晰的程度不亚于古代中国。宰相是最高级的官吏，辅助法老处理全面政务，总督王室、农庄、司法、国家档案、公共工程的兴建；宰相之下设有大臣，分别管理财政、水利建设及各地方事务。上至宰相，下至书吏、监工，各有专职，形成了以法老为最高统治者的金字塔式的管理机构。

古埃及最著名的管理实践莫过于闻名世界的金字塔，金字塔的建造集中体现了古埃及人的管理水平。金字塔的建造时间大约在公元前5000年，其工程之浩大，技术之复杂，至今仍被视为难以想象的奇迹，是世界七大奇迹之一。胡夫金字塔的建造用时30年，耗用230多万块重2.5吨的石块，动用了10万多人才建成。在工程建造方面，除了金字塔，古埃及人还修建了许多灌溉系统，利用尼罗河每年的洪水进行灌溉。类似这样的大型工程的设计、构思、建造、组织和管理等实践活动代表着当时最高的管理水平。

2. 古巴比伦的管理实践

古巴比伦文明是底格里斯河与幼发拉底河流域文明的重要代表。公元前2000年左右，古巴比伦国王汉谟拉比颁布的《汉谟拉比法典》是奴隶社会中全面地反映对国家进行管理的思想及法律典范，其中对人的活动作了许多规定，蕴涵着丰富的管理思想。例如，法典中明确规定，若商人的经商过程中出现不当得利纠纷，要受到相应的处罚；法典还明确了对违约责任的惩罚以及对雇佣劳动报酬的工资规定等。

在汉谟拉比之后，统治者尼布查理萨建造了赫赫有名的"空中花园"。"空中花园"建筑在较高的铺满了厚厚土壤的平台上，其利用支撑平台的柱子中铺设的抽水设备，将幼发拉底河的河水抽送到上层花园进行灌溉。使古巴比伦闻名的还有"巴比伦塔"、"马杜克神殿"、"伊舒达门"等大型建筑。在气候干燥、遍布风沙的中东地区，修建并维持这些奇迹式的大型建筑的难度可想而知，因此古巴比伦这些奇迹的建造和维护堪称古代管理实践的典范。

此外，古巴比伦人在生产控制方面也进行了卓有成效的实践探索活动。在古巴比伦的纺织工厂中，设计了一套颜色标签制度。不同时间进厂加工的棉纱被附以不同颜色的标签，这样就能够根据标签知道每一批棉纱在厂中加工的时间长短。同样，在谷仓中也使用了一套类似的"批量识别"方法：将谷物存储在庞大的瓦罐中，每一个瓦罐在封口时均被附以一根染了不同颜色的芦草，借此可以得知每一个瓦罐中的谷物存储的时间。这些具体的生产控制和物料控制的方法，至今仍为业界所采用。

3. 古希腊的管理实践和思想

古希腊人注重思考用科学方法来提高管理技术，并在发展工商业中认识到了提高劳动效率的问题，借此研究并推行了一些提高劳动效率的方法，如结合音乐节奏推行标准动作。正是在这些管理实践活动的摸索过程中古希腊人产生了许多宝贵的管理思想，对管理理论的形成起着相当重要的作用。

在公元前 370 年，希腊学者色诺芬对于制鞋过程中分工的描述与科学管理思想非常接近。他认为，如果人集中精力做一种最简单的工作就会做得更好，基于这种思想，色诺芬详细地论述了分工的优越性。哲学家柏拉图（Plato）进而提出了劳动分工原理，该原理源于这样的事实：人的需要是多方面的，而人的天赋却各有不同。从效率和质量的角度来看，人应该在适当的时机做最擅长做的事情，因而必须有分工。

苏格拉底和亚里士多德（Aristotle）明确指出，私人事务管理和公共事务管理有很多相似之处。他们由此提出了管理活动的普遍意义，并将管理活动同知识、技术、经验区别开来，认为管理是一种独立存在的活动。这些思想对后来管理理论的形成有重要的影响。

4. 古印度的管理思想

作为世界四大文明古国之一的古印度，其管理思想也相当丰富。对管理实践进行总结的代表性著作是婆罗门·考提里亚的《阿色萨斯特拉》，即《政事论》。考提里亚认为，国家是人类历史发展的必然结果，也是社会进一步发展所必需的。《政事论》是关于国家结构的科学，里面记载了关于印度孔雀王朝时代的情况，全面、细致地阐述了很多关于国家管理的理论和实践问题，涉及国王、大臣和顾问的权力与责任，咨询会议、政府各职能部门及其他部门之间的关系，外交、战争与和平的问题等。

关于国家机构，《政事论》中记载了 32 种高级官吏的职责，并且阐述了国家对这些官吏的监督，设有专门的机构进行监督，有些监督人员是定点的，而有些则是巡视的监督人员。即使官吏的活动正常也需要常常更换他们的职位，如果违反了相应的规则就要受到责罚。

此外，《政事论》中还有一些关于贸易与贸易关系、农业、税收与国家收入、手工业、灌溉和航运的资料。中央政府设有专门管理灌溉的机构，大规模地利用人工灌溉，促使河畔流域成为繁荣的农业区域。灌溉的发展提高了经济作物的种植，从而促进了纺织业、冶金业和木材手工业的发展。各种手工业的发展促使了专业化分工的出现，如弓箭的制造就由 3 个不同的生产部门分别进行生产。另外，自由手工业者还联合成立了类似于同业工会或行业协会的特殊组织。不仅如此，随着商品的丰富，贸易也逐渐发展起来(包括对外贸易)。为了从海路进行贸易，《政事论》中还提到了管理航海的机构，该机构负责管理那些远航的船舶。

5. 古罗马的管理思想

古罗马时代高水准的管理思想体现在立法、组织管理、经济等多个方面。罗马共和时期实行行政、立法和司法分离的管理体制，如《十二铜表法》。古罗马人不仅在政治、军事、组织上体现了先进的管理思想，而且在建筑、农业、医学等方面也显示了杰出的管理才能。

在组织管理上，迪奥克利谦大帝认为罗马帝国过于庞大，属下人员太多，事务太杂，需要对国家进行重组以实现有效的管理。为此他设计了一套新的组织体系结构，把军队和政府分为不同的权力层次，对每一层次规定了严明的纪律以保证组织职能的发挥。该体系将帝国分为100个"郡"，归为13个"省"，进一步把"省"归为四个"道"，其中三个"道"分别各设一个大臣治理，而第四个则由他亲自治理。凭借较高的管理技能和合理的管理机构，罗马成为横跨欧、亚、非三洲的世界大帝国。

此外，罗马天主教会的组织和管理也独具特色。他们最早采用了职能式的组织形式，并建立了分级管理的权力等级制度，现代管理理论中所推崇的"参谋式管理"也在教会中得到了普遍运用。教会的各项事务，设有专门的咨询机构，并在此基础上推行了一种强迫性的咨询制度。正是这种先进的组织方式，使罗马天主教会从一个地域性组织逐步扩张为一个代理人全球化组织。

二、现代管理的形成

管理思想与管理理论的产生、发展和应用都与管理实践活动有着密切的联系。从近代历史上生产力发展的几次重大跨越可以看出，技术的革新和应用使得全社会的生产方式发生了重大的转变，原有的管理方式也必然随之发生变化。在这个转变过程中，许多一线的管理者、实业家，针对实际生产中遇到的具体问题进行了管理上的探索，总结了较多的管理经验。随着管理经验的积累，对管理思想的抽象逐渐上升到理论层面，经济学家、管理学家也从不同的角度研究和探讨管理问题，不同的思想、流派、理论由此产生，继而发展形成了现在的管理学理论。

从14~15世纪开始，随着欧洲资本主义萌芽的产生，现代管理的萌芽也逐渐产生。进入18世纪60年代后，以英国为代表的西方国家开始了第一次工业革命，使生产力有了很大发展。为了适应新技术引发的生产方式转变，许多经济学家、实业家都针对特定的管理问题进行了许多探索性的实践活动，总结了相当多的经验。这一阶段的后期真正出现了科学化的现代管理理论。由于现代工业文明萌芽于14~15世纪，始于18世纪工业革命时期，对现代管理实践活动的简述也将以14~15世纪为起点。根据管理实践与生产方式变化的关系，以下对管理实践活动的讨论将以标志性的生产力革新或重大事件为划分依据，分几个阶段介绍不同时代背景下的现代管理实践活动。

(一)工业革命前(14~16世纪)

6~15世纪，整个欧洲处于封建制度和天主教会的统治之下，经济社会发展缓慢。直到十字军东征,被压抑的经济才逐渐活跃起来。资本主义的萌芽在中世纪后期和文艺复兴时期开始出现。随着城镇的兴起,产生了家庭式的生产组织以及劳动分工推动下的工场。此阶段系统的管理思想和理论并没有成型,而管理实践活动随着生产方式和生产组织形式的变化取得了较大的发展。这些管理实践活动是古典管理理论产生的基础。

从 14 世纪开始,随着航海的发展和对外贸易的开展,贸易活动中的一些实践摸索逐渐出现。例如,1340 年卢卡·帕西奥利首先提出的复式记账的概念就是针对威尼斯的大贸易商号中需要记录商业交易而展开的实践活动。1395 年,弗兰西斯科·第·马科实行了成本会计的方法。1410 年,索兰佐兄弟开始在贸易中应用日记账和分类账。到 1436 年,威尼斯的兵工厂已经使用成本会计方法,并且使用用于控制和平衡的方法对库存零件进行编号,提出库存控制和成本控制方法。管理者们在实际操作中逐渐认识到零件互换的重要性,进而提出了零件的标准化。同时,他们也认识到人事管理的重要性,逐步开始使用装配线技术。15 世纪初的威尼斯已发展为著名的水上商业城市,其主要工业造船业也开始采用了"流水线"形式进行生产。威尼斯的造船厂修建在河上,河的两岸都是按造船工艺程序的先后而顺序排列的仓库,船体的制造过程通过"流水线"作业方式,每完成一道工序,船就向前推进一步,直到完工。这种初级的"流水线"作业法可以认为是现代工业中自动装配线的原型。

许多思想家、历史学家将当时的管理思想和方式记录下来形成著作。1494 年,帕西奥利在《论算术、几何、比例和对称》一书中使用文字的方式描述了复式簿记的原理、方法和技术。1500 年,在《乌托邦》一书中,英国的托马斯·莫尔描绘了乌托邦国家的政治制度、组织形式,其中基本生产单位是家庭,每个家庭从事一种手工业。莫尔赞成进行专业化,其使得人人各尽其能。1525 年,意大利的尼科洛·马基雅维利在《君主论》中提出了四项领导原理,即得到群众的拥护、维护组织内部的凝聚力、具备坚强的生存意志力、具有崇高的品德和非凡的能力。

(二)工业革命时期(18~20 世纪初)

1. 机械工业革命时代(18~19 世纪)

> 时代背景:手工制造转变为机器制造
> 时代特征:生产力在手工制造基础上得到极大解放
> 面临的问题:机器与人的配合,工厂的管理
> 管理实践活动:工厂制度

进入 18 世纪 60 年代后,以英国为代表的西方国家开始了机械工业革命,使生产力有了很大发展。为了适应手工生产向机器生产的转变,越来越多的工厂主都面临管理方面的问题。

机械工业革命以棉纺织工业技术革新、矿石燃料供给、蒸汽机技术的改进和焦炭冶炼革命为先导。随着蒸汽机技术的日臻成熟和燃料供应的日趋稳定,最终蒸汽机与纺织机有机结合起来,构成一流的自动机器,把人类带进了工业自动化的时代。

从 18 世纪 30 年代已经使用的纽可门蒸汽机,到 1769 年的瓦特蒸汽机,蒸汽机技

术得到了不断革新与完善。与此同时，钢铁冶炼技术的改进也促进了纺织机、蒸汽机的快速发展，保障了机器制造业的发展。1797～1800年出现了高压蒸汽机，其功率大大提高，可以驱动各种机床、纺织机、轧钢机。同时，各种机床的试制成功开创了用机器制造机器的技术工艺，形成了一个重要的机器制造工业部门，该部门大量地生产出蒸汽机、纺织机和其他机械，并且使这些机器得到广泛应用。经过如此多的试验创新，动力机器同工作机器开始相互结合，构成统一的自动机器。进入19世纪后，各项用于生产的技术革命开始在各个领域（从纺织、采掘扩展到交通运输）得到全面应用。

机械工业革命最突出的特点是用机器（机床）制造机器。按照各种机床的不同性能，采用流水作业的办法制造各种零部件，最后组装成整机，从而高效高速地制造出精密度相当高的大型工具。生产方式从原先的手工生产转向机器生产，组织形式从原来的以家庭为单位的工场、作坊转变为工厂，这极大地提高了劳动效率，但变革中却面临着如下问题。

首先，为配合机器高速运转，须增加工人的数量，这使得工厂的规模比原先的手工工场扩大许多。其次，为了使操作的速度跟得上机器的运行速度，工人要具备娴熟的操作机器的技能经验和机械知识；而一个工人不可能掌握全面的操作要领，这就需要根据机器操作的不同环节进行分工。工厂规模的扩大、劳动分工的出现等一系列问题摆在了早期工厂主的面前，为了使工厂能够持续、高效地运转，除了考虑如何让工人的动作效率更高以外，还必须考虑诸如分工、工资等一系列管理问题，而这些问题都是在手工工场管理时没有遇到的。以往依靠个人的主观经验和臆断行事的小工场、作坊管理方式已经无法适应机器大工业背景下工厂制度所代表的生产力发展的管理需要。因而在这一阶段，许多工厂主针对工厂各个方面的管理进行了摸索和实践。

这些实践活动主要围绕现代工厂制度展开，如专业化、劳动分工、动作研究、工时研究以及工资制度建设。特别是在职业分工方面，实践探索的重大进展为之后的动作研究打好了基础，而动作研究和工时研究又是工资制度的基础。例如，英国的理查德·阿克莱特于1769年和1771年设立了毛纺织厂，由于其是世界上最早的工厂之一，他在连续生产、厂址选择、工厂纪律、劳动分工、机器、材料、人员和资本之间如何协调等方面进行了探索。1800年，英国的索堆霍制造厂开始按照工作设计，从充分利用机器的角度，对劳动进行了分工和专业化，设计了完善的支付方法（包括工资支付办法）、完善的记录和成本核算等管理工作。

亚当·斯密在写《国富论》时注意到，如果10个工人每人从事一项专门的工作，每天能生产出48 000根针。但是，如果每个工人独立完成所有制针工作，即每个人都得拔丝、矫直、切段、敲针头、磨针尖、将针头和铁杆焊在一起，那么每人每天最快也不过生产2 000根针。于是斯密得出结论，劳动分工可以提高生产效率。他认为，劳动分工之所以能够提高劳动生产率，是因为它提高了每个工人的技巧和熟练程度，减少了因工作变换而损失的时间。同时，劳动分工有利于机器的发明和应用。

2. 电气工业革命时代(19世纪70年代~20世纪初)

> 时代背景：蒸汽机制造转变为电能机器制造
> 时代特征：生产力在热能机械制造基础上得到进一步解放
> 面临的问题：机器与人的灵活配合，工厂的管理
> 管理实践活动：科学管理、流水线

电气工业革命时代以电力的大规模使用为主要标志。发电机、电器、电动机的发明、发展和使用，给生产力的发展又一次注入了新的动力。由于传统的蒸汽机和热力转换传动装置系统本身具有固定体系的特点，这导致工作机具的安装必须依赖于这种固定体系，很难以不同的产品本身的生产特点有效地组织生产流程，从而影响了生产力的发展。电气工业革命以电能为动能，电能的远距离输送打破了距离的限制，而以电动机为机器体系的动力系统，其本身机动灵活，能适应各种工作机的需要，二者的有效结合不仅满足了日益发展的工业生产力对能源的要求，更能从不同产品的生产流程出发，最合理地安装生产机器体系。

这个时期最具有代表性的管理实践活动莫过于科学管理、动作研究、福特流水线和工资制度研究。为了争取最好的管理效果，企业主将这些管理实践活动以实验的形式在工厂中实施，逐渐形成了管理领域特有的实验方法，具体将在本书第三章中进行详细的介绍。科学管理方法是通过岗位设计和精细化的专业分工来获得高效生产率，其被认为是当时最为高效的管理方法。亨利·福特将该方法在科学管理制度的基础上加以改进和完善，于1913年在福特汽车公司首创流水线，其主要特点是：在实行生产自动化、产品标准化的基础上，通过工厂、作业的专业化，利用高速传送装置，把生产过程组成流水作业线，连续不停地运转，强制工人快速操作，大大提高了劳动生产率。这是通过劳动组织形式和生产管理方法的改进来提高劳动生产率的一项管理实践成就，福特充分利用了流水生产的优点，提高了整个企业的效率，把企业的生产成本降到最低限度。福特流水线应用初期，将装配一辆汽车所需的时间由手工生产时代的728个小时缩短为12.5个小时，12年后每分钟一辆车，5年后又进一步缩短至10秒钟。

在动作研究实践中，为了提高生产效率，管理者把工人的每一个动作都用摄影机拍下来，逐个分解，剔除"不合理"的多余动作，这就是当时较为普遍的动作研究。美国人F. 吉尔布雷斯和吉尔布雷斯夫人从操作方法和心理状态影响相结合的角度出发，对砌砖的动作进行了研究。他们的研究步骤是：①用摄影机将操作者的砌砖动作拍摄下来；②用放慢镜头的方式一步一步分析哪些动作是合理的，哪些是多余的，哪些可以加快，哪些可以互换顺序以及哪些动作可以分解出来由专门的人来做；③制定标准操作程序、操作方式、工具以及新的专业化分界线。他们的动作研究比泰勒关于科学管理的研究更细致、广泛。经过研究，他们把砌砖操作分解成17个基本动作，这些研究成果反映在他们于1911年出版的著作《动作研究》中。

除动作研究外，当时对工作相关的制度的实践研究也有很多。众所周知的"甘特图"的发明者甘特就是研究工资制度的代表人物。他创造的"甘特图"是计划评审技术(project evaluation and review technique，PERT)的雏形，其被认为是20世纪最伟大的社会

发明之一，目前还常被用于编制进度计划以进行进度控制。甘特的另一个贡献是他的"计件奖励工资制"，甘特认为人不完全是经济人，人通常有不同程度的社会关系需求和对安全的需求，安全感就是对工人一种很大的激励。这种制度下，工人的流失率会相对较低。在这种思想的指引下，他提出了"计件奖励工资制"，即除了支付日工资外，超额完成定额的，其超额部分以计件方式发奖金，完不成的只支付日工资，这是一种人性化激励工资制。他的这些实践研究发表在 1916 年出版的《工业的领导》和 1919 年出版的《工作组织》中，读者可自行查阅。

（三）第二次世界大战前后（20 世纪 30 年代～80 年代）

> 时代背景：劳资关系紧张、经济危机、第二次世界大战爆发
> 时代特征：发展大规模生产
> 面临的问题：工人怠工反抗、重建经济
> 管理实践活动：霍桑实验、精益生产、标杆管理、品牌营销

从 20 世纪 20 年代美国推行科学管理的实践到 30 年代流水线的盛行，生产效率得到大幅度提高的同时，高强度的机械化劳动也使工人感觉异常紧张、单调、厌烦和疲倦，这种情绪的积累逐渐引起了工人的强烈不满，并导致怠工和反抗，劳资关系日益紧张。此外，随着经济的发展和科学的进步，生产过程逐步实现自动化和电子化，这要求生产工人掌握全面的技术知识。简单、笨重的体力操作逐渐被机器人、机器手所代替，有着较高文化水平和技术水平的工人逐渐占据了主导地位。与此同时，在大规模生产中产生的对简单体力劳动者进行管理的实践经验已无法适应对高技术工人进行合理管理的需求。人的积极性对提高劳动生产率的影响和作用逐渐在生产实践中显示出来，并引起了许多企业管理学者和实业家的重视。

在这种情况下，一些学者开始从生理学、精神病学和心理学等方面进行"疲劳研究"和"智能检查"，提出了"性格测试"的方法，按照工人的性格分配工作。另一些学者从营养卫生、车间墙壁颜色、车间照明、空气调节和个人欲望方面进行实验和研究，力图以工作环境、工作条件方面的改善来平息工人的不满。还有些学者通过调整人际关系，强调所谓的人性化管理来激励员工的工作表现。在这个阶段，最为著名的管理实践活动莫过于霍桑实验，它在管理实验中具有里程碑式的作用。霍桑等通过几个阶段在电器工厂中的试验，对工厂环境、工厂制度、工资激励等方面对于劳动效率的作用进行了考察。

此后，随着劳资矛盾的突出和经济危机的加剧，第二次世界大战爆发，法西斯国家开始在世界范围内掠夺劳工、资源和市场。第二次世界大战后的 20 世纪 40～60 年代，随着生产力的发展，企业规模逐渐扩大，竞争日趋激烈，各种根据组织变化特点、应对市场变化而开展的企业管理实践层出不穷，而且表现出一定的时间特点（表 1-1）。许多学者也从不同的角度发表了各种不同的观点，这一阶段管理思想百花齐放，现代管理学的各种学派在这一时期开始发展，到 80 年代初发展为几大学派。

表 1-1 第二次世界大战后的管理重点与实践活动

时间	管理重点	实践活动
1940~1950 年	组织功能结构专业化分工	以各业务单元之间的功能性结构为基础，通过组织设计提高专业化，从而实现对市场的控制
1950~1960 年	战略规划	面向市场竞争，通过战略规划明确组织目标和具体的行动计划
1960~1970 年	经济预测	通过经济预测来推测行业总量和公司销售量，提供比较准确的目标
1970~1980 年	市场战略和组织设计	通过市场战略追求市场份额和运营利润，以区域、产品及市场矩阵为基础对组织进行改组

具体而言，在这个时期由于第二次世界大战后经济繁荣，市场向买方市场转变，企业对顾客需求和产品质量相当重视，各种着眼于占领市场的营销活动、产品质量管理等活动成为当时最为典型的管理实践活动，具有代表性的有丰田的精益生产、施乐的标杆管理以及可口可乐的品牌营销等，这些管理实践活动在许多管理学的经典教材中都可以找到，在此不再赘述。

（四）信息社会时代（20 世纪 80 年代至今）

> 时代背景：计算机、网络
> 时代特征：快速变化、信息量大
> 面临的问题：应对快速变化
> 管理实践活动：IT 应用、企业文化
> 管理思想发展的标签：现代管理学、再造、学习型组织、文化、客户满意

1980 年以来，随着计算机技术的发展及其在军事、经济等多个领域的成功应用，以及经济全球化进程的不断加快，世界经济进入多元发展时期。作为市场经济发展到较高阶段的基本组成单元——企业，面临着比以往任何时候更不稳定的市场和社会经济环境。因此，这时的企业管理活动更加强调更有效的战略，这些战略涉及组织结构、产品质量、顾客需求、目标管理、业务规划等多个方面，具体包括以下几点。

（1）战略业务单元（strategic business unit，SBU）：以战略业务单元进行组织改组，提高事业部的竞争力。

（2）全面质量管理（total quality management，TQM）：以全面质量管理获得成本和质量优势。

（3）顾客导向组织：以顾客为导向制定业务战略。

（4）平衡测分与附加价值：以平衡测分与附加价值为工具来实现业务目标。

（5）波士顿矩阵：通过平衡风险与收益来安排公司业务重点。

20 世纪 90 年代以后，全球化的特征更加明显，人才、资源的流动速度加快，这时的企业规模更为庞大，因此要确保占领市场并持续保持领先地位更为强调的是企业自身在各方面的修炼，具体包括：①全球化与本地化。以全球化与本地化为基础制定全球战略。②信息技术。通过信息技术增加竞争优势。③人力资源管理。将人力资源管理纳入战略制定。④组织文化。通过组织文化将组织与业务战略凝聚为一个整体。⑤学习型组织。通过建立灵活的学习型组织增强自制适应力。⑥知识管理。通过智力资本与知识员

工的管理增强企业竞争力。在快速变化的背景下，许多工商业界的企业管理者在自己的企业或行业领域开展了多种多样的管理实践，通过这些实践这些企业都在自己的行业或领域取得了成功，表现出经久不衰的竞争力。一些具有代表性的企业管理实践见表1-2。

表 1-2　信息社会时代的企业管理实践

实践活动	核心思想	人物
松下的创新活动	信誉、育人和追求精神目标	松下幸之助
索尼技术创新	技术创新法则	盛田昭夫
摩托罗拉的人本管理	人力资源管理	保罗·高尔文
IBM 崇拜式文化	企业文化与品牌管理	托马斯·沃森
通用汽车的竞争法则	竞争管理	阿尔弗雷德·斯隆
通用电气的变革	全面质量管理、六西格玛、现代企业运作模式	杰克·韦尔奇
戴尔的销售	供应链管理	迈克尔·戴尔
英特尔的制度规则	主动进攻的管理思想	安迪·格鲁夫
耐克的管理	虚拟组织	—
UPS 利用 IT 提高快递效率	信息技术提升竞争力	—

第二节　主要管理理论体系

管理实践是管理理论的来源，是管理理论完善和发展的动力。在不同时期，管理实践的内容是不同的，由此在管理实践基础上形成的管理理论也是不同的。一般按时间顺序将管理理论体系分为三大部分，即古典管理理论（19 世纪 50 年代到 20 世纪 20 年代）、现代管理理论（20 世纪 30 年代到 20 世纪 80 年代）以及当代管理理论（20 世纪 80 年代至今）。管理理论的发展是永无止境的，随着管理实践的不断发展变化，人们可以探索、认识新的内容，进而产生新的理论。

一、古典管理理论

古典管理理论是管理科学发展的第一个阶段，其代表人物有泰勒、法约尔、韦伯以及之后的穆尼、厄威克和古利克等。

一般认为古典管理理论的时间段是从 19 世纪 50 年代到 20 世纪 20 年代。当时美国早已盛行大机器生产，然而管理方法却仍停留在仅凭经验办事的阶段。当时，古典管理理论的提出者从提高生产效率出发，改革了企业生产过程中一些陈旧的管理方法，如有关设计、工作方法、物资流程等方面。在实践过程中，还推进了这些方面管理知识、管理理论的发展。他们的宗旨就是把科学研究应用到工作研究和工作管理中。

古典管理理论家把管理定义为：使集团成员所作的努力能达到集团目标的协调过程，经过演绎推理，得出有效的管理行动准则与协调所需要的职能，即计划、组织与控制。古典管理理论家把这三个基本职能同其他附属职能联系起来，形成一个综合概念结构。

此外，古典管理学派就管理的性质、范围问题，提出了一些重要的见解。管理性质、管理范围同时也是现代管理理论的一个重要组成部分，后来提出的这方面的管理理论就是以之为基础的。古典管理大体分为两类：一是工作管理，即从车间着眼，着重于提高生产效率；二是组织管理，即把企业作为一个整体来研究，提高企业的盈利能力。前一部分称为"科学管理"，其代表人物有泰勒、吉尔布雷斯夫妇、甘特、爱默生等；后一部分称为"古典组织理论"，其代表人物有法约尔、穆尼、厄威克等。

（一）科学管理

科学管理是指在工厂中，第一线的管理人员从事对专业工人的日常劳动进行协调的工作，每个专业工人都按设计好的一套规定与程序进行劳作。随着大机器生产的盛行，工业组织变得复杂，科学管理既是客观要求，也是必然趋势。

专业工人劳动规则的设计，必须结合当时企业中的技术条件与工人具体的作业动作，并要进行一番研究之后才能得出。19 世纪末 20 世纪初期，以泰勒为首的一批美国工程师在规则设计上率先取得了突破。他们认为，要以科学的方法分析研究工人的工作与管理人员的监督。通过对搜集来的事实与资料加以分析，以及不断的试验，选出最优的工作方法。他们集中分析了工作管理中的一些基本作业，如搬运生铁、金属加工等，创造了一系列新的管理技术与方法，并在实践中取得了显著的效果。之后，新的管理技术和方法逐渐为人们所接受，不仅在美国广为流传，而且在一切工业国家都受到欢迎，其影响渗入到整个西方产业界，尤其是在美国企业管理中，一时形成了科学管理运动。

在当时，科学管理作为一种理论，它包含着两个内在的假定：一是认为造成企业中存在劳资矛盾的主要原因是稀有资源未能有效利用，通过科学管理可以消除矛盾；二是关于人的因素的假定，认为如果管理当局与生产工人都了解到新的工作方法可以增进他们的经济福利，科学管理就能够顺利推行。很明显，他们研究科学管理的出发点主要是维护资产阶级利益，致力于企业利润最大化。至于科学管理究竟包括哪些内容，以及它在管理理论与实践中的重要性如何，要解决这些问题还必须对泰勒的工作管理原则进行进一步研究。

工作管理原则就是通常所说的"泰勒制"。泰勒是管理科学的奠基人，在美国管理史上占有重要地位。19 世纪末期，美国工业迅速发展，新产品不断出现，而劳动力供给却比较缺乏。解决这一问题的办法是增加资本投资，用机器代替工人，更加有效地使用劳动力。当时，泰勒在米德维尔钢铁公司工作，他发现许多工人磨洋工，怠慢工作，其工作效率很低。另外，有些工作报酬实行计件制，但雇主在工人提高生产后就降低计件单价，这导致工人由于报酬没有增加而不愿多干活。当时泰勒自己是个技工，又是工长，深知工人生产有潜力。为了要别人做出更多的活计，提高生产效率，他还上车床亲自做示范，但这些都没有效果。后来，他从实践中逐渐体会到真正的困难在于未能确定一个工人的合理工作量。于是他对完成各种工作的动作过程与完成的用时进行了一系列的研究。他用码表测定工人每一个作业动作所需的时间，再加上必要的休息时间和其他必要的延误时间，最终算出了完成某项作业所需的总时间。此外，在研究工作用时的同时，泰勒还研究了操作动作、所用工具与设备。这些研究的目的在于让工人采用最合理的工作方法，花费最少的时间。这就是企业管理中系统的进行时间研究与动作研究的开端。

另外，为了让工人按照设计好的工作方法作业，泰勒针对不同的工作分别挑选合适的工人并加以培训。他认为，人的才能是各不相同的。当某人完成某一项工作时，可能是头等的，但完成另一项工作时，可能是不称职的、低效率的。因而，管理人员的责任就是为某项工作挑出最合适的人员并加以培训，使之成为完成某项工作的头等工人。同时，为了激励工人努力工作，提高效率，泰勒提出了"差别付酬制"。根据这一制度，计算工资时采用不同的单价。其基本思想是，工人生产没有超过规定件数的是一种单价，超额完成规定件数的，不仅超额部分用较高单价计算，他的全部产量也都用较高单价计算。

此外，泰勒还相应地提出了组织方面的两项重大改革：一是把计划职能与执行职能分开；二是实行职能工长制。泰勒认为，"一切计划工作在旧制度下都是由专业工人做的，结果是凭个人经验办事，在新制度下则绝对必须由管理当局按照科学规律的要求来完成。这是因为，即使专业工人很熟悉发展情况并善于利用科学资料，但要同时在机器房与办公桌上完成工作，事实上是不可能的。显然，在大多数情况下，需要一部分人先做计划，由另一部分去执行"。这样把计划职能从领班或工长与工人身上分离出来的结果，必然是扩大企业的管理机构，这一方面使工人可以有更多的时间从事生产，提高生产效率；另一方面，更重要的是使管理职能得以专业化，为管理科学化创造条件。泰勒的另一组织改革是实行职能工长制。每个职能工长负责某一方面工作，在自己的职能范围内都可以向工人发布命令。这一组织方法导致工人接受多头领导，易于引起工作紊乱，因而未得到推广。

总的来看，泰勒制包含的内容，即泰勒自己所归纳的管理部门四项新职责为："第一，为工人操作的各组成部分研究出一套科学方法，以代替过去单凭经验的方法；第二，对工人进行选择、培训与提高，使其适应工作的需要；第三，诚心诚意地和工人合作，以保证一切工作按照已制定的科学原则进行；第四，在管理部门和工人之间，几乎均等地分工和担负责任。管理部门把由它们来做比工人更适合的所有工作都担负起来，而在过去几乎所有的工作与大部分责任都落在工人身上。"这些原则要求管理部门用系统的方法来协作。泰勒认为，劳动专业化要求管理部门主动协调，尽力使过程合理化、科学化，而绝不是放任自流。

受泰勒的影响，当时有很多人进行了类似的研究。其中，吉尔布雷斯夫妇对科学管理的形成就有显著的贡献。他们着重进行动作研究，并进一步以此来简化工作。工程师F. 吉尔布雷斯原本是瓦工，他把砌砖的动作由 18 道减至 4 道半，从而提高了 6 倍的效率。泰勒的同事甘特设计了"甘特图"用以控制计划执行。甘特还发展了成本会计的概念，提出了计件奖励工资制。

泰勒的"科学管理理论"受到历史条件与个人条件的限制。他以劳动过程为对象，主要研究工厂直接劳动者的作业管理问题。他的研究大体上没有超出车间管理的范围，然而，之后的各种管理思想仍然是在泰勒理论的基础上发展起来的。泰勒倡导在管理中运用科学方法，把用科学方法解决管理问题看成是科学管理的本质。与传统的经验方法相区别，这是管理思想上一个极为重要的变化。泰勒曾明确地说明科学管理是这样一种观点：在一切关于企业组织所进行的工作方面用精确的调查研究和科学知识来代替个人的判断或意见。

（二）古典组织理论

古典组织理论涉及整个企业组织的协调以及这些组织中管理人员的作用问题，比起科学管理提出的问题要更复杂、更抽象。古典组织理论的管理学家提出了两个问题：一是指导一个企业组织的设计、建立与运行的基本原则是什么；二是在企业组织中管理的基本职能是什么。他们的最终目标也是为高效的管理制定规定与准则。

古典组织理论的奠基人是法国的法约尔，他曾任法国一家大型钢铁联合企业的经理。法约尔有50年的实践经验，他从企业全局的观点就企业组织管理提出了一系列主张。

法约尔提出的管理原则共14条，主要包含在1916年发表的《工业管理和一般管理》一书中：①劳动分工；②权力与责任；③纪律；④统一指挥；⑤统一领导；⑥个人利益服从整体利益；⑦人员的报酬；⑧集中；⑨等级制度；⑩秩序；⑪公平；⑫人员的稳定；⑬首创精神；⑭人员的团结。这14条中，最著名的是权力与责任。他认为，权力不能脱离责任，一旦脱离其后果不堪设想，也就是说有权力发布命令的人应当对由此产生的后果承担责任；统一指挥，就是说对任何活动一个职工应当只接受一个上级的命令；统一领导，就是说具有共同目标的一些活动必须是"一个领导，一个计划"；等等。法约尔规定了5项管理职能，他称其为管理的要素，分别是计划、组织、指挥、协调与控制。法约尔还认为，管理不同于经营，管理只是经营的6种职能活动之一。经营的6种职能活动是技术活动、商业活动、财务活动、安全活动、会计活动和管理活动。他认为，这6种职能活动是企业组织中各级人员都多少不同地具有的，只不过由于职务高低和企业大小不同而各有侧重罢了。法约尔还特别强调管理教育的重要性，他认为可以通过教育使人们学会如何进行管理并提高管理水平。法约尔还一再指出，贯穿于他的著作中的一些管理原则不仅适用于经济企业，而且适用于政治、军事、宗教、慈善等其他事业。法约尔的许多论点至今仍对资本主义国家的企业管理起着指导作用。

组织理论的另一位代表人物是韦伯，他的《社会组织与经济组织理论》一书集中体现了他的研究成果，其主要贡献是提出了理想的行政组织体系理论。韦伯认为，为了实现一个组织的目标，要把组织中的全部活动划分为各种基本的作业，并作为公务分配给组织中的各个成员。按照职权的等级原则划分各种公务和职位，每一职位都有明确规定的权利和义务，形成一个指挥体系。根据职务上的要求任用组织中的人员，并通过正式考试或教育培训来实行。管理人员有固定的薪水和规定的升迁制度，是一种职业的管理人员，相当于现在的职业经理人。同时，管理人员也必须遵守组织中的规则和纪律。这些规则和纪律在任何情况下都是适用的，不受任何个人情感的影响。组织中人员之间的关系以现实性准则为指导。这些原则不仅适用于组织内部，同时也适用于组织与外界的关系。韦伯认为，这种理想的行政组织体系能提高工作效率，在精确性、稳定性、纪律性和可靠性方面优于其他组织体系。不过，令人遗憾的是，这仅仅是一个理想的组织体系，与现实存在较大的差距。

（三）穆尼、厄威克和古利克对古典管理理论的研究

在泰勒、法约尔、韦伯等之后，古典管理理论被许多人所推崇和研究。其中，穆

尼、厄威克和古利克对古典管理理论作了较为系统地整理和阐述。

（1）穆尼的组织原则。1931年，美国企业家穆尼与赖利合著《向前进的工业》，后穆尼修改为《组织原理》。本书是美国最早系统地研究组织的一本书。该书把管理看做指导人、激励人的方法和技术，将组织看做在一个协调的整体中把特定的职责或职能联系起来的方法。穆尼认为组织原则有以下3条：第一是协调，他将协调视为进行组织的原因。第二，等级制度的产生过程是进行组织的必然结果。职务分等级是贯彻权限原则。权限从更高的权威导出，是为更高的权威所允许的。第三，分等级的过程又包括两个职能，即授权与工作任务的确定。授权由领导原则来支配，领导是权限的人格化。与授权过程并行的是确定工作任务的过程，称为明确职务。职能的基础是专业化原则。穆尼对组织的基本原则之间的联系进行了逻辑的探讨，从组织的存在推出协调、权力、领导与专业化原则。

（2）厄威克的八项原则。通过对古典管理理论的整理研究，厄威克提出了他认为适用于一切组织的八项原则，即目标原则、权力和组织必须相符的相符原则、职责原则、组织阶层原则、控制广度原则、专业化原则、协调原则、明确性原则。厄威克的这些原则主要体现在他的相关著作中，主要有《管理的要素》、《组织的科学原则》、《管理备要》等。

（3）古利克的管理七职能。古利克把古典管理学派有关管理职能的理论加以系统化，提出了有名的管理七职能论：①计划，是指为实现企业所设定的目标而制定出所需要做的事情的纲要以及为实现目标所要采取的方法；②组织，是指为了实现企业所设定的目标必须建立正式权力机构和组织体系，规定各级的职责范围和协作关系；③人事，包括职工的选择、培养和安排等；④指挥，包括对下属的领导、监督和激励；⑤协调，是指协调企业各部门之间的工作，使其团结一致，为实现企业目标而共同努力；⑥报告，包括下级对上级的请示报告和上级对下级的工作考绩、调查、审核等；⑦预算，包括财务计划、会计、控制等。古利克的管理七职能基本上概括了古典管理学派关于管理过程的论述的各个方面，为后人的研究奠定了基础，使他们可以以此作为研究的出发点。古利克的管理七职能理论集中地反映在《管理科学论文集》一书中，该书是他和厄威克共同编写的。此外，该书还包含了一系列论文，是研究古典管理理论的重要文献。这些论文与当时的管理学主流有较大区别，提出了不同的意见。

古典管理学派的主要贡献是明确了管理是任何有组织社会的一个独特的因素。从泰勒开始，古典派就确定了某些准则、规定作为管理工作的依据。他们认为，不管管理的制度背景如何，这些准则都是普遍适用、有效的。事实上，可以说今天许多现代管理技术或方法也是他们努力的结果，是在他们基础上的进一步发展与改进，如时间与动作分析、刺激工资制、制定生产图表、人事考查、编制预算等现代管理技术和方法。

二、现代管理理论

从20世纪20年代中期开始，管理理论的发展有了新的突破。管理活动从只重视工厂管理发展到既注重组织内部生产效率的提高，又重视人的管理，并充分利用最新的管理技术和手段进行现代化管理。在此基础上，逐渐形成了现代管理理论。

现代管理理论有三大学派：①在以泰勒为代表的科学管理理论基础上延伸、演变和发展起来的管理科学学派；②以梅约为代表的人际关系理论发展起来的各种行为科学观点，后来人们统称为行为科学学派；③在以法约尔为代表的古典组织管理理论基础上发展起来的现代组织管理理论。

传统的组织管理理论把组织看做一种僵硬的结构，只关注组织中的职责、分工和权力结构；现代组织管理理论则将组织看做随机性系统。按照后者的观点，组织系统是开放的，它们对外界的变化有相当的适应能力。组织系统处于与其多重环境发生动态的相互影响之中。组织试图在多层次上和在复杂程度发生变化的情况下达到目标，完成任务。随着它与环境的相互影响，组织内部不断发生新的变化以适应复杂程度的变化，这些新变化使组织得以进化和发展。为这一理论做出贡献的人物很多，其中最具代表性的是 20 世纪20～40 年代具有广泛影响的管理学家巴纳德。

巴纳德在 1938 年发表的代表作《经理人员职能》一书集中反映了他对组织问题的看法。他认为组织是一个协作系统。这个系统能否继续生存，取决于协作的效果、协作的效率和协作目标是否能适应协作环境；组织存在要有 3 个基本条件，即明确的目标，协作意愿和信息交流；经理人员有 3 个职能，即建立和维持一个信息联系的系统，善于使组织成员提供为实现组织目标而必不可少的贡献，规定组织的目标。

行为科学是研究人的行为的产生、发展和变化规律的一门科学。早期行为科学起源于 20 世纪 20～30 年代由美国哈佛大学教授梅约所做的霍桑实验。霍桑实验的结论认为：人是"社会人"，而不是"经济人"；企业中有正式组织，还有非正式组织；提高劳动生产率的重要因素是人的因素，即工人的士气。在此实验结论的基础上，行为科学理论提出，只有了解工人的需要，用适当的形式满足工人的需要并提高其满足程度，以激励工人的士气，才能发挥他们工作的主动性和积极性。

此外，主要的代表学派还包括决策理论学派、系统理论学派、经验主义学派、经理角色学派以及权变理论学派等。

决策理论学派是在第二次世界大战之后，吸收了行为科学、系统理论、运筹学和计算机程序等学科内容的基础上发展起来的。其代表人物是西蒙（H. A. Simon）。西蒙是美国管理学家、计算机学家和心理学家。决策理论学派认为，管理过程就是决策的过程，管理的核心就是决策。西蒙强调决策职能在管理中的重要地位，主张以有限理性的人代替有绝对理性的人，用"满意原则"代替"最优原则"。

系统理论学派是将企业作为一个有机整体，把各项管理业务看成相互联系的网络的一种管理学派。该学派重视对组织结构和模式的分析，应用一般系统理论的范畴、原理，全面分析和研究企业及其他组织的管理活动和管理过程，并建立起系统模型以便于分析。系统理论学派的代表人物是弗里蒙特·卡斯特（Fremont E. Kast）。弗里蒙特·卡斯特是美国著名的管理学家，其主要著作有《系统理论与管理》（与约翰逊、罗森茨韦克合著）、《组织与管理——系统与权变方法》（与罗森茨韦克合著）等。

经验主义学派又称经理主义学派，以向大企业的经理提供管理当代企业的经验和科学方法为目标。它重点分析成功管理者实际管理的经验，并概括、总结出他们成功经验中具有的共性东西，从而将之系统化、合理化，据此向管理人员提供实际建议。其中的代表人物有彼得·德鲁克（又译为彼得·杜拉克，Peter. F. Drucker）、欧内斯特·戴尔

(Ernest Dale)等。

经理角色学派以对经理所担任角色的分析为中心来考虑经理的职务和工作，该学派认为，针对经理工作的特点及其所担任的角色等问题，如果能有意识地采取各种措施，那么这将有助于提高经理的工作成效。经理角色学派的代表人物是亨利·明茨伯格（Henry Mintzberg）。

权变理论学派认为，企业管理要根据企业所处的内外条件随机应变，没有什么一成不变、普遍适用的"最好的"管理理论和方法。企业管理要根据企业所处的内部条件和外部环境来决定其管理手段和管理方法，即要按照不同的情景、不同的企业类型、不同的目标和价值，采取不同的管理手段和管理方法。其代表人物卢桑斯（F. Luthans）在1976年出版的《管理导论：一种权变学》是系统论述权变管理的代表著作。

三、当代管理理论

（一）战略管理

20世纪六七十年代，国际环境剧变，尤其是石油危机对国际环境产生了重要的影响。美国经济内临石油危机、外遇经济迅速崛起的日本及欧洲的挑战，科技竞争愈演愈烈。在此背景下，管理学界开始着重探讨如何应对和适应充满危机和动荡不安的国际环境的问题。"战略"一词被引入管理学界，此时的管理理论以战略管理为主，重点研究企业组织与环境的关系。

1965年，安索夫的《公司战略》一书问世，开创了战略规划的先河。1975年，安索夫的《从战略规划到战略管理》一书出版，标志着战略管理理论体系的形成。他最早提出了产品-市场矩阵，并据此提出四种战略选择，即市场渗透战略、产品开发战略、市场开发战略和多元化战略。同时，他认为战略管理就是面向未来动态地、连续地完成从决策到实现的过程。

1980年，迈克尔·波特的《竞争战略》一书问世，把战略管理的理论推向了高峰。其最著名的思想有五种竞争力（进入威胁、替代威胁、买方砍价能力、供方砍价能力、现有竞争对手的竞争）、三种基本战略（成本领先、标新立异、目标集聚）、价值链分析以及通过产业演进和产业环境分析得出不同的战略决策等。该理论在全球范围内产生了深远的影响。

（二）组织设计理论

20世纪八九十年代，信息化和全球化风靡世界，国际合作、跨国投资不断增加。此外，顾客的个性化、消费的多元化趋势渐增。在此背景下，管理学界提出要在企业组织制度、流程、文化等方面进行创新，以使企业能够合理利用全球资源，在全球市场上树立品牌。其代表性理论有组织设计的权变思想、企业再造、虚拟组织、学习型组织等。

1. 组织设计的权变思想

1979年，卡斯特与罗森茨韦克合著的《组织与管理——系统与权变方法》一书的出版标志着组织设计的权变思想形成。他们认为，在企业管理中要根据企业所处的内外条件随机、适时而变，组织应在稳定性、持续性、适应性、革新性之间保持动态的平衡。

2. 企业再造

20 世纪 80 年代为企业再造时代，该理论的创始人是原美国麻省理工学院教授迈克尔·哈默（M. Hammer）和詹姆斯·钱皮（J. Champy）。他们认为，企业应以工作流程为中心，重新设计企业的经营、管理及运作方式，进行"组织再造"。美国企业从 80 年代起开始了大规模的企业重组革命，日本企业也于 90 年代开始进行第二次管理革命，这十几年间，企业管理经历着前所未有的、脱胎换骨的变革。

1993 年，哈默和钱皮合著了《再造企业——管理革命的宣言书》一书。他们认为，企业再造的首要任务是业务流程重组（business process redesign，BPR）。BPR 的实施需要两个条件，即现代信息技术和高素质的人才，以 BPR 为起点的"企业再造工程"将创造出一个全新的工作世界。除了哈默和钱皮外，特蕾西·高斯、日本学者小林裕等对企业再造理论的完善做出了相应的贡献。

3. 虚拟组织

1990 年，哈默和普拉哈拉德的文章——《公司核心能力》发表在《哈佛商业评论》第 6 期上。他们建议企业将经营的焦点放在不易被抄袭的核心能力上，由此引发后来的"虚拟组织热"。

1994 年，史蒂文· L. 戈德曼等合著的《灵敏竞争者与虚拟组织》是反映虚拟组织理论与实践的代表作。文中提出虚拟组织能缩短从观念到现金流的周期，从而避免环境的剧烈变动给组织带来的冲击。

4. 学习型组织

20 世纪 90 年代以来，创新是管理中最流行的词语。求新求变成了时代的主旋律。全世界在管理上也正在酝酿一个新趋势，这个趋势是由全球竞争所带动的。在过去，低廉的天然资源是一个国家经济发展的关键，而传统的组织系统也是被设计用来开发这些资源的。然而，这样的时代正离我们远去，所有的组织都处于类似的条件下，谁能够创新，谁先领先对手、发挥人们的创造力现在已经成为管理者努力的重心。此外，顾客的个性化、消费的多元化决定了企业必须适应消费者不断变化的需要，在全球市场上争得顾客的信任，才有生存和发展的可能。此时的管理理论研究主要针对学习型组织而展开。

学习型组织是由美国麻省理工学院教授彼得·圣吉在其所著的《第五项修炼——学习型组织的艺术与实务》中首倡，现在学习型组织已经作为一种全新概念与重大趋势在西方管理界引起强烈反响并被付诸实践。

彼得·圣吉（P. M. Senge）明确指出，企业唯一持久的竞争优势源于比竞争对手学得更快、更好，学习型组织正是人们从工作中获得生命意义、实现共同愿景和获取竞争优势的组织蓝图。"学习型组织"理论使得组织和个人的关系被重新认识——组织不等于其成员相加的总和。企业组织本身是一个完整的、有机的系统，其内部结构、总体思维方式和整体素质都会影响企业对外部环境变化的反应。企业组织对外部变化的适应能力的提高和个人各项技能的提高都需要通过学习才能达到。同时，作为一个有机体，企业又必须强调总体能力——自己的智慧和判断能力，自我学习和适应能力。罗勃特·奥伯莱与保罗·科恩在其合著的《管理的智慧》一书中描述了管理者在学习型组织中角色的变化，即领导者、师傅、教师等多重角色的变化。

第二章 新技术背景下的管理思想、实践创新

从古至今，科学技术同管理思想和实践的发展密不可分，一方面科学技术促进了管理思想和管理实践的进步，另一方面管理思想和管理实践又带动了科学技术的发展。20世纪40年代以来信息技术得到飞速发展，新技术的广泛应用带来了管理实践的变革，人们的管理实践活动发生了日新月异的变化。进入21世纪，云计算(cloud computing)、物联网(the internet of things)等新技术将管理思想和管理实践创新推向了一个新的高度。

💡 内容提要

第一节 科学技术与管理思想、实践
第二节 云计算与管理思想、实践
第三节 物联网与管理思想、实践

💡 本章学习要求

通过本章学习，了解古代和近代科学技术与管理思想、实践的相互作用关系，了解云计算、物联网等基本概念，掌握云计算、物联网等新技术对管理思想、实践创新产生的影响。

💡 基础知识

(1)云计算。云计算是一种互联网架构方式，通过这种方式各种形式的客户端可以以按需获取的方式获得共享的软件和硬件资源。其核心思想是通过对大量经计算机网络连接的基础设施进行统一管理和调度，构成一个计算机资源池，向用户提供按需服务。

(2)物联网。物联网是通过射频识别(radio frequency identification，RFID)、红外线感应器、全球定位系统、激光扫描器等信息传感设备将物体同互联网连接起来，进行信息的交换与通信，实现对物体智能化的识别、定位、跟踪、监控和管理。

第一节 科学技术与管理思想、实践

回顾人类文明发展史，从原始社会刀耕火种到近代信息大爆炸，每一次科学技术变革都有力地推动着管理实践的发展，管理实践的发展促进了管理思想的不断完善，管理思想的完善又带动了管理实践活动的不断变革。这是一个不断循环往复的过程，正是由

于科学技术的推动，人类文明前进的脚步才从来没有停歇。科学技术进步的历史也同样是管理思想和管理实践创新的历史。

一、科学技术与管理思想

科学技术是第一生产力，科技进步推动了管理实践的创新，而管理实践的创新又促进了管理思想的不断发展。古今中外文明历史积累了丰富的管理实践及影响深远的管理思想。从中国古代的万里长城到古埃及的金字塔，从古巴比伦的空中花园到秦始皇陵的兵马俑，这些举世闻名的管理实践无处不渗透着人类的管理智慧。从中国古代的诸子百家到近代的新文化运动，各种思想造就了几千年的中华文明。从古希腊的经济管理到当代的人本管理，西方管理思想的发展促使生产力一次又一次地解放。科学技术在管理思想发展过程当中起到了举足轻重的作用。

最早的管理思想代表人物——英国的古典经济学家亚当·斯密对劳动分工与生产效率的关系进行了研究。他的研究结果表明，正是由于分工，工人一天可以制造 4 800 根针。因此他在《国富论》当中指出，劳动分工可以促使工人熟练掌握一门技术，通过不断地运用这种技术从而最终达到较高的工作效率，这就是所谓的劳动分工理论。劳动分工理论是在第一次工业革命的背景下提出的。

从第一次工业革命开始到 19 世纪末，企业基本都是为个人或家族所有。这就决定了企业管理的特点是家长制和经验管理。在企业管理决策当中，企业主的决定便是企业的最终决定，企业主的判断直接关系到企业的最终命运。整个企业的核心问题便是资金问题，一切管理和生产活动的目的就是获取资金。为了达到这一目的，就需要提高机器的利用率，这最终导致了企业主无限制地延长工人工作时间的后果。这个时期的管理基本都是依靠企业主经验，因此属于经验管理。在经验管理时期涌现出了大量的管理思想，概括起来有以下几种。

（1）理查德·阿克莱特的科学管理实践。理查德·阿克莱特是工业革命时期的企业家，他拥有英国最早的两家使用机械的工厂。工厂建立开始，从如何选择工厂地址到工厂规章制度制定、人员配置、资本协调、劳动分工等都事先做了合理地规划。事实证明他的科学管理实践活动是成功的，两家工厂均良好地运行了下去。理查德·阿克莱特是科学管理的先驱者。

（2）亚当·斯密的劳动分工观点和"经济人"假设。亚当·斯密对管理理论发展最重要的贡献便是他的劳动分工理论。他认为，一个劳动者如果既没有受过专门训练又不会使用机器，即使一刻不停地学习也不可能达到很高的职业水平。只有将不同的劳动分配给不同的工人，让他们在各自的分工上努力工作，并提高熟练程度及效率，这样整项劳动完成的速度和效率才会有很大提高。劳动分工理论对管理理论发展起到非常重要的作用，以至于后来的职能部门划分、社会分工等理论都是源自于劳动分工理论。

（3）小瓦特和博尔顿的科学管理制度。小瓦特是蒸汽机的发明者瓦特的儿子，博尔顿是瓦特的合作者马修·博尔顿的儿子。他们两人共同接管了一家铸造厂，之后就开始对这家工厂的管理制度进行改革。主要有四方面的改革：①根据生产流程要求，制定生产作业标准，编制生产规划，同时对市场进行预测；②建立起良好的会计监督制度；

③制定一套员工培训及发展规划；④建立工会来管理员工福利及制定相关制度。

（4）马萨诸塞车祸与所有权和管理权的分离。事情起因于在美国西部的铁路上的一次火车相撞事件，之后铁路所属公司不得不进行管理体制改革，改革的主要措施便是企业老板重新聘请管理人员来管理该公司，而其本人则只拿红利。这是历史上第一次企业所有权和管理权相分离的案例。这种分离的主要意义体现在两个方面：①将企业管理职业化，从此企业的管理者不一定是企业的拥有者，而管理也成为一项职业；②聘请职业管理者相比企业老板单独管理更能提高企业运营效率，因为职业管理者比企业老板更具有管理经验。

（5）欧文的人事管理。罗伯特·欧文被称为人事管理之父。他曾经在自己经营的纺织厂中做过试验，试验主要针对在当时员工工作条件和生活条件都比较低的情况下，研究如何通过提高员工待遇、改善工作环境、实施良好的福利政策等，从而在企业利益和员工利益之间寻求最佳平衡点。欧文开创了在企业中关注人的体验和地位的先河。

19世纪后半叶爆发的第二次工业革命极大地改变了人类社会的面貌，西方国家开始进入大规模生产时代。随着工厂的大量涌现，生产过剩、市场狭小、竞争激烈等一系列问题摆在人们面前，在这种背景下古典管理理论应运而生。

在大规模生产时代，管理者面临的首要问题便是如何降低成本、提高效率。世界各国的企业人士和理论工作者进行了大量管理实践及管理理论的研究，并提出了一系列管理思想。在这个时期，机械工人出身的管理专家泰勒提出了科学管理的思想，通过改进制造业的生产活动，有效地提高了工人的工作效率。工程师出身的管理专家法约尔提出了管理的14条管理原则，通过改进对矿山的行政管理工作而取得了巨大成功。社会科学家韦伯从社会组织的角度提出了官僚行政组织理论，对工业社会当中的组织问题进行了诠释。

随着工业革命的进一步发展，生产力得到了极大解放，新的生产实践不断激发着人类的创造力。20世纪中叶爆发的第三次科技革命使人类进入了信息化时代。新能源、新技术的涌现不断增强人类改造自然的能力，随着信息技术的发展，人类的管理实践得到了巨大改观，各种新的管理思想层出不穷。第三次科技革命使整个社会的产业结构发生了根本性的变革。新的产业部门不断出现，产业结构的非物质化趋势不断加强。这次科技革命的特点主要是电子技术的应用。电子技术引发了通信手段的革命，最终导致科技行业、咨询行业、信息产业等其他产业的兴起。

信息技术的应用直接催生出信息资源管理理论，即通过信息化手段对企业信息资源进行计划、组织、领导、控制等社会活动，从而提高管理活动的效率及效果，最终使企业实现既定目标。随着计算机技术及信息管理理论的发展，越来越多的技术被应用在管理实践当中，人们的沟通方式更加多元化，沟通效率也更高。进入21世纪，互联网得到了更为快速地发展，互联网创新层出不穷，越来越丰富的计算机应用挑战着人类传统的信息沟通方式，基于六度分隔理论的人际网络网站、基于物联网的地理位置服务等令人类的生活更加便利。

二、科学技术与管理实践

科学技术推动着管理实践的发展，同时管理实践的发展又促进了科学技术的进步。

在远古时代，作为大自然的一员，人类自身的能力非常微弱。进入石器时代，在征服自然欲望的驱使下，智慧的人类巧妙地利用大自然赋予的天然资源开始了征服自然之旅。旧石器时代人类主要使用石器作为工具改造自然，他们采集不同质地的石头，通过将石头打磨成不同形状，最终用作不同的用途，例如，有些被用来捕杀猎物，有些用来撕裂食物，有些用来攫取植物，等等。人类通过这些工具满足着自身的温饱需求和安全需求。为了能够生存他们以原始群族的方式聚集，通过使用动物骨、石头敲打成的石具来作为防御和攻击的工具。聪明的人类利用天然资源改造着自己的生存环境。这个时期，火已经发明，它被用来烧煮食物、驱赶动物甚至传递简单的信息。石器和火的使用给人类征服自然界提供了便利。

进入青铜器时代和铁器时代后人类改造自然和征服自然的能力大大增强。青铜的出现对提高生产力起到了划时代的作用。人类使用青铜打造各种兵器、器具及雕饰，这不仅丰富了人类的生活，同时也极大地提高了人类生产活动的效率，从此以后人们可以使用更为便利的工具来从事农耕、捕猎等活动。人类在冶炼青铜的基础上进一步掌握炼铁技术后便进入了铁器时代。铁器质地坚硬，其韧度和锋利度胜过石器与青铜器，因此获得了广泛使用，生产力水平再一次得到了提高。铁器的使用渗透到人类生活的方方面面，直到今天，人类还依旧大量地使用铁器，铁器在提高人类生产效率方面做出了极大贡献。

历史上有许多传递和记载信息的工具，如烽火、烟花、布匹、石壁等，这些信息承载工具在人类生活和管理实践当中发挥了重大作用。作为我国四大发明之一的造纸术是人类历史上一个伟大的发明，它大大提高了人类记载自身管理实践活动的能力。纸的出现是人类文明的基础，它作为一种更便捷、更实用、成本更低的信息载体首先在中国出现，后传到日本、印度、阿拉伯以及欧洲各国。可以说造纸术的发明给世界的文明做出了重大贡献。信息的交流与传递在人与人、组织与组织、国家与国家之间非常重要。传统的交流方式是以皮毛、竹简、石器等作为信息载体，这些载体虽然在一定时期对信息的保存和传递起到了重要作用，但由于其固有的笨重、不宜保存、成本高等缺点，它们在一定程度上制约了信息的传播。纸张以其易制造、成本低、重量轻、体积小等优点一经发明便获得了广泛应用，从此人与人之间沟通的效率和准确性有了极大提高，管理活动的效果也得到了极大改善。

在第一次工业革命之前，人们主要采用畜力、风力和水力作为机械动力来源，进入工业化时代，蒸汽驱动取代了传统动力。18世纪中期到19世纪的第一次科技革命，是以蒸汽机的发明和应用为代表的革命，其推动了各个部门的机械化，使机器生产代替了手工加工，带来了资本主义生产力的第一次飞跃，同时也创造出巨大的社会财富。第一次工业革命标志着近代工业的产生，它使劳动力从繁重的手工工作当中脱离出来转向机器的操作学习当中。由于机器的效率有较大提高，越来越多的手工作坊转型为机器加工工厂，最终促进了工业资产阶级和工业无产阶级的壮大。在第一次工业革命的带动下，工厂逐渐取代了分散的手工作坊。随着企业规模的壮大及机器的增加，工厂生产最主要的环节均被机器所代替，再加上工作专门化的进一步发展，工厂管理制度逐渐建立起来。工厂内部劳动分工和专业化的发展，使生产、设计和管理等部门各司其职，改变了以往凭经验的工作和思维方式，机器大生产开始走向科学化。

第二次工业革命是以电力的发明和应用为代表的，人类从此由蒸汽时代跨进了电气时代。这场革命使资本主义世界的经济有了突飞猛进的发展，直接导致主要资本主义国家先后进入了帝国主义阶段。以电磁感应现象的发现，及电话机、电报机等信息交流工具的发明为代表的物理领域进展令人们的交流方式不再局限于烽火传信、口头传递等传统方式，人们之间沟通的渠道越来越多元化，沟通的效率越来越高；以汽车、飞机等交通工具的发明和普及为代表的交通运输行业也发生了巨大的变革，地区和地区之间的沟通和交流越来越便利，运输方式相比传统的靠马车、人力帆船的方式速度更快，时间更短；新能源的大规模应用直接促进了生产过程的高效率运作，大量采用新能源的企业如雨后春笋般涌现；化工业也获得了巨大发展，以炸药的发明和应用为代表的化工行业成为帝国主义扩张的有力武器，以塑料、人造纤维为代表的各种新型材料的发明给生产实践及人们的日常生活带来了极大的便利。第二次工业革命给人类的管理实践带来了巨大的变革。

进入 20 世纪 40 年代，爆发了以电子计算机、原子能、空间技术的发明和应用为代表的第三次科技革命。这次革命使生产工具自动化、智能化的范围极大扩展，为经济的发展提供了更为广阔的天地，更加深刻地表明了科学技术已经成为第一生产力，并促使资本主义国家对其生产关系进行了局部调整，在一定范围内适应了生产力的发展。这次科技革命不仅极大地推动了人类社会政治、经济、文化领域的变革，而且也影响着人类的生活方式、思维方式、管理思想及管理方式。原子能的开发和利用将人类带入了一个更为广阔的能源开发领域；空间技术的发展让人类对世界及宇宙的认识拓展到了一个更高的层次；计算机的发明和应用使人类从脑力计算中解脱了出来，尤其在个人计算机普及以后，层出不穷的计算机应用深刻地改变着人类生活的方方面面。在生产管理过程当中，传统依靠人工控制的机器运作方式被依靠计算机智能控制的生产方式所代替。互联网技术发明以后，传统的依靠语言、文字为主要交流方式的人与人之间的沟通被主要以即时消息、视频、音频为主的多媒体沟通方式所代替。

第三次科技革命相比以前科技革命最突出的地方便是科学技术转化为生产力的周期越来越短，科学技术的更新换代也越来越快，这一特点在计算机和互联网行业尤其明显。进入 21 世纪，以云计算和物联网为代表的计算机技术深刻地改变着人们的管理实践。在新技术背景下，新的管理思想与管理实践层出不穷，生产力得到进一步解放。

第二节　云计算与管理思想、实践

云计算属于分布式计算技术的一种，它基于网络首先将庞大的计算处理程序分拆成无数个较小的子程序，然后将待处理的数据交给由多台服务器组成的庞大系统计算分析，最后将处理结果回传给用户。通过这项技术，网络服务提供者可以在短时间内处理数以千万计甚至数以亿计的信息，网络服务需求者则只需通过轻量级的客户端便可获得需要经过复杂计算才能得到的信息，从而获取达到和"超级计算机"同样强大效能的网络服务。

最简单的云计算技术在网络服务中已随处可见，如搜寻引擎、网络信箱等，使用者只要输入简单指令便能得到大量信息。移动设备如手机、全球定位系统等都可以使用这项技术轻易实现信息云共享。

在云计算时代，U 盘等移动设备不再成为必要。只需进入 Docs 页面，新建文档，编辑内容，然后直接将文档的 URL 分享给朋友（或者上司），后者便可以直接打开浏览器访问所共享的资源。因此人们再也不用担心因计算机硬盘损坏而发生资料丢失的情况。

一、云计算的定义

云计算是并行计算（parallel computing）、分布式计算（distributed computing）和网格计算（grid computing）的共同发展产物，或者说是这些计算机科学概念的商业化实现。同时云计算又是综合虚拟化、效用计算、基础设施即服务（infrastructure as a service，IaaS）、平台即服务（platform as a service，PaaS）、软件即服务（software as a service，SaaS）等理念而产生的结果。云计算是通过将大量的计算交给由多个大型计算机组成的云端服务器处理，从而将众多客户端从复杂繁重的计算中解脱出来，各种客户端只需通过特定的接口同云端连接，便可获得由云端提供的各种服务和资源（图2-1）。云计算的定义可以分为狭义云计算和广义云计算。

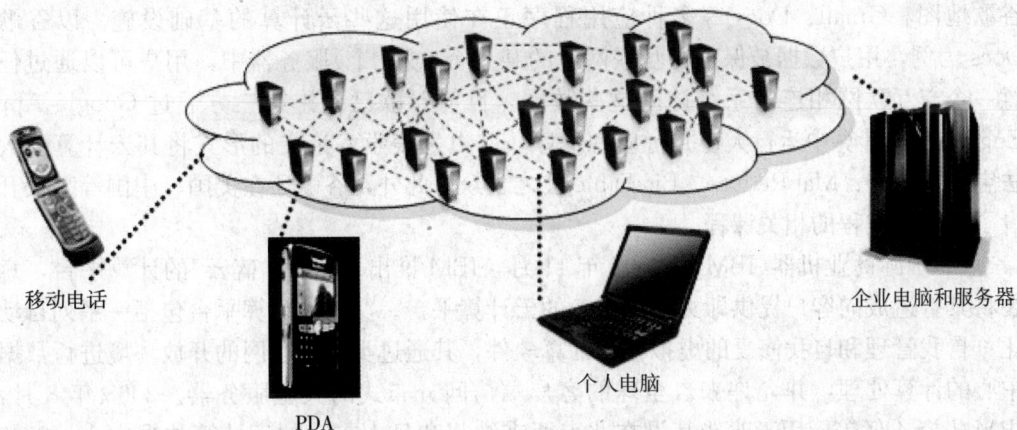

移动电话　　　　　　　　　　　　　　　　　　　企业电脑和服务器

个人电脑

PDA

图 2-1　云计算架构原理图

（一）狭义云计算

狭义云计算是将提供资源的网络称做"云"。从使用者的角度来看，"云"中的资源是可以无限扩展、随时扩展、随时获取、按需使用的。狭义云计算的这种特性使得 IT 基础设施像水、电一样使用自如。

（二）广义云计算

与狭义云计算不同，广义云计算将提供 IT、软件、互联网等相关服务的资源池，即可以自我维护和管理的虚拟计算资源称为"云"，这些资源通常是一些大型服务器集群，包括计算服务器、存储服务器、宽带资源等。广义云计算是指将所有可能的计算资源集中起来，由软件进行自动化管理。此举使得应用提供者能够更加专注于自己的核心业务，而无需再分散精力去关注繁琐的细节，其更有利于创新和降低成本。

二、云计算的发展

从最早提出概念到现在为止，云计算的发展大致可以概括为 5 个阶段，分别以 5 个在全球享有盛名的公司为代表：

（1）麦卡锡。早在 20 世纪 60 年代，麦卡锡公司就提出了一种新型的服务理念——将计算能力作为一种公用事业（类似水、电）提供给用户。该公司在 1999 年提出的通过一个网站向企业提供企业级应用的理念，已成为云计算的第一个里程碑。

（2）亚马逊（Amazon）。亚马逊通过使用弹性计算云和简单存储为用户提供计算和存储服务，收取存储服务器费、带宽费、CPU 资源费以及月租费等费用。在实施云计算不到两年的时间，亚马逊上的注册开发人员已达 44 万人，其中包括众多的企业级用户。云计算业务显然已成为亚马逊增长最快的业务之一。

（3）谷歌（Google）。谷歌算得上是目前云计算的最大使用者，其搜索引擎分布在全球 200 多个不同的地点，同时拥有超过 100 万台服务器为云计算提供服务，目前这些设施的数量仍在快速地增加。为发展其云计划，谷歌在全球建立了多个数据中心。此外，谷歌地图、Gmail、Docs 等多种应用程序正在使用这些云计算的基础设施。以谷歌 Docs 为例，用户数据被保存在互联网上的某一个（或几个）服务器中，用户可以通过任意一个与互联网相连的系统访问这些数据。目前谷歌已允许第三方通过 Google App Engine 在云计算中运行大型并行应用程序，并以发表学术论文的形式将其云计算三大法宝——GFS、MapReduce、BigTable 公之于众，此外，谷歌还在美国、中国等高校开设了云计算编程的相关课程。

（4）国际商业机器（IBM）。2007 年 11 月，IBM 推出了名为"蓝云"的计算平台，意在将其打造成向客户提供即买即用服务的云计算平台。"蓝云"计算平台包括一系列自动化、自我管理和自我修复的虚拟化云计算软件，其通过类似互联网的开放环境进行数据中心的计算处理，并允许来自全球的客户端访问分布式的大型服务器。2008 年 8 月，IBM 投资 4 亿美元用于改造其设在北卡罗来纳州和日本东京的云计算数据中心。2009 年，IBM 计划投资 3 亿美元在 10 个国家建立 13 个云计算中心。目前 IBM 正与 17 个欧洲组织合作开展名为"RESERVOIR"的云计算项目，此项目由欧盟提供 1.7 亿欧元作为部分资金，并以"无障碍的资源和服务虚拟化"为口号。

（5）微软（Microsoft）。2008 年 10 月，微软推出了 Windows Azure 操作系统，此系统的底层是由第 4 代数据中心构成的微软全球基础服务系统，该系统将分布在全球数以亿计的微软 Windows 用户的桌面和浏览器连接起来。Azure 为"蓝天"的意思，它是继 Windows 取代 DOS 之后，微软的又一次颠覆性转型，其意在通过在互联网上打造新的云计算平台，使 Windows 能够真正由 PC 延伸到"蓝天"上。

云计算在我国的发展十分迅速：2008 年 6 月 24 日，IBM 中国创新中心在北京成立了"IBM 大中华区云计算中心"；2008 年 11 月 28 日，东莞松山湖科技产业园管理委员会与广东电子工业研究院签约合作投资 2 亿元用以建立云计算平台；2008 年 12 月 30 日，阿里软件与南京市政府签订战略合作框架协议，建立了国内第一个"电子商务云计算中心"；此后，世纪互联推出了一系列互联网云计算服务，即 CloudEx 产品线，其包括 CloudEx Computing Service（互联网主机服务）、CloudEx Storage Service（基于在线存储虚拟化）等。

由我国企业自主创造的"云安全"概念，在国际云计算领域独树一帜。"云安全"通过大量网状的客户端监测网络中软件的异常行为，用以获取木马、恶意程序的最新信息，并在服务端进行自动分析和处理，最终将解决方案发送到每一个客户端。

三、云计算的特点

云计算是进入 21 世纪以来互联网行业的一个重大创新，其之所以能够获得国际社会的广泛认可，是因为云计算相比传统互联网技术具有众多优点，总的来说云计算具有以下几大特点：

（1）超大规模。超大规模的"云"能赋予用户前所未有的计算能力，谷歌云计算拥有 100 多万台服务器，亚马逊、IBM、微软、Yahoo 等的"云"拥有几十万台服务器，即使一般企业的私有云也拥有数百上千台服务器。

（2）虚拟化。支持用户在任意位置、使用各种终端获取应用服务。用户无需了解应用运行的具体位置，只需要通过连入网络的笔记本或者手机，就可以得到所需要的一切。

（3）高可靠性。云计算基于数据的多副本容错、计算节点同构可互换等特点，能够保障服务的高可靠性，因此与使用本地计算机相比云计算显得更为可靠。

（4）通用性好。"云"并不受单一特定应用的限制，相反，通过构造出千变万化的不同应用，一个"云"可以同时支持多个不同的应用。

（5）可扩展性强。在满足应用和用户需要的前提下，"云"的规模可以根据应用和用户的数量动态伸缩。

（6）按需选择服务。"云"这个庞大的资源池是为满足所有用户的不同需求而设的，用户只需从"云"资源的众多应用中选取自己需要的服务。

（7）费用低。"云"的自动化集中式管理使得企业无需再负担高昂的数据中心管理成本。"云"的通用性大幅提升了资源的利用率，因此只需少量的时间、金钱便可以充分享受"云"带来的快捷、高质量的服务。

（8）潜在的危险性。目前绝大部分的云计算服务被私人机构垄断，而这些机构只能提供商业信用的信誉保障。因此，对于政府、商业机构，尤其对于持有敏感数据的机构，在选择云计算服务时，更需要保持足够的警惕性，因为一旦商业用户大规模使用私人机构提供的云计算服务，无论这些机构有多强的技术优势，都不可避免地让这些"私密的数据（信息）"落入第三方私人机构，从而留下潜在的隐患。

四、云计算前景

云计算被称做科技业的又一次革命，它将从根本上改变目前的工作方式和商业模式。

首先，对中小企业和创业者来说，云计算带来了巨大的商业机遇，使他们可以借助云计算在更高层面上与大型企业展开竞争。微软 1989 年推出的 Office 办公软件，给我们的工作方式带来了翻天覆地的变化，而云计算则带来了云端的办公室——企业拥有更强的计算能力但无须购买软件，从而大大节省了安装、维护的费用。

其次，云计算从某种意义上说虽然造福了广大中小企业，但却实实在在地威胁了硬件制造业。那些对计算需求量大的中小企业，不需再购买硬件，只需从云计算供应商那里租用计算能力。此举不仅节省了硬件方面的高额投资，而且使得公司的技术部门无须再为忙乱不堪的技术维护而头痛，可以将精力集中在业务创新上。随着云计算的不断兴起，传统硬件制造商将面临巨大的市场危机。

以亚马逊为例，其云计算产品价格便宜，吸引了大批中小企业，包括《纽约时报》、红帽、晟碟等大型公司。亚马逊每提供 1G 的存储收费 15 美分，服务器的租用则是每小时 10 美分。据称其"云"中的每台计算机投资仅为 300 美元，假设电力消耗也是 300 美元，按此标准计算，在一年不间断的情况下其收益为 876 美元，利润率约为 45%——高于其销售书籍的毛利。

云计算对商业模式的影响体现在其在市场空间上的创新。哈佛商学院教授克里斯滕森认为，云计算意味着从 PC 机时代重返大型机时代。现在的大型机虽看不见，摸不着，不过确确实实就摆在那里，它们在云里，在天空里。

五、云计算与管理思想、实践

(一)云计算对管理思想的影响

技术领域的革命必将带来思想领域的风暴，云计算思想一经提出便渗透到管理实践的方方面面，其使得基于新技术下的管理思想层出不穷。从云计算的原理来讲，云计算主要是通过共享的公共计算池将众多本来由单个计算单元承担的工作包揽下来，从而使多个客户端采用按需获取的方式通过共享的计算平台获取所需要的硬件、软件、数据等资源。这种互联网架构方式一方面提高了大型高性能计算机的运行效率，另一方面也减少了客户端对硬件、软件资源的投入，同时，基于按需获取思想下的软件架构也带来了管理思想、实践的创新。

首先，云计算促使企业运营管理模式从粗放型向集约型转变。作为推动企业管理模式创新的重要驱动力，云计算利用其"按需即取、动态扩展"等方面的特点，促使企业运营管理模式从粗放型向集约型转变。传统的企业管理更注重利润最大化思想下的企业资源整合及协调，虽然新技术的应用可以为企业带来更多的利润，但同时技术的泛滥也会带来成本的增加。随着新技术的涌现，维护旧技术的成本也在逐渐增加，这样企业就面临着低利润增长、高成本增加的尴尬局面。云计算提供的企业管理方案可以解决此问题给企业带来的危机。云计算带来的技术革新将企业从技术投入中解脱了出来，企业只需要根据自身需要购买相应的信息服务，而信息服务提供的技术及技术的维护等工作完全由云服务提供商承担。这样一来企业在制定符合自身盈利目标的战略规划的时候便可不再过多考虑技术层面的问题。企业一旦从繁琐的技术中解脱出来，便可专心制定符合各部门、各层级、各地区需求的整体战略规划。通过从全局的角度考虑组织的资源配置及信息沟通渠道优化，使得企业资源更加集成、人员沟通更加方便，从而达到更高程度的资源集约。

其次，云计算促使企业从集中式管理向分散式管理转型。集中式管理方式的主要特征有严格的等级制度、较窄的管理跨度、繁琐的部门划分等。在传统技术条件下，由于网络技术欠缺、资金投入不足等客观原因，企业的管理依然表现出严格的等级制度、较窄的管理跨度、繁琐的部门划分等特征。虽然这些组织元素曾在一定程度上发挥积极的作用，但在"学习型组织"、"跨职能团队"、"跨组织团队"等新团队形式不断涌现的背景下，为提高组织的灵活性，组织管理需要从集中型向分散型转变，以让团队、个人拥有更多地参与决策的机会。云计算提供的沟通渠道使组织中的每个个体在获取资源方面享有均等的机会，企业内部人员之间均可通过云平台进行沟通，不同企业人员之间也可以很容易地通过云平台共享资源，这就为企业内部分散式管理及企业之间的低耦合度沟通提供了便利条件。

再次，云计算促使企业从业务发展和信息基础设施建设两者兼顾转向专注于业务发展。在传统的企业当中信息基础设施建设作为企业战略的重要组成部分，在更快、更高效地实现企业目标方面起着十分重要的作用。但繁重的信息基础设施建设一方面增加了企业的成本投入，另一方面也分散了企业精力，同时也在无形之中增加了技术变革给企业带来的风险。云计算平台提供了 IaaS、PaaS、SaaS 三类基本服务，均以按需获取的方式提供给客户。这样企业便可从信息基础设施建设中解脱出来，这给企业带来的益处是多方面的：①企业可以通过购买廉价的服务减少成本支出；②技术变革给企业带来的风险减少到相对较小的程度；③灵活的服务获取方式给企业面临环境变化而所需进行的变革提供了保证。

最后，云计算对管理过程当中的创新起到非常重要的作用。创新属于管理职能当中一个重要部分，企业面临内外部环境的变化，只有不断地创新才能获得持续的竞争优势。企业存在诸多约束创新的因素，如旧硬件设施下的管理体制、不畅通的沟通方式、不鼓励创新的企业文化等。在云计算环境下，新的基于信息共享的信息系统架构取代了传统的分散的企业内部系统，云服务提供商通过建立平台为企业提供多种服务，企业根据自己的实时需要向服务提供商购买特定的服务。新技术架构使企业管理方式同企业内部设施之间的耦合度逐渐降低，这减少了企业变革过程当中来自内部的约束力，同时使企业基础设施不会因企业管理创新而出现大变革。

（二）云计算对管理方法的影响

管理方法包括古典的科学管理、组织行为管理及现代的管理科学、人本管理、信息资源管理等，每种管理方法都会对管理理论和实践起重要推动作用。管理方法的创新通常伴随着科学技术的创新，第二次工业革命后的几十年内诞生了科学管理理论及管理科学理论，第三次科技革命爆发之后产生了信息资源管理理论。科学技术的发展推动了管理实践的发展，伴随着管理实践当中面临新问题、解决新问题的过程不断涌现出新的管理方法，新的管理方法又反过来指导新的管理实践。

进入 21 世纪，云计算作为信息技术的革命性创新成果深刻改变着人们的管理理念，管理理念又指导着管理方法的创新。云计算使信息资源管理的范畴更加广泛，这主要体现在信息资源管理工具的维护者、信息资源的获取来源、信息资源的加工方式、信息资源的传播途径以及信息资源的存储方式等几个方面。

第一，云计算改变了信息资源管理工具的维护者。云计算环境下，企业作为云服务的接受方主要使用云服务提供商提供的在线软件、基础设施等，按照需求的数量、时间等度量方式进行付费，同时这些产品的维护工作主要由提供商负责，因此信息资源管理工具的维护者已经不再是企业。

第二，云计算改变着企业获取信息的来源。云平台下的企业获取信息的渠道也变得更为多元化，传统的企业获取信息基本通过本企业内部及同本企业有直接关系的企业外部实体。新环境下云平台上共享了更大数量级的来自不同企业和个人的信息，一旦这些信息对企业开放，企业便可以通过标准接口以一种更稳定、快捷的方式获取，同时企业对外发布信息也更为方便、迅速。

第三，信息的处理方式也发生了改变。信息获取之后需要进行加工，传统环境下的信息加工是通过企业内部的服务器，但企业级的服务器运算速度并不是很理想，同时服务器稳定性也经常受到挑战，因此采用本地服务器进行信息处理存在一定风险。新环境下的信息处理是在云服务器上进行的，企业可以在短时间内利用超高性能的计算机处理海量的数据，并通过客户端获取数据处理后的结果。

第四，信息资源的传播途径也受到颠覆。作为互联网上的节点，信息通过网络传递到企业内部，然后在企业内部传播，最终将经过企业分析和处理过的信息发布在互联网上。在这种传播方式中，企业与企业之间是相互隔离的，而在云计算环境下，信息传递方式则发生了巨大改变(图 2-2)。企业之间的信息传递是通过客户端 A 首先向云端的服务器提出申请，云端服务器接到申请后同被请求交换信息的服务器之间达成信息传输协议，信息从所请求的 B 企业云端服务器传递到 A 企业的私有云服务器，信息经过加工处理最终传递到 A 企业的客户端。这种信息传递方式一方面令企业之间传递数据更加便捷、准确，另一方面也为以后企业之间的信息共享与协作提供了便利。

第五，信息资源不再存储于企业的内部服务器当中，取而代之的是云服务器当中的数据存储于云当中。云计算时代，企业内部服务器不再存储数据，云计算服务提供商提供了专门的存储云来存储不同企业的数据，并对数据存储服务器进行严格维护。这样一来数据就不会面临丢失的危险，只要有网络的地方便可以随时根据需要获取自己想得到的数据。这种存储方式给企业带来了便利，但同时也面临着企业内部数据的保密性和安全性等问题。

(三)云计算对管理工具及手段的影响

科学技术的变革推动着管理工具和手段的改变。在计算机发明之前管理者通过纸张记录数据，计算机发明之后数据被存储在计算机存储器当中，计算机代替人脑成为了数据处理的工具。云计算作为信息产业的革命性创新也必然令管理工具及手段出现大的

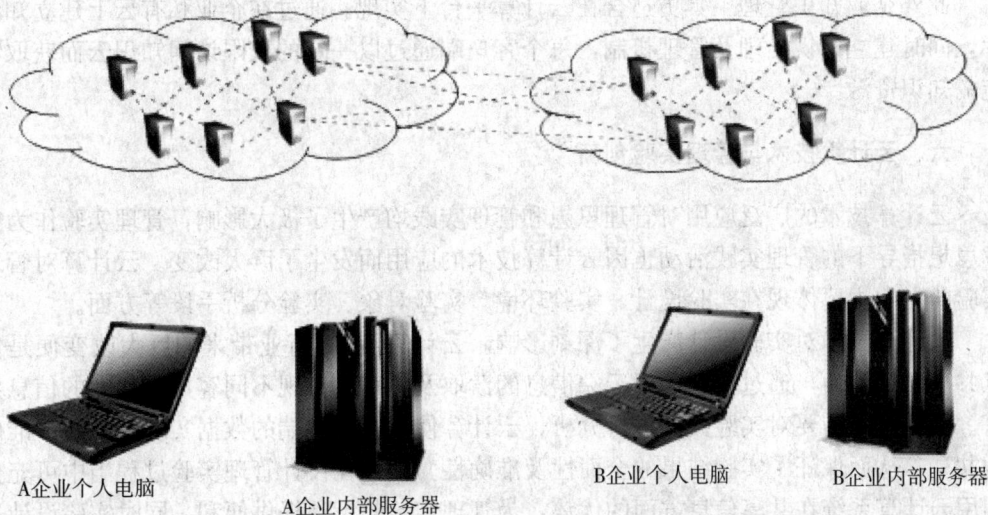

A企业个人电脑　　　　　　　　　　　B企业个人电脑　　　B企业内部服务器

A企业内部服务器

图 2-2　云计算环境下信息传递方式

改变。

管理是通过组织的各项活动及对资源的协调和控制，实现企业目标的过程，其主要包括计划、组织、领导、控制等基本职能。企业管理工具是影响企业的核心要素，其主要包括规章制度、目标管理、绩效考核、员工发展规划、质量体系标准等，它们对企业的稳定、规范发展起到了保障作用。管理工具可以分为企业战略工具、领导力工具、人力资源工具、销售与营销工具、运作管理工具、金融财务工具、信息技术工具、事业规划工具等。在企业管理实践当中最常用的管理工具主要有客户关系管理工具、全面质量管理工具、供应链管理工具、战略规划工具、知识管理工具等。云计算技术对企业信息管理工具影响很大，在企业管理的许多方面都起着重要的作用。

企业资源计划（enterprise resource planning，ERP）及客户关系管理（customer relationship management，CRM）软件作为主流企业信息技术工具，对企业各种资源的整合、优化起着非常重要的作用。云计算环境下的企业 ERP 及 CRM 软件不再完全归单个企业所拥有，多个企业通过共享方式使用同一套在云平台下运行的软件。如需对传统的 ERP 扩展功能模块，则需购买 ERP 软件提供商所提供的相应模块并且在企业计算机上安装。在云计算平台下，只需将原系统同按需购买的 ERP 模块通过特定接口在线绑定即可实现数据传输，云平台下的软件相比传统软件具有更大的灵活性及适应性。

在传统的软件架构下，不同企业之间的数据传输及共享一直是一个非常棘手的问题，虽然有电子数据交换（electronic data interchange，EDI）等方式作为数据传输的手段，但是如果要达到企业与企业之间系统的无缝连接仅依靠 EDI 还远远不够。在云计算环境下，不同企业私有云之间通过特定接口实现云数据传输，两者之间只需通过某种请求及相应的契约便可实现数据共享和传输。在企业供应链管理当中使用此方式极为方便，当企业缺货时自动触发缺货处理机制，然后向货物供应商私有云发送数据请求，经过私有云许可最终从供应商得到货物信息。

此外企业知识管理工具更适合在云计算平台下实现。通过在企业私有云上建立知识库，同时建立知识处理及管理机制，每个客户端通过以一定的权限访问知识云而获取特定的知识资源。

六、云计算技术与管理实验创新

云计算技术的广泛应用对管理思想和管理实践均产生了极大影响，管理实验作为管理思想指导下的管理实践活动也因云计算技术的应用而发生了巨大改变。云计算对管理实验的影响主要体现在实验设计、实验环境、实验对象、实验分析手段等方面。

云计算技术对实验设计产生了深刻影响。云计算给 IT 行业带来的巨大改变便是信息共享更加方便，通过客户端对云端信息的读取及储存而实现不同客户端之间的信息共享。管理实验需要对实验数据进行分析，云计算使不同客户端的数据实现了及时、准确地共享，从而保证了实验结果的全面性及准确性。因此在设计管理实验过程当中可充分利用云计算系统在共享信息方面的优势，为管理实验的设计提供便利。同时实验设计过程当中的指导思想在云计算思想的指导下也发生了改变。云计算技术通过将原本由客户端处理的工作交给云端服务器，使客户端变为轻量级的瘦客户端，客户端只需向云端发送命令和传递数据便可以实现以前需高性能计算机才能实现的操作。在这种思想的指导下，管理实验的对象也不仅仅局限于本团队或本企业，而是扩展到互联网上同本企业发生联系的企业，而通过在云端获取其他团队或企业的信息更有利于实验的开展。

云计算技术令实验环境发生了改变。云计算技术使管理实验场所相比传统实验范围更广。传统管理实验的实验场所基本都是设置在特定位置。实验场所的约束使得实验本身具有一定的局限性，如实验数据的国别性、种族性、地域性，实验环境的气候差异、人文背景差异等，这些因素会对实验结果造成一定影响。在云平台下进行管理实验，首先，将实验设计在若干个场所，在每个场所分别进行不同的实验，其次，将不同实验场所得到的实验结果汇集起来，最后，通过对总结果进行分析得到不受实验场所制约的实验结果。因此，云平台将管理实验的实验场所范围进行了拓展，使得在不同实验场所下进行更广范围的实验成为了可能。

实验对象的选取也因云计算技术的应用而发生了改变。在管理实验当中实验对象的选取对实验结果的准确性有非常重要的影响，传统的管理实验对象由于受到实验条件的制约只能包含特定的人群，这对研究局部范围内的实验对象有帮助，但由于不同地区、不同国别、不同种族的人群存在差异，单纯研究局部范围内的实验对象并不能得出更为全面的实验结果。云计算技术可以通过对不同地域的不同实验对象进行实验数据采集，最终获取比较完善的信息，这样，实验对象不再仅局限于特定人群，其选取的范围更大。

传统的管理实验基本采用人工分析或使用本地计算机分析，云计算环境下的管理实验分析可采用互联网提供的大型计算机和云端分析系统来进行。由于本地实验资源有限，一旦遇到需处理大量数据及本地软件无法分析的情况，实验将无法进行。云计算为共享实验分析工具提供了便利条件，实验者可根据实验需求在互联网上按需购买实验分析工具，这样既提高了实验准确性，也使实验资源得到高效利用。

第三节　物联网与管理思想、实践

一、物联网的定义

物联网的概念是于 1999 年提出的，定义为通过 RFID、红外线感应器、全球定位系统、激光扫描器等信息传感设备将一切物品与互联网连接起来，进行信息的交换与通讯，实现智能化的识别、定位、跟踪、监控和管理。

物联网的产生标志着新一代 IT 技术在各行各业之中的广泛运用。例如，将感应器嵌入和装备到铁路、桥梁、隧道、公路、建筑、大坝、供水系统、油气管道等各种物体中，同时，将由此形成的"物联网"与互联网相互整合起来，建立连接现实世界与虚拟世界的整合网络。物联网拥有功能强大的中心计算机群，因此可以随时随地监管、控制整合网络内的人员、机器、设备和基础设施，这使得人们可以凭借智能化的方式更好地管理生产和生活。

二、物联网的原理

物联网以互联网为基础平台，通过利用 RFID、无线数据通信等技术，构造一个能够覆盖世界上万事万物的"internet of things"。在此网络中，利用 RFID 技术与互联网平台，以实现物品彼此之间自由地进行"交流"。RFID 标签中存储着规范而具有互用性的物品信息，物联网通过无线数据通信网络自动将这些信息采集到中央信息系统进行物品的识别，进而又通过开放性的互联网实现信息交换、共享，实现对物品的"透明"管理。

"物联网"概念的问世打破了传统思维。过去传统的思路是将物理基础设施和 IT 基础设施分开：一方面是基础设施，如机场、公路、建筑物等，另一方面是数据中心，如电脑、宽带等。而在"物联网"时代，物联网通过 RFID 技术将钢筋混凝土、电缆等与芯片、宽带等整合为统一的基础设施，在此层面上，基础设施仿佛更像是一块新的地球工地，世界就在它上面进行运转。

目前可将物联网架构分为感知层、网络层和应用层三层。

感知层是物联网的"皮肤"和"五官"，用以识别物体、采集信息。感知层包括二维码标签和识读器、RFID 标签和读写器、摄像头、GPS、传感器、终端、传感器网络等设施。

网络层是物联网的"神经中枢"和"大脑"，用以传递信息、处理信息。网络层包括通信与互联网的融合网络、网络管理中心、信息中心和智能处理中心等功能区域，其作用是将感知层获取的信息进行传递和处理。

应用层是物联网与行业专业技术深度融合、与行业需求密切结合，实现行业智能化的架构层次，这类似于人的社会分工，其最终构成人类社会。

三、物联网的发展

(一)国际物联网的发展

2005 年 11 月 17 日，在突尼斯举行的信息社会世界峰会（World Summit on the Information Society，WSIS)上，国际电信联盟(International Telecommunications Union，ITU)发布了《ITU 互联网报告 2005：物联网》。该报告指出，无所不在的"物联网"通信时代即将来临，世界上所有的物体都可以通过互联网主动进行交换。

2009 年 2 月 24 日，IBM 在其 2009 IBM 策略发布会上公布了名为"智慧的地球"的最新策略。此策略将"智慧"的理念植入基础建设的执行中，不仅能在短期内达到刺激经济、促进就业的效果，同时也能为未来的发展打造一个成熟的智慧基础设施平台。

IBM 表示，"智慧的地球"策略掀起了继"互联网"浪潮之后的又一次科技革命。之前有学者曾提出"十五年周期定律"，认为每隔 15 年计算模式都发生一次变革，如 1965 年前后以大型机为标志的变革，1980 年前后以个人计算机普及为标志的变革，1995 年前后以互联网为标志的革命。每次技术变革都会带来竞争格局的重大动荡和变化，其范围涉及企业、产业甚至国家。

"智慧的地球"战略与当年的"信息高速公路"一样，都是作为振兴经济、提高竞争优势的关键战略而提出的。但该战略能否掀起如同当年互联网革命一样的科技与经济的浪潮，为全世界人民所共同关注。

(二)我国物联网的发展

目前，中国的无线通信网络已经覆盖到了城乡，从繁华的城市到偏僻的农村，从海岛到珠穆朗玛峰，到处都有无线网络的覆盖。无线网络是实现"物联网"必不可少的基础设施，安置在各类物品上的电子介质所产生的数字信号可随时随地通过无处不在的无线网络传送出去。同时"云计算"技术的运用，使数以亿计的各类物品的实时动态管理变得可能。

我国高水平的研发技术对"物联网"的发展产生了重大的影响力。早在 1999 年中国技术科学院就启动了有关传感网领域的研究，其通过高水准的科研团队，在无线智能传感器、微型传感器、传感器端机、网络通信技术、移动基站等方面取得了重大突破性进展，目前其网络的完整产业链涉及材料、技术、器件、系统等多个领域，从而使得我国在世界传感网领域具有主导的地位。

业内专家表示，掌握"物联网"的世界话语权，不仅仅体现在技术领先，更在于我国是世界上少数能实现产业化的国家之一。

中国科学院无锡微纳传感网工程技术研发中心是目前国内研究物联网的核心单位。其传感器产品成功应用于上海浦东国际机场和上海世界博览会，这批传感安全防护设备是由 10 万个微小的传感器构成，分散在墙头、墙角、墙面和周围道路。传感器可以通过对声音、图像、震动频率等信息进行分析判断，准确地判别物品属性。多种传感方式组成一个协同系统后，可以防止人员的翻越、偷渡、恐怖袭击等攻击性入侵，为保障安全做出了贡献。

四、物联网前景

物联网是一场科技革命，它使物品和服务功能发生了质的飞跃，这些新的功能将给使用者带来更高的效率、便利和安全，更易于形成基于此类功能的新兴产业。

物联网是以移动技术为代表的普适计算和互联网共同作用发展的结果，其依托科技的进步，通过应用的创新来带动经济社会与创新形态的变革——塑造知识社会以及推动面向知识社会的下一代创新形态的形成。知识社会环境下创新的重要特征包括开放创新、共同创新、大众创新、用户创新，技术提高展现出以人为本的创新理念，而物联网技术的发展则为实现这些理念提供了最佳方式。

物联网不仅在节约成本、提高经济效益方面起重要作用，而且更能通过提供技术促进全球经济的复苏。

欧盟作为物联网的积极推动者倡导建立"未来物联网"。2009 年 5 月公布的《未来互联网 2020：一个业界专家组的愿景》报告谈及未来互联网的四个特征：未来互联网基础设施将需要不同的架构，依靠物联网融合了数字和物理世界的新 Web 服务经济将会带来产生价值的新途径，物品会成为未来互联网的一部分，技术空间和监管空间相分离，其中两项涉及物联网。该报告指出，未来互联网将成为经济衰退、全球竞争、气候变化、人口老龄化等方面问题解决方案的主要部分。

"物联网"时代将会给人们的日常生活带来翻天覆地的变化。然而受到目前技术、传统观念等方面的限制，走向"物联网"时代这个过程仍需漫长地探索。

五、物联网与管理思想、实践

（一）物联网对管理思想的影响

物联网技术一经推广便迅速开始在管理实践的各个方面发挥作用，从生产第一线的车间，到高层管理人员的辅助决策，从交通运输行业到医疗卫生行业，从大型公共场所到每个家庭内部，物联网的应用层出不穷。众多的物联网应用在管理实践当中发挥着作用，一方面为管理者更有效率、更有效果地进行管理活动提供了保证，另一方面也对管理思想产生了深刻的影响。

物联网使"走动式管理"（management by wandering around）的形式概念范畴更加广泛。传统的"走动式管理"是指企业管理人员经常抽空前往办公室或生产一线，并同员工广泛地接触和交流，以获得更丰富、更直接的有关员工工作的信息，同时了解员工的工作反馈。在物联网技术环境下，大量先进技术被应用于企业管理当中，如监控摄像头、GPS、RFID 等。通过基于新技术的物联网应用，企业管理者可以很容易获得所需的关于员工的实时信息。例如，通过监控摄像头可以监控生产一线员工的工作情况，通过 GPS 可以获取员工的实时地理位置，通过 RFID 可以获取货物信息等。如此一来，管理者便不必采用亲自调查的方式获取信息，物联网的应用使得管理者更为准确、及时地获取信息成为可能。

在物联网的支撑下，企业供应链管理效率会有质的提高。物联网时代，企业和供应商之间、企业同供销商之间的供应链信息的采集将会更加及时，利用传感器可实时获取供应链某一环节的货物信息，之后对整个供应链的优化会更加准确、及时。同时，采用物联网技术之后，货物存取、货物运输都会变得更加快捷，从而为企业快速响应客户需求提供了帮助。

物联网将更有利于企业实施精细化管理。精细化管理是一种以"精确、细致、深入、规范"为特征的全面管理模式，是针对企业的粗放式管理提出的解决方案，其主要思想是通过对各个管理环节的精确度量和细化而达到管理的精确性。物联网时代下企业获取信息的途径主要是通过传感器等信息设备，取代了以前通过手工取样、经验分析等极具模糊性的信息获取方式。通过将传感器安置于管理环境的各个待测位置，实时获取第一手数据，并及时将数据传递到计算机进行处理，从而为管理决策提供第一手的准确信息。信息获取相比以前更为精准，也更加快捷。

物联网建设有利于企业进一步挖掘价值链价值。价值链主要是将同企业相联系的供应商、顾客、合作伙伴等外部因素作为一个整体来考虑，其目的是最终获得令顾客满意的产品或服务，在整个价值链上，所有能为获得最高的顾客满意度服务的改进措施都将成为企业所改进的目标。大部分生产制造类企业都存在从原料提供商到最终顾客的价值链，原材料的价格、质量直接影响到最终企业所生产产品的成本和顾客满意度，而传统情况下价值链上的信息对顾客是封闭的，因此消费者无法得知所购买的产品的详细信息。物联网时代通过电子手段记录产品每个生产阶段的信息，并以电子信息的方式呈现给消费者，在购买产品时，对产品的深入的了解会增加消费者的满意程度。物联网技术在食品行业可以获得广泛应用，消费者通过物联网可以了解所购买食品的原料构成、生产环境、加工过程、检验流程等，从而对自己购买的食品有整体了解。

物联网技术使企业控制策略由反馈控制向实时控制转型。管理过程当中的控制环节是检验管理效果的重要步骤，反馈的信息为改进管理方法和管理手段提供了重要参考。控制方式分为事前控制、反馈控制、实时控制，在实际管理实践当中较多采用反馈控制。但反馈控制存在明显的缺点，在进行反馈控制的时候不恰当的管理方法导致的负面后果已经发生，因此企业的损失是不可避免的。受到技术条件的制约，在之前的管理实践当中实时控制并未获得广泛应用，物联网技术能够将实时控制充分应用到管理的控制过程当中。物联网技术可以先通过信息化手段采集实时数据，之后将数据传输至计算机进行处理，再将分析结果提供给管理层作决策。管理者可以通过分析立刻对管理环境当中不利于企业目标实现的行为进行控制，这种实时控制有效地避免了错误的管理方式所导致的企业损失。

物联网建设将有力地促进绿色生产及绿色经济建设。企业的绿色生产包括绿色采购、绿色生产、绿色营销、绿色服务等环节，传统的生产经营因过于粗放而给企业及社会带来资源的负担，绿色经营方式可以在使企业高效率运作的同时，促进社会的绿色经济建设。美国总统奥巴马将物联网与绿色能源相并列，温家宝同志也在第十一届全国人民代表大会第三次会议上作政府报告时指出：转变经济发展方式刻不容缓。2007 年的金融危机给美国乃至全球的经济带来了重创，全球经济复苏需要一个新产业的推动，而在这个时候物联网的发展无疑会给全世界的企业家带来新的希望。物联网在给企业的低成本、高收益经营提供良好的基础设施的同时，也为企业的绿色生产提供了基础。同时，企业生产管理低消耗、资源利用高效率、原料采集高质量、生产排放低污染等目标也可以提高企业的社会认可程度。

（二）物联网对管理方法的影响

物联网技术改变企业传统的控制手段。物联网改变控制手段主要体现在三个方面：人为控制转向自动控制，事后控制转向事前、同期控制，定时采集数据转向实时信息采集。首先，传统的控制方式多是通过人工方式采集数据然后进行分析。例如，为保证车间的安全，防止火灾发生，企业工作人员需每天对车间的温度、湿度及易燃产品的状况做检测，一旦发现安全隐患便可对其进行排除。物联网技术的应用将此环节过程中的工作人员解脱了出来，通过将多个传感器安置于待测点，实时获取待测地点的温度、湿度等数据，并将数据立刻传输至分析系统，分析后一旦发现安全隐患便自动报警或启动安全隐患排除机制，此过程中所有环节均由系统自动完成，从而提高了预警的准确度和反应速度。其次，在企业管理实践过程当中，事后控制使用频率比较高，但是事后控制的延迟性使得企业的损失不可避免。物联网技术通过使用电子设备实时采集、分析数据，并通过反馈机制完成对分析结果的处理，从而使控制方式采用事前、同期控制。这些技术已经广泛应用在环境监测、安全控制、交通疏导等领域。最后，现代企业讲求精益生产，强调生产管理的准确性、及时性，物联网设备可以实时获取整个企业的所有必要信息，这对企业进行即时管理非常重要。

物联网改变企业信息获取、加工及分析的方式。与云计算不同，物联网是一种将人和人、人和物、物和物连接的网络，它的体系结构可分为感知层、网络层、应用层，其通过感知层的传感器、RFID 等实时获取物体的信息，将获取的信息数据传输到网络层的数据仓库，之后应用层的软件通过具体的用户需求从数据仓库中获取所需要的数据，并对这些数据进行分析和加工，最终将可供用户决策的结果输出到客户端。因此，从整个信息的获取、加工、分析过程来说，物联网环境下企业获取信息的渠道更加多元化，信息的加工处理也更加及时和准确。

物联网促使管理趋向数据化和精准化。在信息化管理时代，信息技术的飞速发展不断改变着管理实践的方式，从早期的办公自动化系统、管理信息系统到现在的决策支持系统、智能群决策支持系统，信息系统深入到管理活动的方方面面。物联网时代，管理活动的各个环节将被电子设备监控，大量的实时信息将不断充斥到数据仓库当中。精确的数据有效地增强了决策支持的精确度，从而为管理活动当中做出正确的决策起到十分重要的作用。

物联网促使管理向管控一体化发展。管控一体化技术是近年来自动化领域出现的高新技术，它通过将自动化控制技术、网络通信技术、计算机技术、微电子技术等多种技术融合，组成双向、串行、数字化、分布式、开放互联的自动控制系统。这项技术在一些发达的工业化国家已经日趋成熟，一些大的国际自动化设备制造商和系统集成商均致力于开发不同行业的管理控制一体化平台，从而使生产过程的控制、监控同管理决策制定达成同步，其结构见图 2-3。

传统的管控一体化系统将企业内部获取的实时信息通过计算机网络汇集到企业数据仓库当中，将各个部门数据组成一个有效的整体。它可以将企业的原材料采购、生产过程、质量控制等环节同销售管理有机地统一起来，从而为企业管理者从全局角度实时决策提供良好的支持。物联网及云计算时代下的管控一体化系统将着力于降低企业基础设施成本、提高企业灵活性、加强企业间协作等，其通过构建基于物联网和云计算两种技术相结合的新一代管控一体化系统(图 2-4)，将企业的管理效率提升到一个新的高度。

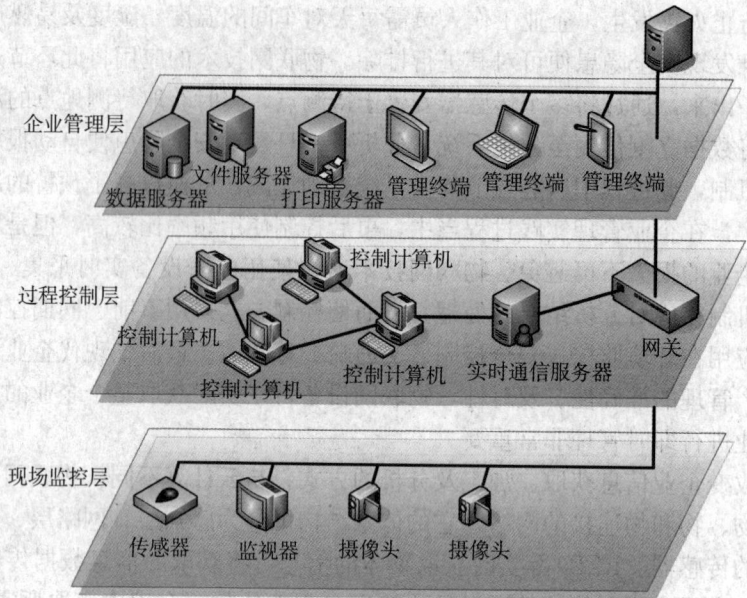

图 2-3　传统企业管控一体化结构图

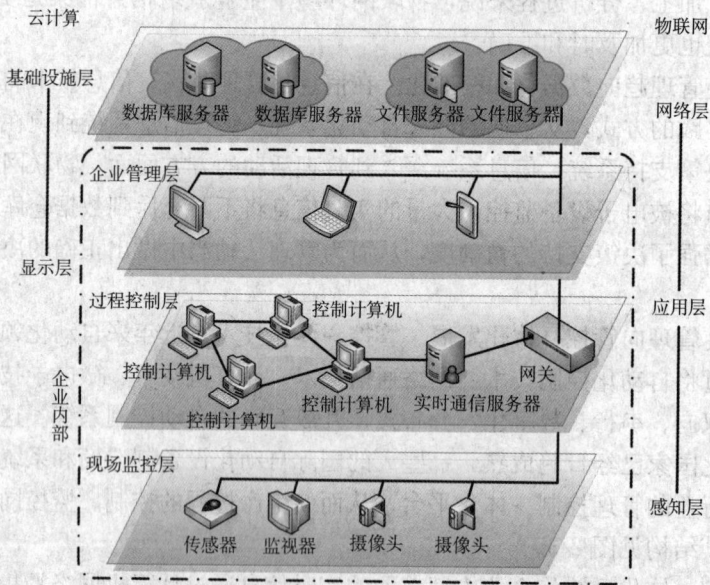

图 2-4　物联网及云计算时代下的企业管控一体化结构图

（三）物联网对管理工具及手段的影响

物联网是信息技术的一次革命性创新，它的本质是通过信息技术将现实物质世界中的生态系统转变成自然和人工相融合的人工生态系统，人类通过物联网而实现了解自然、改造自然的目的。物联网就好比人类手中的工具，通过这个工具可以随时掌控自然生态系统当中所发生的微妙变化，之后人类可以通过物联网的智能处理系统或人类自身来实施相应的措施。物联网使人类可以更迅速、更准确地了解自然世界的变化，因此在管理实践当中，管理者可以通过物联网这一工具去掌握管理环节中的运行状况，通过对信息的分析、处理得到最终对决策有用结果。物联网深刻地改变着管理的工具和手段。

物联网同云计算结合共同打造出一个更加迅速、更加智能、更加准确的信息交流和共享平台。得益于这些技术带来的便利，企业的管理效率会有质的提高。基于云计算的企业信息架构将企业从繁杂的信息系统建设及维护工作当中解脱了出来，这不仅使企业更能专注于业务环节创新，而且也给企业增添了灵活性，同时还促使企业向集约型发展。而物联网的应用令企业原有的信息系统如虎添翼，通过将传感器、摄像头等物联网基础设施连接入云计算网络，企业可以很轻松地实时获取相关信息，同时也可以同其他企业共享本企业的物联网基础设备，最终使企业与企业之间的合作更加深入。

传统的信息沟通方式以简单的文本、图片、电子邮件、即时消息为主，物联网等技术的应用使信息传递不只局限于这些媒体形式，而是逐渐向文字、图片、视频、音频甚至是气味、动作等更多维度的信息表达方式发展。作为物联网终端的摄像头可以实时捕捉到所监控位置的实时画面，并将画面传递给决策制定者。基于传感器的新技术也层出不穷，通过气味传感器采集特定的气味信息，然后通过模拟电子信号的方式将采集到的气味信息传输至另一终端，在此端将电子信号通过化学合成的方式还原成气味，这样实现了用物联网传递气味。与气味传递类似，通过将多个传感器安置于物体的特定位置，实时采集物体不同部分的相对位移，然后将采集的数据信息通过网络传输给数据分析系统，计算机通过仿真技术将采集到的数据恢复成计算机内部的仿真图像最终实现现实仿真，这种技术现在已经在人体模拟仿真领域得到广泛应用。

六、物联网与管理实验创新

同云计算技术类似，物联网技术一经应用便深入到人们的管理实践当中，因此管理实验也在物联网技术背景下发生着改变。物联网技术对管理实验的影响主要体现在实验数据获取、实验信度和效度、实验手段、实验实施效率及保障等方面。

物联网改变了管理实验获取数据的方式，使管理实验获取数据更加准确、及时。物联网环境下最显著的特点便是传感器、RFID 等技术在获取信息方面获得广泛应用。在管理实验过程当中应用传感器、RFID 等终端实时获取对分析实验结果有用的数据，这种方式有效地避免了数据延迟及缺失造成的分析结果失真。

物联网技术提高了管理实验的信度和效度。信度是对实验数据的一致性、稳定性和可靠性的度量指标。效度是指管理实验能准确分析出所遇问题原因的程度。传统的管理实验数据是通过各种人工手段获取的，获取过程当中存在一定的误差。数据的不准确会直接导致实验结果产生误差，最终影响到实验的信度及效度。通过物联网技术，获取数据的方式更加多样，数据传输更加准确及时，同时数据的表现方式也更加多元化，新技术背景下的技术条件有效地提高了实验的信度及效度。

物联网使管理实验的实验手段发生了巨大改变。传统的实地实验由于技术条件的束缚只能将实验角色的行为作为实验的依据，这种方法虽然对分析人的行为起到一定作用，但并不能得到精确的数据。物联网技术引入后，管理实验获得的数据更加精确化。

例如，在实验过程当中，可以通过将纳米传感器植入人体或利用外部设备检测主要器官的变化，实时监测人体对某种外部刺激的反应，实验获取的数据最终被用来作为分析的依据，这样得出的分析结果更为科学准确。在传统技术条件下，通常将实验对象控制在特定的环境下，这样就无法在各种环境下考察实验对象的行为。另外，通过为实验对象配备 GPS，可实时获取被检测者的地理位置信息，这样实验的场所便不再受到约束。

物联网技术的应用提高了管理实验效率，保障了实验顺利进行。管理实验进行当中需要获取实验对象的数据，并对数据进行分析，传统实验通常采用人工方式控制实验流程。物联网技术应用到管理实验实施过程当中，通过传感器、GPS、RFID 等电子设备实时获取实验运行过程中的数据，同时通过计算机网络传输至大型处理器进行处理，数据经过分析处理后根据不同的情况又会触发相应电子设备的自动处理机制。这样整个实验过程在智能物联网的控制下形成一个实时智能处理系统，实时的数据得出实时的分析结果，实时的分析结果又引发实时的处理措施，管理实验得到了高效率运作。物联网技术也为管理实验顺利实施提供了保障。信息技术的应用提高了各项管理工作的效率，在管理实验当中数据获取及传输的准确性对实验的精确性有极大影响，同时管理实验实施过程中的资源调配及协调也离不开信息技术的支持。物联网通过监控实验环境当中的实验对象，实时获取实验环境的参数变化，及时应对各种突发情况，从而为整个实验的顺利进行提供了保障。

云计算、物联网等技术给人类的生产、生活提供了极大的便利，深刻地改变着人类管理实践的面貌，推动着管理理论的创新，但同时新技术的弊端也日渐凸显。企业信息的保密、员工隐私受到侵犯、信息安全等问题摆到了人们面前，虽然针对以上问题的解决方案不断被提出，但是任何一种技术给人类提供便利的同时也会带来诸多风险，在管理实践当中我们应该充分挖掘新技术的优势，同时规避劣势，这样才能将技术给人们带来的便利发挥到极致。

➤思考与练习

1. 为什么说科学技术进步的历史同样也是管理思想和管理实践创新的历史？
2. 什么是云计算，简述其原理，它有哪些特点？
3. 云计算对管理思想、方法、工具和手段的影响有哪些？
4. 云计算对管理实验带来的变革有哪些？
5. 什么是物联网，简述其原理。
6. 简述物联网对管理思想、方法、工具和手段的影响。
7. 物联网对管理实验带来的变革有哪些？

第三章　管理实验概述

实验作为一种科学研究的方法，最早在自然科学研究领域中产生。随着管理的不断科学化、理论化，实验也逐渐成为管理科学领域一种重要的研究方法，管理实验随之产生，它的主要特点在于通过构建实验环境模拟现实场景，并在实验过程中实现控制。本章将回顾实验的起源，简要介绍管理实验的基本知识及管理实验的产生、发展，并进一步探寻管理实验与经济实验的关系。

💡 内容提要

第一节　实验方法
第二节　管理实验
第三节　管理实验的发展
第四节　管理实验与其他实验的比较

💡 本章学习要求

> 通过本章学习，掌握管理实验的基本知识，了解管理实验的产生和发展，熟悉管理实验与经济实验间的共同点和不同点。

💡 基础知识

(1)实验。实验是以解决文化、政治、经济、社会、自然问题为前提，在其对应的科学研究中用以检验验证某种假设、原理、理论而进行的明确、具体、可操作、有数据、有算法的技术行为。通常实验要预设"实验目的"、"实验环境"，进行"实验操作"，并以"实验报告"的形式呈现"实验结果"。

(2)科学实验。科学实验是指根据研究目的，运用一定的物质手段，通过干预和控制科研对象而观察和探索科研对象有关规律和机制的一种研究方法。科学实验和科学观察一样，是搜集科学事实、获得感性材料的基本方法，同时也是检验科学假说、形成科学理论的实践基础。

(3)管理实验。管理实验是指在可控的实验环境下，针对某一特定管理现象或管理问题，采用定量、定性等多种分析方法，研究如何通过控制实验条件、观察实验者行为以及分析实验结果，检验、比较和完善管理理论或为管理者提供决策依据。管理实验的产生使得管理从经验管理走向科学管理。

(4)心理实验。心理实验是指在严格控制条件下，或者创造一定条件来引起某种心理活动，由此衡量测定某一类心理现象或心理问题。心理实验法打破了心理学领域主要依靠观察法、调查法、个案法等的研究传统，使得心理学的研究工作摆脱了对哲学、教育等学科的依赖，为心理学的独立做出了巨大贡献。心理实验促进了心理学研究方法的不断改善和精细化。

(5)经济实验。经济实验是一种应用于经济学研究的实验形式。经济实验是在可控的环境下，针对某一经济现象，通过控制某些条件来改变实验的环境或规则，屏蔽那些与问题无关的因素，集中观察那些研究者感兴趣的因素的作用，通过做实验取得实验结果，分析实验数据和结果，并充分认识实验结果的经济学含义，以检验、比较和完善经济理论并提供政策决策的依据。其本质是在经济学领域实证研究生产力、生产关系、资源的有效配置以及利益分配等相关问题。

第一节 实 验 方 法

一、实验的起源

15世纪之前，实验方法处于萌芽状态，自然科学研究处于初级阶段，人们对自然界的认识，主要依靠直接的观察和体验，以及简单的逻辑推理。古希腊人的航海活动，使得他们对于空间和世界充满了几何感；他们的经商活动，使得他们建立起较为丰富的数量观念。古希腊人对自然界的认识较为物质化，特别是他们强调自然现象中量的特征，这有助于毕达哥拉斯(Pythagoras)派和原子学派体系的形成。著名的勾股定理和天体运动必须是均匀圆周运动的假设都是在古希腊时期提出的，柏拉图和亚里士多德等力图从科学的角度解释宇宙的构造、自然现象和生物现象等，并提出了一些因果设想。随着亚历山大大帝的远征，他们收集了大量的自然历史和地理的观察资料，为古希腊的科学从思辨倾向转入经验考察倾向提供了条件和可能。这种新经验主义倾向，使希腊在亚历山大时期涌现出一批真正意义上的工程学家，促使希腊在工艺上达到较高的水平。

11世纪到13世纪期间，欧洲出现了学术复兴，并形成了短时期的实验风气。牛津大学的罗吉尔·培根(Roger Bacon)提倡，真正的学者应该通过实验来理解自然科学、医药、炼金术和天上地下的一切事物。与此同时，也出现了研究磁学的实验家马里古特(Maricourt)和解剖学家卢西(Luzzi)。需要注意的是，此时的理论研究仍然没能摆脱神秘主义的宗教色彩。经过此次实验运动之后，学术传统的发展都是依靠理性的讨论，而不是依靠经验的探索。

15世纪后半期到18世纪末，自然科学处于搜集和积累材料阶段，分析方法占有主要地位。在15世纪和16世纪，帕多瓦大学有许多学者讨论科学方法。但在帕多瓦学者们的眼里，实验在科学上的作用仍未获得重视，直到伽利略(Galileo Galilei)才有所改变。工匠在近代科学的实验方面也做出了不小的贡献。例如，达·芬奇(da Vinci)在谈到科学方法时指出："在研究一个科学问题时，我首先安排几种实验，因为我的目的是根据经验来决定问题，然后指出为什么物体在某种原因下会有这样的效应。这是研究一切自然现象必须遵循的方法。"学者和工匠以不同的方式促进了近代科学发展，虽然他们在理性方面的贡献较多，二者采用的仍然是传统的方法。

16世纪，工匠传统与学者传统逐渐结合，产生了一种新的研究方法。最早认识这种方法的是英国哲学家弗兰西斯·培根（Francis Bacon）。他把工匠传统和学者传统的方法结合起来，用以证明他所说的"经验和理性职能的真正合法的婚配；由于两者被粗暴地和不幸地隔离开来，所以人类大家庭才陷入混乱"。他认为："一旦有经验的人学会读书写字，就可希望有更好的东西出现。"这些"更好的东西"就是新的科学原理和新的技术发明。他指出，对自然的科学理解和对自然的技术控制相辅相成，两者都是运用科学方法的结果。培根还认为，促进科学和技术发展的新科学方法，首先就是去寻找新的原理、新的操作程序和新的事实。这类原理和事实，可以在技术知识中找到，也可以在实验科学中找到。当理解了这些原理和知识以后，它就会产生技术上和科学上的新应用。

17世纪，伽利略和笛卡儿（Descartes）发展的实验—数学演绎方法，在一定程度上促进了科学的进步。实验—数学演绎方法把现象从自然的环境中孤立出来，只研究现象的可测量方面，然后根据研究结果，建立庞大的数学理论。这种方法更多地表现了当时的学者观点而非工匠的传统观点。可见，在17世纪，培根、伽利略和笛卡儿等学者尚未能够把经验的和理性的职能统一起来。

17世纪末到18世纪初期，英国科学家胡克（Hooke）和牛顿在研究太阳系的力学问题时的不同做法，反映了两种不同方法的特点。胡克受培根的经验主义影响较深，努力通过测算物体在地面以上和地面以下不同高度的重量，从实验上找出两个物体之间的引力及其随距离的变化。而牛顿则采用类似伽利略和笛卡儿的比较演绎的方法从向心力定律和开普勒（Kepler）的行星运动第三定律演绎出引力的平方反比定律。牛顿的观点是：物理—数学演绎的起点应该是从实验所观察到的效果或规律，而演绎则应当导致其他可观察效果的解释或者预测。

到了18世纪后半期，科学沿着民族倾向在科学方法上发生了分裂。英国主要受培根的影响，侧重于实验方法；法国则主要受笛卡儿的影响，侧重于理论方法。然而，总的来讲，实验探索方法以及17世纪早期几十年中人们所讨论的定性归纳方法和定量演绎方法，不仅在力学和天文学方面，而且在物理学、化学、生物学和其他科学领域，都逐渐得到了应用，使这些学科的研究更加精确，成果日益丰硕，发展速度越来越快。

二、实验的基本知识

（一）实验的含义

实验既是科学研究的基本方法之一，也逐步成为社会科学的主要研究方法之一。实验就是尽可能地排除外界的影响，突出主要因素并利用一些专门的仪器设备，而人为地变革、控制或模拟研究对象，使某一些事物（或过程）发生或再现，为理论学习者和研究者提供更加贴近现实的、多状态的、更为深刻的理论与实践交互作用的环境，从而去认识自然现象、自然性质、自然规律，修正理论假定，为改进、丰富已有理论，发现新的、未知的理论提供支持。

实验区别于试验。实验是为了解决文化、政治、经济、社会、自然问题，而在其对应的科学研究中为检验某种新的假说、假设、原理、理论或者验证某种已经存在的假说、假设、原理、理论而进行的明确、具体、可操作、有数据、有算法、有责任的技术操作行为。通常实验要预设"实验目的"、"实验环境"，进行"实验操作"，最终以"实验报告"的形式发表"实验结果"。

而"试验"是指对未知事物，或对别人已知的某种事物而在自己未知的时候，为了解它的性能或者结果而进行的试探性操作。试验大多带有盲目性，没有假说。

（二）实验的分类

根据实验对象的不同，实验研究可以分为自然科学实验和社会科学实验。其中，自然科学实验可细分为物理学实验、化学实验等；社会科学实验可细分为心理学实验、教育学实验、经济学实验、管理学实验等。

根据实验揭示研究对象特征的不同，实验研究可分为定性实验和定量实验。其中，定性实验揭示研究对象的性质、属性等；定量实验结合相关数学工具，揭示研究对象数量上的变化。

根据实验目的的不同，实验研究可分为探索实验、验证实验、测定实验等。

根据实验形态的不同，实验研究可分为原型实验、模型实验。

根据实验地点的不同，实验研究可分为实验室实验、实地实验。

（三）实验的特点

(1)可控条件下简化或纯化了研究对象。在实验控制条件下，简化或纯化复杂的过程、因素等，摒除不相关因素或相关性不大的因素的干扰。

(2)预先设定某一假设或用实验来验证某一理论。

(3)实验过程一般具有可重复性。

(4)实验结果受实验者和实验对象的主观影响，以及一些随机性因素的影响。

（四）实验要素

实验一般都伴随着一定的过程，是由相关要素组成的系统。实验的基本要素有实验者、实验对象和实验物质条件。

1. 实验者

实验者是实验的主体，负责实验的设计、实施，并分析处理实验数据，提出实验结果。实验者是实验成败的关键，其可以是一个人，也可以是一个实验团队。

2. 实验对象

实验对象是实验的客体，是实验过程中被研究的客观事物。实验对象应根据实验目的、要求和内容来确定，可以是一种自然过程、生产过程，也可以是某一社会现象等。

3. 实验物质条件

实验物质条件是实验的载体，是由实验者依据实验目的、内容选择，并作用于实验对象的必要的手段。每一个实验都有相关的实验物质条件，如某一实验场所、实验设备等。

第二节　管理实验

一、管理实验的含义

培根曾经说过："实验是科学之母。"通常情况下，实验就是围绕科研目的展开，有选择地运用实验方法和实验工具将实际研究的问题抽象到一个相对理想的状态，通过主动干预或控制研究对象，在典型的环境中或特定的条件下进行的一种探索性活动。实验通常要预先设定"实验目的"、"实验环境"，然后进行"实验操作"，最终以"实验报告"的形式展现"实验结果"。

实验研究方法是自然科学研究领域中广泛采用的一种研究方法，后来逐渐应用到管理学的研究中。泰勒的"铲掘实验"、梅约的"霍桑实验"、勒温的"领导模式实验"等一系列经典实验研究为现代管理学基础理论的形成与发展提供了有力支持，并促进管理学逐步成长为一个相对独立的学科领域。实验作为一种基本研究方法在管理学的发展历程中起着举足轻重的作用，始终推动着管理学的发展。

管理实验是实验方法与管理学相结合的产物，可以理解为实验方法在管理学研究领域中的具体应用，其涉及实验科学和管理学两个领域并反映二者的特征。管理实验将实验的方法(如人群角色扮演实验、人机组合实验等)广泛应用于管理学的科学研究、教育培训、管理实践中，促进了管理理论和管理实践的共同发展。

管理实验是指在可控的实验环境下，针对某一特定管理现象或管理问题，采用定量、定性等多种分析方法，研究如何通过控制实验条件、观察实验者行为以及分析实验结果，检验、比较和完善管理理论或为管理者提供决策依据。

管理实验的主要任务是检验管理活动和管理过程中的管理假设和管理机制(包括计划、组织、领导、控制、创新、沟通和共享等)，重点研究哪些管理因素会对管理活动产生影响，并分析这些管理因素的影响机理，从而完善管理规范，为管理者提供决策支持。总而言之，管理实验的研究对象是管理现象或管理问题，管理实验的出发点是管理者或被管理者的行为和决策。

管理实验可以分为三个阶段：①管理实验的设计阶段，在此阶段实验者需要选定问题，明确实验目的，深入分析研究对象，提出实验假设。其中，管理问题来源于日常实践或研究中普遍存在并且涉及管理领域的问题；实验对象则是根据实验目的、研究问题选取具有代表性的一系列对象，以保证当实验应用于总体时有较高可行性。②管理实验的实施阶段，这是一个较为复杂但十分关键的阶段，在该阶段中，实验者需要严格地按照实验设计的程序和要求进行，注意做好对实验因素的控制。③管理实验的分析阶段，在此阶段实验者需要对实验的结果进行系统的比较和分析，通过分析研究结果来确认实验效果，验证实验的研究假设，并对实验提出相应的改进措施。

管理实验主要有两方面的作用：第一，获得重要的、能客观反映事物运动状态的有效信息，而这些信息在真实状况下，是无法通过观察或调查等方法直接获得的；第二，在一定程度上直接获得反映事物本质的某些参量之间的关系。

因此，从本质上说管理实验能为研究者提供更加贴近现实的、更为深刻的、理论与实践相互作用的环境，并通过观察和分析实验参与对象的行为和结果，修正由理论假定、状态和着眼点构成的视角以及参照系，完善理论实证研究，进而为改进、丰富已有的理论和原理，发现新的、未知的理论和原理提供支持。

二、管理实验研究的分类

实验研究方法建立起了理论与经验事实之间的联系，其使得某些理论研究成果具有了实用性，在自然科学的飞速发展中彰显举足轻重的作用。近几十年来，实验结果的实用性越来越受到人们的重视，社会科学研究人员也越来越认识到实验方法对于本学科发展的重要作用。

各个学科发展过程中，每项实验研究都会根据自己的特点形成各自独特的实验方法，因此，也就形成了不同实验的不同分析方法，或者同一实验的多角度分析方法。对这些方法进行分类整理，不仅能使我们对研究有更深入、更全面的认识，更能让我们对实验结果做出更加细致、清楚地分析。

（1）根据实验的场所不同，可以将实验研究分为实验室实验和实地实验。实验室实验，顾名思义，即在人为建造的具有专门设备的实验室中进行，其对实验的条件、控制以及实验设计都有严格规定，实验者必须严格操纵自变量，精确测量因变量，同时有效地控制研究情境中的各项额外变量。实验室实验主要有两种形式：①标准实验室实验，指借助各种仪器设备，在严格控制的条件下操纵自变量和测定因变量；②模拟实验，指在控制条件下模拟实际时间和情景，观察和确定行为的特征和过程。

实地实验，也称为现场实验，指在日常工作实际情境中进行，并采用不同的方法进行现场观察、测量、调查等的实验，其具有自然性、复杂性等特点。随着科学的发展，人们越来越重视实验研究的现实意义，因而实地研究也越来越受到大家的关注。在人类学、社会学、管理学中，实地研究越来越彰显出其不可或缺的作用。

实验室实验和实地实验各自的特点如表 3-1 所示。

表 3-1　实验室实验和实地实验的特点

实验类别	实验室实验	实地实验
特点	人工环境、干扰因素少 高控制水平、低成本 持续时间短 主体有意识参与	自然环境、干扰因素多 低控制水平、高成本 持续时间长 主体无意识参与

（2）根据对变量的控制程度以及实验设计的严格程度（其分类标准主要是实验对象是否随机以及实验误差是否可控），可以将实验研究分为纯实验与准实验。实验研究人员能够随机地把实验对象分派至实验组或者对照组，并且可以对导致实验误差的来源加以控制，使得实验结果能够完全归因于自变量改变的实验，称之为"纯实验"；而在实验中未按随机原则来选择和分配被试，只把已有的研究对象作为被试，且只对无关变量作尽可能控制的实验，称之为"准实验"。由于管理问题的复杂性和难控制性及传统实验的局限性，"准实验"在研究中占有主导地位。

根据实验研究的操作形式，结合以往学者的观点，本书整理出较完整的管理实验研究的分类形式，如图 3-1 所示。

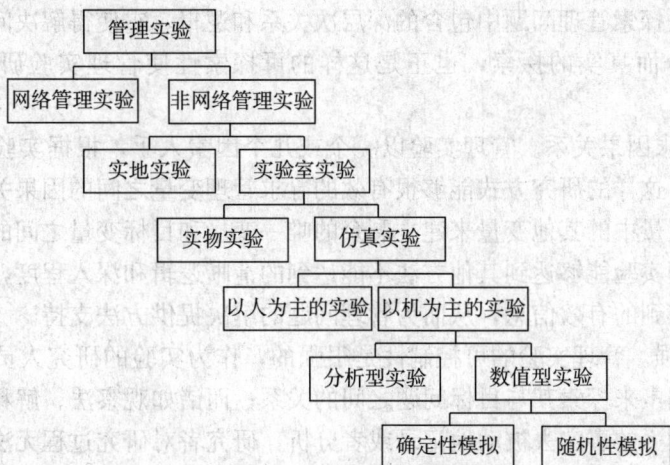

图 3-1　管理实验研究分类形式图

在图 3-1 的实验分类中，实物实验与仿真实验较为重要。

实物实验的典型是角色扮演，如著名的霍桑实验、勒温的"领导模式"实验，其核心思想都是构建一个特定的实验环境，通过比较受控组和实验组在该环境下的不同行为，观察和分析事物内在的规律，从而发现和解决具体的问题。通常来讲，实物实验主要解决的是具体的管理问题，面向的对象主要是人和具体的工作，因此，从某种意义上实物实验更偏向于对心理学和行为科学的研究。

仿真实验是指在准确客观地描述实验对象的基础上，通过分析实验对象的各个部分以及各个部分之间的关系，总结概括出一个能够用于真实反映现实世界的模型（通常是数学模型），以数学公式的形式显示系统之间的关系，并运用软件技术将公式模型编译成可以在电脑上运行的软件系统。

此外，由于构成组织的人本身是一个开放的复杂系统，而这些系统又不断与外界进行交流，这造成了管理问题的复杂状态，导致很多经济、管理问题难以抽象，无论是实地实验还是计算机仿真实验都难以设计，因此本文还介绍了一种空间变换方法，该方法可以和实地研究方法和仿真方法结合使用。

三、管理实验的特点

管理学其他研究方法（如观察法和调查法等）以描述和解释为主要的研究手段，它们通过对事实和案例的分析总结或者调查研究而得出结论，这个结论与研究者的主观思维有很大的关系；而管理实验则是一种在探索中寻求答案，充满了不确定性的研究方法，它需要以实证的方式通过某些管理变量因子去预测或评估其对另一个管理变量所产生的效应和影响。

管理实验作为一种科学的研究方法，具有以下特点：

（1）可探索性。管理实验作为一种研究手段，其目的是要探索和研究实际的管理问题。这就使得它必然要有可探索性才能达到研究的目的。通过管理实验进行的研究，能在管理理论和管理事实之间建立联系。管理实验所具备的可探索性，能有效地帮助我们从实证的角度去探索管理问题中包含的深层次关系和逻辑。它使得解决问题所具备的可能性可以被充分而真实的探索，也正是这样的可探索性使管理实验研究具有重要的意义。

（2）便于寻求因果关系。管理实验以一个或几个因素入手，根据实验建立的联系去预估目标变量。这样的研究方式能够很有效的寻求管理变量之间的因果关系。管理实验能够通过控制变量中的其他变量来建立剩余的唯一变量和目标变量之间的关系，以寻求因果联系。管理实验能够达到其他方法不能达到的清晰逻辑和深入程度，以此得到一些其他途径无法得到的有效信息，从而为管理问题的解决提供方法支持。

（3）可控性强。管理实验的可控制性是很强的，作为实验的研究人员，能够自由的选定变量或者因素来探索其与目标问题之间的关系；而诸如观察法、解释法等研究方法则只能根据已发生的事实去被动地记录或者分析，研究者对研究过程无法实现控制。管理实验弥补了这一缺憾，使管理更加科学。

（4）可重复性。可重复性是指实验过程和结果能够被重复验证和使用，经过不同的测试都能够得到近似的结论，不会因为诸如研究者、研究时间等客观因素而得到不同甚至是相悖的结论。管理实验的可重复性是十分重要的，这样才能保证管理实验的高效，不具备可重复性的研究无法保证其结果的正确性。

（5）实验过程与结果的不确定性。管理实验过程中会出现不同的问题，这个过程是不确定的，不能预知的，而结果也是无法确定的，必须用真实的实验数据加以分析才能得到结论，不能凭研究者的主观思维论断。所有的结论、结果和因果关系的确定都必须要有实验数据和信息的支持，研究者只能提出与问题相关的一系列因素去探索和研究，而不能凭具体变量对目标变量的影响和影响程度做事先的定论，因此管理实验的过程和结果具有不确定性。

第三节　管理实验的发展

一、管理实验的发展阶段

按照管理实验发展的脉络，管理实验研究的发展大致经历了四个阶段（表3-2）。特别值得一提的是，在管理实验的第一阶段，管理实验与管理研究的发展同步，几乎所有的管理研究都是以实验作为基本的研究方法。在这个时期，管理实验的主体思路是通过实地调查、分析和对比研究，找到提高企业工作效率、提高员工积极性和解决实际管理问题的有效途径，并从中归纳和提炼出一些管理理论与原理。管理科学之父泰勒也正是在20多年关于操作方法和工具标准化的实验基础上，完成了具有划时代意义的著作《科学管理原理》。

表 3-2　管理实验发展的四个阶段

发展阶段	时间	主要研究对象	研究特点	著名实验
第一阶段	19 世纪末期到 20 世纪 40 年代	操作方法和工具标准化的人群实验	以人和工作为中心，以实地调查、分析和对比研究为手段	泰勒的"铲掘"实验和金属切割实验、梅约的"霍桑实验"、吉尔布雷斯夫人的动作分析实验
第二阶段	20 世纪 40 年代到 20 世纪 70 年代末	管理流程实验、管理职能实验	以数学模型为研究手段，以计算机为实验模拟工具	阿吉里斯的"成熟－不成熟人实验"、韦伯的"群体决策和个人决策绩效研究比较实验"、弗约的"社会性动机比较实验"、加拿大 C. C. Potter 教授的"企业整体经营管理模拟实验"等
第三阶段	20 世纪 80 年代初到 20 世纪 90 年代	战略管理实验、跨国经营实验	以组织和流程为中心，以人机结合的管理实验软件为工具	营销战略模拟系统 MARKSTRAT、动态营销模拟系统 COMPETE 和实验模拟软件 IN-TOPIA 等
第四阶段	20 世纪 90 年代至今	同第三阶段	管理模拟软件大量涌现，有的还出现了网络版本	制造计划、市场销售、企业流程分析、企业流程再造、企业资源计划等实验

从管理实验的发展历程来看，管理实验的研究对象和研究内涵一直在不断地丰富和发展，从人群实验和实地实验发展到基于数学模型的实验，再到计算机管理模拟实验和网络管理实验，呈现出良好的发展势头。然而，就学术研究而言，国际上管理实验研究的现状并不乐观。

一方面，由于人群实验和实地实验的管理实验周期长、成本高、难度大，其很难重复验证，20 世纪早期的管理实验手段和方法目前已很少出现于管理科学的理论研究与实际应用之中；另一方面，由于理论、模型和方法的不足，早期的管理实验较难达到与管理实践的相似性，以计算机模拟为主的管理仿真软件并没有被广泛有效地运用于管理实践，对其他实验手段和思想的运用更没有做出相应的归纳和概括。因此，从总体上看，管理实验的条件和环境虽然有所好转，但仍未摆脱周期长、成本高和难度大的实验约束，实验过程受到客观实验条件的严格限制。

二、管理实验发展缓慢的原因

我国对管理实验研究的起步比国外晚，发展也要相对落后一些，目前的研究主要集中于以机为主的结构化或半结构化管理模拟实验，以人群为主的管理实验几乎很少得到实施和有效的应用。以机为主的模拟实验主要分为分析型模拟实验和数值型模拟实验，前者与运筹学、线性规划和博弈论等学科联系比较紧密，其主要是解决最大利润、最小成本、经济对策等结构化和优化问题；后者更多地运用系统仿真的思想，主要还是适合于半结构化问题的运作研究，如制造、计划的最优化问题、ERP 等，涉及战略和策略生成层次的管理研究还很少见。从建模方法上看，这些以机为主的模拟实验主要集中于基于静态的和结构化模型的计算机模拟实验，其中系统动力学的方法是主要的模拟手段，在模型和手段上较少涉及人的行为和心理问题，还不能满足涉及人群的管理实验模拟的需要。即使在涉及动态建模的模拟实验中，也主要停留于参数（如时间参数、空间参数或控制参数)可变而模型结构不变的简单动态模拟,对涉及结构可变、管理目标可变、管理条件或环境可变,甚至带有矛盾冲突前提的复杂管理实验,目前还没有有效的模拟方法。

从管理实验本身的复杂性出发,对管理实验进行科学化和规范化的研究,并充分利用网络环境所提供的发展契机,建立适合于管理实验的非结构化动态建模方法,是打破管理实验发展僵局的有效途径。

虽然管理实验一直在不断地丰富和发展,引起了许多管理研究者和管理人员的关注,但由于管理实验自身的复杂性,以及对管理实验认识上的一些偏差,管理实验的整体发展不尽如人意。就学术研究和应用实践而言,目前国内外管理实验研究的现状并不乐观。管理实验发展缓慢的原因概括起来主要有以下几个方面:

(1)多重知识交叉与管理实验认识的偏差。管理实验是多学科交叉运用的产物,其涉及经济学、心理学、统计学、行为科学、信息技术等多种学科的知识,而管理学中又包括市场营销、战略管理、运作管理、财务与会计、企业再造等相关理论和方法。因此,为了有效地开展管理实验研究,实验组织者需要掌握相关学科的理论知识,并能进行较为深入的研究;否则,实验很难取得理想的结果。这种多重知识的交叉对管理研究者的自身素质提出了较高的要求,而从目前的研究与教育的现状来看,学科和专业设置过细导致培养的学者知识结构单一,造成了管理实验领域交叉学科人才缺乏,难以满足和推动管理实验的发展。再加之管理学本身发展的不成熟和对管理学认识的不一致,特别是文理分界教育的历史烙印,因而存在注重以计算机技术为主的模拟,忽视以人为主,人机交互作用的管理实验过程设计的现象。

(2)管理实验实现的高难度。管理实验实现的高难度也是造成管理实验研究进展缓慢的一个重要因素。管理实验属于社会科学实验,其与自然科学实验不同之处在于,它是一个主客观交织在一起的而非简单的自然现象的发掘与实证的问题。管理实验的研究对象主要是由人组合而成的组织,这显然是一个复杂系统,而不是一般人所理解的复合系统。因此,管理实验要求实验者不能把对象从复杂系统简化为复合系统,否则很多理性(合理)的信息就被丢失了。总之,管理实验从实现的难度上来讲远高于一般的自然科学的实验,这大大限制了管理实验的深入研究和实施。

(3)对管理实验的曲解。限制管理实验发展的另一个主要的因素,是目前管理界(包括部分管理理论研究者)对管理实验所抱有的怀疑态度。管理界普遍认为,管理本身是一门实践性很强的学科,应注重由经验上升为理论的研究。很多管理研究者都习惯于通过合理的经验或假设来研究管理,把管理理解为依赖观察者的看法和偏好来解释和预测研究对象的理论科学,而非真正重视科学命题的实用科学。正如孔茨在1961年发表的《再论管理理论丛林》中所说的,"未来是不同于过去的,过去的具体经验,未必能沿用于解决未来的问题。因此,对过去经验的研究,如果不是从根本上搞清楚事物的起因,那就不可靠,甚至是危险的。只有以探求基本规律为目的去总结经验,才有助于某些管理原则和理论的提出或论证"。进行管理研究,光凭所谓合理的经验或假设是行不通的,经验上升为理论离不开实验的支持。而管理实验恰恰就是强调通过贴近客观现实的人机组合的实验,对各种假设进行验证以修正现有管理模式、形成新的管理模式并探寻基本规律的过程。

（4）管理实验研究所需的工作态度和投入。用实验的方法来研究管理学和修改、验证各种基本的管理学经验或假设，使得管理学的研究越来越多地依赖于实验性测试和各种数据的搜集，于是，管理研究在变得更加可信的同时，其工作量也大大增加。管理实验是十分复杂和繁琐的工作，一项好的管理实验通常要不断地进行对比研究和分析，其过程是漫长和枯燥的。日本大阪大学教授为了研究"PM"方格理论，前后历经20年，调查分析了15万个以上的实例。正是这种认真负责的科学态度和全身心的投入，才极大地促进了管理科学的发展，而目前的管理研究界，能够像这些管理实验研究前辈那样踏踏实实地开展管理实验研究的人较少，急功近利的思想阻碍了管理实验研究的发展。

第四节　管理实验与其他实验的比较

一、管理实验与自然科学实验

（一）自然科学实验的含义

自然科学实验是自然科学研究的主要手段，用以探索、预测或验证自然科学新现象、新规律等。早在16世纪，培根就论述了实验在科学认识中的地位和作用。他强调只有通过实验，才能发现一切现象的原因和规律。实验被用于普遍的自然科学研究中，形成了自然科学实验，最常见的自然科学实验有物理实验、化学实验、生物实验等。

自然科学实验发展至今，已形成丰富的实验思想、方法、手段，推动自然学科的不断发展与完善。自然科学实验对自然科学具有至关重要的作用。

实验法最初广泛地运用于自然科学领域，之后才逐步推广到社会科学领域，如管理学、经济学、教育学等。自然科学实验的思想、方法等对社会科学实验有较大影响。

（二）管理实验与自然科学实验的区别

1. 主体性不同

自然科学实验的研究对象是自然现象，自然科学实验一般不考虑"人"的因素。自然科学实验的研究对象只受客观条件的制约，制约的程度对同类对象是一样的。在相同的实验条件下，其结果应是相同的，存在差别也只是微小的数量差异，不会有质的差异。

然而，管理实验的研究对象是管理现象、理论。"人"这一因素是关键因素，管理现象、管理理论等都无一例外充斥着人的因素。在相同的实验条件下，即使由同一实验者实施于同类对象上，其结果也常常有很大的差异（不仅是量上的差异，而且有质上的差异）。管理实验比自然科学实验具有更强烈的主体性。

2. 研究方法不同

自然科学实验用于认识自然规律，管理实验用于研究管理现象、探索管理规律。自然科学实验有多种实验方法。例如，物理实验就有比较法、转换法、放大法、模拟法、补偿法、平衡法以及衍射法等实验方法。管理实验的方法目前是有限的，其在一定程度上可借鉴自然科学实验的方法。但是，管理实验更多的要考虑社会、历史、文化等的影响，要考虑人与人之间的相互影响。管理实验要比自然科学实验复杂得多，其研究方法要在深刻认识这一前提下不断发展，形成特有的方法体系。

3. 实验过程不同

自然科学实验的实验过程更加规范，实验步骤要按一定原则依次进行，往往前面的结果会对后面的步骤产生一定的影响，不得任意为之，而管理实验一定程度上的不确定性，使其实验过程难以规范进行，常通过反馈重复进行某些步骤。

4. 操作难度与可重复程度不同

自然科学实验通过简化和纯化有关因素分析复杂的自然现象，创造出一些自然状态下不易得到或得不到的环境和条件，成功地捕获一些稍纵即逝的环境条件，使研究对象在一定时候多次重复出现。

然而，管理实验涉及因素多，实验操作难度大。管理实验的重复进行有一定的难度，需要严格控制各项条件。

5. 分析工具不同

自然科学实验侧重定量分析，而管理实验侧重定性分析，寻求定量与定性的平衡与统一，这就决定了二者所使用的分析工具是不同的。

二、管理实验与经济实验

(一)经济实验的含义

经济实验是一种应用于经济学研究的实验形式。经济实验是在可控的环境下，针对某一经济现象，通过控制某些条件来改变实验的环境或规则，屏蔽那些与问题无关的因素，集中观察那些研究者感兴趣的因素的作用，通过做实验取得实验结果，分析实验数据和结果，并充分认识实验结果的经济学含义，以检验、比较和完善经济理论并提供政策决策的依据。其本质是在经济学领域实证研究生产力、生产关系、资源的有效配置以及利益分配等相关问题。

从实验经济学中被试决策的角度而言，经济实验可分成两类，即独立决策的经济实验和互动决策的经济实验。在独立决策的经济实验中，被试根据实验设计的条件独立进行判断并给出相应的选择，其选择与其他人的判断或选择无关，如行为金融学中的许多实验可以归入此类。在互动决策的经济实验中，被试要参考其他人的决策进行判断，并以此作为自己决策的依据，如模拟市场、最后通牒博弈等实验就是互动决策类的经济实验。

2002年，弗农·史密斯和丹尼尔·卡尼曼获得了诺贝尔经济学奖，弗农·史密斯被誉为"实验经济学之父"，丹尼尔·卡尼曼是运用心理实验创立"前景理论"的行为金融学家。此次诺贝尔经济学奖的授予引发了经济实验的热潮。同时，经济实验的迅猛发展极大地促使了管理实验的研究与应用。管理实验和经济实验既存在着许多相似之处，又有不同的地方。通过对比分析管理实验与经济实验的关系，可以寻找到更优的管理实验研究方法、工具等，促使管理实验在管理领域的广泛应用。

(二)管理实验与经济实验的区别

管理学是一门综合性交叉学科。管理实验的形成与发展也受到多学科的影响，尤其与经济实验有着千丝万缕的联系。依据钱颖一教授提出的"视角、参照系或基准点和分析工具"，表 3-3 从三方面比较了管理实验与经济实验的区别。

表 3-3　管理实验与经济实验的区别

实验类别	管理实验	经济实验
视角	以"管理人"假设为基础	以"经济人"假设为前提，认为人是有限理性的
参照系	以组织中的人为核心，研究管理的目标、人的行为和决策，以计划、组织、领导、控制、激励、创新等管理职能为着眼点，实验模型具有非结构化的特征；重点考察影响管理活动及其结果的管理因素	以社会资源的最优化配置为核心，研究经济机制对人的行为和决策的影响，以均衡、效率为着眼点，实验模型具有结构化的特征；重点考察影响经济管理活动及其结果的经济因素
分析工具	综合运用经济、社会、心理、数学、哲学等多学科知识，采用"以定性分析为主，以定量分析为辅"的综合研究方法	主要运用数学模型和图像模型，采用定量分析的方法

第四章　管理实验方法

实验是科学研究的基本方法之一。实验方法被广泛应用于自然科学和社会科学的研究中。要进行管理的实验研究，就一定要了解管理实验的基本方法。本章将介绍管理实验的基本知识，并系统性地阐述几种主要的管理实验方法——实地研究方法、仿真实验方法以及空间变换方法。

💡 **本章学习要求**

> 通过本章学习，了解管理实验的基本知识，掌握当前在管理领域中主要使用的管理实验方法——实地研究方法、仿真研究方法以及空间变换方法，并能够针对具体管理问题，选用适当的方法进行实验与研究。

💡 **基础知识**

(1)实验室实验与实地实验。实验室实验是指在人为建造的特定环境下进行的实验；实地实验则是指在实际日常工作环境下进行的实验。

(2)计算机模拟与实物实验。计算机模拟实验是指在准确客观地描述实验对象的基础上，对实验对象的各个部分以及各个部分之间的关系进行分析，提炼出一个能够真实反映现实世界的模型。这个模型通常是数学模型，现实系统之间的关系被表示为数学公式，然后采用软件技术将它们编译成可以在电脑上运行的软件系统。

实物实验的典型表现是角色扮演，其核心思想是构建一个特定的实验环境，通过受控组和实验组在该环境下行为的比较研究，观察和分析事物内在的规律，从而发现和解决具体的问题。一般来讲，实物实验解决的主要是一些具体的管理问题，其面向的对象主要是人及具体的工作，因而实物实验方法常采用心理学和行为科学的方法。

计算机模拟实验主要是实验室实验，而实物实验则既可以是实验室实验也可以是实地实验。

(3)仿真实验。系统仿真是指以系统理论、形式化理论、随机过程与统计学理论和优化理论为基础，以计算机和仿真系统软件为工具，对现实系统或未来系统进行动态实验研究的理论和方法。

（4）空间。空间是具体事物的组成部分，是运动的表现形式，是人们从具体事物中分解和抽象出来的认识对象，是绝对抽象事物和相对抽象事物、元本体和元实体组成的对立统一体，是存在于世界大集体之中的，不可被人感到但可被人知道的普通个体成员。空间是具体事物的组成部分，是具体事物具有的一般规定。

（5）问题的空间变换。问题的空间变换是指通过对问题进行仔细分析后，寻找可以简化分析的空间，然后制定转换规则并进行转换，在新空间中对转化后的问题进行分析并得到所需的分析结论，最终将结果转换回原空间以供实际使用或进一步分析。

第一节　实地研究方法

实地研究方法一直以来被广泛应用于社会科学研究领域，近年来，它在方法论中受到关注并被引入到管理研究领域中。本节将对实地研究方法进行简单的介绍。

一、实地研究观察者的角色

实地研究观察者有三种角色：完全参与者，参与的观察者，或观察的参与者。这三种角色，在不同程度上参与到观察对象的群体和组织中，并作为其中一员参与活动，目的是掌握第一手材料。

对于观察的参与者和参与的观察者两种角色，由于他们表明了自己的身份和观察的目的，其观察的客观性会受到影响。即使是观察者扮演完全参与者的角色，由于不透露自己的研究者身份，这种角色也可能会遇到道德和伦理的问题。观察者像其他真正的参与者那样行动，别人只知道你是参与者而不知道你是研究者，这里便出现了两个问题：第一个是伦理问题，当你进行研究时，设法获取人们的信任而使他们告诉你一些绝不肯向身份明确的研究者透露的事情，这种做法是否道德？第二个是科学性的问题，假如你是个完全参与者，就会对正在研究的事物发生影响。作为一个参与者将必须参与，而这种参与就可能影响研究对象。例如，别人问你下一步该如何行动，不管你怎么样都会影响事情的进程。假如全组听从了你的建议，会明显地影响事情的进程；假如大家拒绝了你的建议，这一否决可能对下一个决定产生影响；如果你不表态，则有可能在组内增加一种犹豫不决的气氛。这种影响是完全不可避免的。

二、实地研究适用的管理问题

实地研究的主要优势之一在于它可以使研究者看到事物的全貌，直接全面地观察管理现象，对事物有深刻和充分的理解。这种观察方式适用于难以简单地运用度量手段进行研究的课题。实地研究方法主要适用于以下两种情况：第一，只有在一定自然背景下才能被很好理解的态度和行为；第二，研究随时间推移而变化的管理过程。实地研究主要适用于以下七类问题：

（1）意义诠释。意义诠释是指参与者对其行为的定义和解释，通常用语言、文字、行为来传递一定的意义和信息。在很多情况下，由于现场情景的不同，即使是相同的语言和行为，其传递的信息和意义也可能不同。

（2）异常行为。异常行为包括语言行为和非语言行为。一般而言，大多数的异常行为不是公开行为，而且很少有人愿意与他人公开讨论其本身的异常行为，这给研究异常行为带来了困难。而采用实地研究，就能够在自然的场合下密切观察异常行为的开始、经过与结束，从而获得对异常行为研究的第一手资料。

（3）特殊事件。特殊事件是指持续时间不长的事件，其可能持续几秒钟、几分钟或几小时。很多事件，如企业庆典、运动大会等都属于特殊事件。另外，操作者在工作过程中由于失误造成的损毁、地震对企业的影响等突发事件也属于特殊事件，这些事件很难用问卷调查等方法来研究。

（4）交往过程。交往过程指的是两个或两个以上的人互相交往的过程。在某种交流活动中人们初次相识的过程，人们互相介绍的情景，以及利用 MSN 等交往的过程都可能是实地研究的对象。人们的交往过程不容易通过变量来概括或代表，但是却可以通过文字与图片来描述。

（5）角色扮演。这里的角色并不是指观察者所扮演的角色，而是指实地研究的对象所扮演的角色。例如，一项关于学习型组织建设的研究中，研究者关注以管理者为主导，员工为主题的角色扮演，即管理者花多少时间、用什么方式进行指导，员工用多少时间、以什么方式主动参与学习活动等。实地研究侧重于背景、状况与原因。实地研究不但描述管理者、员工角色扮演的时间长短，而且还可能描述他们在参加学习型组织建设活动时的情绪，如愉快、闷闷不乐、焦虑等。

（6）相互关系。由于角色不可能孤立地存在，因此，实地研究也同时研究关系。社会生活中充满了各种各样的关系，如父子关系、同乡关系、上下级关系、交易关系等。这些关系存在许多微妙的联系，如果研究重点正是处于这种关系的微妙之处，那么，实地研究就是合适的方法。

（7）组织与社区。组织与社区是指研究的基本单元不再是个人，而是小组、组织或社区这类个案。由于这些个案中包括了角色之间的关系、人与人之间的交往、各种各样的行为和事件以及他们所传递的意义与信息，因此，对小组、组织与社区的实地研究往往是综合性的个案研究。

总之，实地研究的优势是能够细腻、透彻地描述角色之间的关系，人与人之间的交往以及事件所传递的意义和信息。当变量不能较好地概括或代表所研究的对象，而文字与图片却能发挥作用的时候，就需要采用实地研究方法。

三、实地研究的过程

实地研究最大的特点是研究方向与过程改动的余地很大。实际上，开始进行实地研究时，往往只有一个大致的设想或者计划，这种设想或者计划会根据实际情况随时进行修正或者改动。实地研究主要划分为以下七个阶段：

（1）选择观察点。实地研究的重点在于实地，而实地就是管理研究者选择的观察点。根据研究课题的不同，观察点可以设在不同的地点，如车间、班组、电子阅览室、图书馆，或者个人办公室、上网交流的场所等。对于观察点的选择一般遵循以下三个原则：

第一，尽量选择资料丰富的观察点。因为所能观察到的资料越多，研究也就越翔实。

第二，尽量选择不太熟悉的观察点。对于早已熟悉的东西，观察者已经有了一定的认识并且没有浓厚的兴趣。选择不熟悉的观察点可以使研究者对事物保持敏锐的感觉，避免了在观察熟悉的事物时，因对一些现象与关系习以为常，而失去敏锐的观察力的坏处。

第三，尽量选择适合自己的观察点。在不适应的情况下，管理研究者在研究时可能会受到主观因素（如语言或习惯等）的影响，而对研究的结果产生不良影响，所以要尽量避免不利情况的发生。

（2）进入观察点。在选定观察点之后，研究者要决定以何种角色进入观察点。如果决定以一个完全观察者进行研究，那么，必须在观察过程中尽量做到不引人注目。如果决定以一个完全参与者、参与的观察者或者观察的参与者进行研究，那么如何介绍自己，如何与被观察对象建立起联系，如何取得被观察对象的信任，都是实地研究者所要面临的问题。

（3）与被观察者的交流。从某种意义上说，实地研究就是去看、去听，但必要时也需要提问题和记录。实地研究中一般采用事先不作设计的访问，即非事先访问。非事先访问是访问者与研究对象之间的交流。在访问过程中，访问者只有一个大致的调查计划而并没有事先准备好的问题。访问则主要是听研究对象讲，但是谈话的大方向由访问者掌握。实地研究的特殊优点在于它的灵活性，一个问题的回答可能引出第二个问题，应随问、随听、随想，并不断修正和加深问题的提问方法。因势利导的同时不要轻易打断研究对象的谈话和思路。

（4）记录观察内容。实地研究的基本工具是笔记本或实地观察日志。尽可能在观察时当场记录，如果做不到就做事后记录。实地观察日志应记录"观察到"的、"知道"的、"想到"的。例如，当研究者记录某人发表的不赞同目标管理的意见时，会认为他可能是管理理念未有转变或者是这种方法存在问题，此时研究者也需要将自己的看法记录下来。

为了加快记录速度和简化记录工作，研究者需要准备一个标准的记录表，如准备一个按年龄、性别、职务等分类的记录表，另外，还可以准备一些速记符号以便加快记录速度。

（5）资料整理。观察后尽快整理笔记对于实地研究是非常重要的。实地研究通过观察获得最真实详细的原始观察资料，由于这些资料以文字资料为主，需要对其进行分析和解释，用以发现行为的模式和意义。因此，研究者首先需要对资料进行分门别类地整理、建立档案，这是发现行为模式和意义过程的第一步，也是关键的一步。根据研究性质及数据分析的需要，档案可以分为以下几类。

背景档案：包括事件发生的时间、地点、背景以及主要人物；

人物档案：包括活动中的主要人物的资料，特殊情况下可以给每个重要人物单独建立档案；

文献档案：包括研究过程中所使用的一切资料的目录；

直观档案：包括研究者对现场情景的描述与所听到对话的具体内容；

分析性资料：主要指研究者在观察过程中对事物、时间或人物的分析，或者对各种关系所具有意义的理解。

（6）资料分析。实地研究中，观察和分析是紧密结合、缺一不可的。通常情况下，研究者需要发现观察资料中的相同点和差异点，用以对被观察对象做出一个全面、准确地把握和描述。一方面，研究者要在观察期间寻找研究对象的共同行为模式，通常称为行为的规范；另一方面，研究者还要发现研究对象之间的差异，通常称为违反一般规范的异常行为。

资料分析的重点在于对资料进行诠释。这里的诠释不是研究者主观的理解，而是以被观察的事物、事件或人物关系为基础的客观理解。实地研究的目标，是要求研究者去发现被观察对象如何看待事物、如何定义情景以及这些情景对被观察对象的意义，而不是为了阐述自己个人的观点。一般而言，实地研究资料的诠释可以分为以下三步：

第一，研究者把资料的内容置于一个大的背景中，进行纵向与横向的比较。纵向比较指研究者把资料的内容与以前的内容相比较，而横向比较则指研究者把某人或某件事物的情况与他人或其他事物相比较。

第二，研究者就资料内容进行诠释，对资料赋予适当的管理意义。

第三，研究者把诠释、想法、观念联系在一起，全面地把握发生的情况、所展示的关系及其意义。

通过上述三步工作，研究者可以以资料为基础，提出新的概念或者形成新的理论。

（7）得出结论。实地研究结论的得出通常以理论的形成或者论文的完成为标志。但是许多专家认为，在形成结论方面，有几个方面需要注意和避免。

一是主观偏见，即实地研究者可能会运用自己觉得有意义的内容来解释观察对象的行为，使研究结论缺乏客观性。

二是分类误差，即实地研究者可能仅仅通过对观察资料的分类就作出结论，因此应当仔细检查度量尺度的正确性。

三是原因误差，即实地研究者可能会简单地把某一单个因素作为另一个因素产生的原因，忽略了其他可能发生的原因，这样会使结论简单化。

四是潜在因素，即实地研究者通过直接观察访问和在图书馆查阅资料，积累了大量信息，但在作结论时没有对这些信息进行验证和筛选，使得结论存在潜在误差。

五是观点片面，即实地研究结论形成时，研究者往往会只强调某一观点而排斥其他一切观点，这样得出的论断忽略了其他可能性而犯了片面性的错误。

虽然实地研究的步骤大体上可以分为以上这些阶段，但是，在具体的实践中，各阶段之间的界限并不明显，有时，阶段之间还可能出现重复与交叠现象。

第二节　仿真实验方法

一、仿真方法概述

系统仿真是以系统理论、形式化理论、随机过程与统计学理论和优化理论为基础，以计算机和仿真系统软件为工具，对现实系统或未来系统进行动态实验研究的方法。

从系统仿真的实施过程来看，系统仿真是通过对所研究系统的认识和了解，抽取其中基本要素的关键参数，建立与现实系统相对应的仿真模型，经过模型的确认和仿真程序的验证，设计仿真实验对该模型进行仿真，观察系统运行过程中状态变量随时间变化的动态规律性，并通过数据采集和统计分析，得到被仿真系统参数的统计特性，据此推断和估计系统的真实参数和性能测度，为辅助决策提供依据。

从学科领域来看，系统仿真是运筹学的一个重要分支，它与线性规划和网络技术一起被称为运筹学在应用领域中的三大支柱。在求解复杂系统中，系统仿真具有不可忽视的优越性。

首先，系统仿真是一种实验技术，它为一些复杂系统创造了一种计算机实验环境，使系统的未来性能测定和长期动态特性在极短的时间内在计算机上得到实现。其次，为了有效地进行仿真实验，就需要在一定仿真语言支持下，建立经过抽象和简化的仿真模型，通常仿真模型具有面向实际问题和面向运行过程的特征，模型中可以包含反映系统本质的逻辑关系和数学关系。再次，系统仿真输出的结果是在仿真实验运行过程中，利用仿真软件自动不断地对系统行为和系统状态进行观察和统计而得到的。最后，系统仿真研究的对象往往包含多种随机因素的综合作用，每次仿真运行只是对系统行为的一次随机抽样。因此，一次完整的仿真实验往往由多次独立的重复仿真运行所组成，所得到的仿真结果也只是对所研究系统进行具有一定样本量的仿真实验的随机样本。鉴于此，必须通过科学的统计推断，才能得出真实的系统性能估计。

从系统仿真的进程中，人们逐渐认识到以下五点：

第一，系统仿真技术已成为继理论分析和实物实验之后，认识客观世界规律性的新型方式，它可以将研制过程、运行过程和实施过程放在实验室中进行，具有良好的可控制性、无破坏性、可复现性和经济性等特点。

第二，系统仿真在理论上体现了实验思考的方法论。用它可以探索高技术领域和复杂系统深层次的运动机理和规律性，给出人们直观逻辑推理不能预见的系统动态特征，具有科学的先验性。

第三，对于包含多种随机因素的复杂系统，通常难以用数学模型或解析方法作准确地描述和求解。系统仿真则可根据系统内部的逻辑关系和数学关系，面向系统的实际过程和行为来构造仿真模型。它可在较少假设或不作假设的前提下建立包括系统主要因素和具体细节的模型框架，并通过仿真实验运行，得到复杂系统的解。因而被称为科学技术领域中"最后的方法"。

第四，系统仿真建模具有面向过程的特点，仿真模型与所研究系统的运行过程在形式上和逻辑上存在对应性，避免了建立抽象数学模型的困难，显著简化了建模过程，其具有直观性的优点，这使广大科技人员和管理、决策人员都能成为系统仿真的直接使用者。

第五，随着系统仿真理论和计算机技术的发展，系统仿真已跻身于高新技术领域，系统仿真与人工智能技术、并行处理技术、分布式仿真、优化理论、三维图像处理技术以及多媒体技术等融为一体，并逐步步入虚拟现实仿真、互联网仿真以及群决策仿真研讨厅等领域，已列入我国国家和国防关键技术发展计划。

系统仿真已在工业生产、交通运输、能源供应、医疗卫生、航空航天、军事作战、制造过程以及社会服务等领域得到广泛的应用。具体来说，系统仿真已应用于生产运行管理、设计方案论证、企业诊断、高层次决策分析、投资风险、谈判策略等方面，并具有巨大的应用潜力。

二、仿真方法的优点与局限性

(一)仿真方法的优点

当所研究的系统过于复杂或者其输出响应是随机变化的，从而不能用合适的数学形式来表达这些相互关系时，就要制定一定的操作规则并用仿真方法研究其特性。仿真方法的优点包括以下五点：

第一，仿真模型对问题的复杂性没有限制。当一个系统过于复杂而不能用数学分析的方法解决，或者系统中包含非标准分布的随机变量以致难以用一种统计公式来衡量时，仍然可以用仿真方法构造仿真模型。

第二，仿真模型的结构能访问模型中的所有变量。在建模期间，通过仿真可以发现系统内部变量之间的某些关系，而这些关系也许是原来没有预计到的。通过对这些变量间关系的分析可以对系统进行必要的改进。这就有助于研究人员对问题的理解并且有助于研究开发更为现实的模型。

第三，仿真适用于设计新的系统。在系统的生命周期内，仿真可以在不妨碍设备正常运行的情况下对各种可能的方案更改进行试验。试验过程可采用从系统实际运行中得到的实际数据，而不是初始设计研究中的预计数据。

第四，仿真技术可用做培训企业和管理人员的辅助手段。

第五，仿真技术同样适用于社会经济系统的分析。例如，对社会学家所关注的某几个方面的社会现象，可以建立一个简单模型，然后借助仿真方法研究不同理论在这个"人造社会"中的运行结果。在这个过程中，研究者需要把原先用文字描述的理论严格地表述出来，以便进行编程工作，这本身就是一种非常重要的理论提炼与重建过程。从这个意义上说，仿真在社会科学领域中的作用类似于数学在物理学中的作用。

(二)仿真方法的局限性

仿真的优点虽然很多，但是也存在着许多不容忽视的局限性。了解仿真所固有的局限性是很重要的，这些局限性在仿真研究之前和仿真研究过程中都应加以考虑。仿真的局限性一般体现在以下五个方面：

第一，仿真可能不能给出问题的最优解。仿真研究的成功与否取决于所选择研究方案的质量。为了鉴别方案的潜在重要性，人们必须对问题进行透彻地分析。

第二，仿真结果的精度存在不可预测性。这是因为仿真所处理的是随机变量，而且只用有限的样本进行试验。仿真结果也取决于输入数据的精度，这也受到各种具体原因的限制。提高仿真精度(或减小仿真结果的置信区间)往往需要较多的机时，同时还需要增加费用开支。

第三，确认复杂模型，尤其是处于设计阶段的系统的模型是很困难的。即使程序设计完全符合仿真语言的规则，由无效数据和不正确的逻辑所引起的错误(虽不会阻止模型的运行)也会产生出错误的结果，从而导致精心设计的模型可能会由于不可信而前功尽弃。

第四，仿真通常需要消耗大量的机时。

第五，从表面上使仿真模型和仿真方法简化和逼真，特别是对于资料不足的问题是很危险的。当面临一个新的、困难的问题时，人们总是试图使用仿真，因为仿真能在问题和模型之间建立直接的对应关系。但这就存在两方面的问题：首先，朴素的研究方法包含确定——对应的关系，从而使模型尽可能精确地表示系统。而有经验的研究人员的目标应当是重新生成系统的结构，而不是它的形式。其次，要切记在建模时必须做出简化假设，否则人们可能过于信赖仿真的结果，并试图用外推法求得仿真实验所得到的模型的性质，并把它们应用到研究情况以外的领域中去。

总之，在仿真研究中应当注意这些局限性，尽量避免它们所造成的影响。仿真通常并不用于优化，但它可用于从若干方案中选出最合适的策略。

三、仿真方法应用的领域

仿真技术得以发展的主要原因是它带来了重大的社会和经济效益。仿真的应用大致可分为以下几类：对已有系统进行分析时采用仿真技术；设计新系统时采用仿真技术；在系统运行时，利用仿真模型作为观测器，给用户提供有关系统过去、现在、甚至未来的信息，辅助用户实时做出决策。

从应用领域来看，仿真技术最初主要用于价格昂贵、周期长、危险性大、实际系统试验难以实现的少数领域，如航空、航天、原子反应堆等，后来逐步发展到电力、石油、化工、冶金、机械等一些基础工业部门，并进一步扩大到交通运输系统、经济系统、社会系统、生态系统等一些非工程系统领域。可以说，现代系统仿真技术和综合性仿真系统已经成为复杂系统，并逐步成为高技术产业中分析、研究、设计、评价、决策和训练的不可缺少的重要手段。其应用范围在不断扩大，应用效益也日益显著。

从仿真应用当前的发展趋势来看，风险分析的仿真日益增多，包括保险、期权定价以及证券分析等诸多方面。另一个呈增长趋势的领域是呼叫中心分析，由于软硬件能力的增强，仿真应用可以在合理的时间内处理大量的实体，同时像互联网、骨干网、无线网以及供应链这样的大系统的仿真应用能力也在不断增强。此外，自动化的物料储运系统(automatic material handing system，AMHS)的仿真模型正被用于控制系统软件的开发和功能测试的试验平台。

四、仿真方法的步骤

每一个成功的仿真研究项目，其应用都包含着特定的步骤。不论仿真项目的类型和研究目的有何不同，仿真的基本过程是保持不变的，一般包括九步(图4-1)。

下面对这九步做简单说明。需要注意的是，仿真研究不能简单遵循这九步的排序，有些项目在获得系统的内在细节之后，可能要返回到先前的步骤中去。同时，检验和确认将贯穿于仿真过程的每一个步骤当中。

(1)定义问题(define the problem)。用模型来描述现实系统的所有方面是不可能的,另外,假如一个系统能够表现现实中的所有细节,该模型的可操作性和实用性也会是很差的,因为它将过于复杂和难于理解。因此,比较明智的做法是先定义问题,再制定目标,然后构建一个适用于解决问题并且易于理解的模型。在定义问题阶段,对于假设要小心谨慎,尽量不要做出错误的假设。问题的陈述应该通俗易懂,详细考虑引起问题的可能原因,尽可能将问题定义得更加专业化。

(2)制定目标(formulate an objective)。没有目标的仿真研究是毫无意义的。目标是仿真过程所有步骤的向导,系统的描述也是在有了系统目标之后才能被定义出来。目标决定

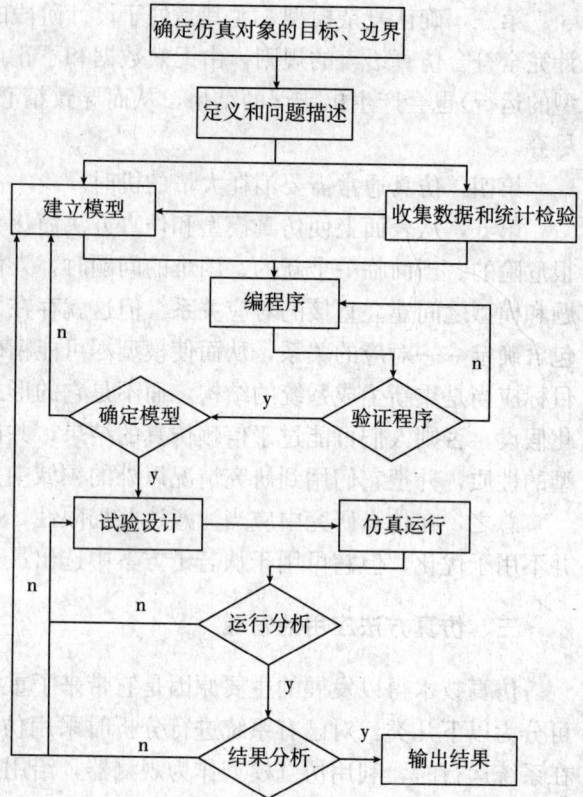

图 4-1 仿真工作步骤流程图

可以做什么样的假设、应该收集哪些信息和数据。模型的建立和确认要考虑到能否达到研究的目标。目标需要清楚、明确和切实可行。目标经常被描述成问题的形式,如"通过添加机器或延长工时增加产能,是否能获得更多的利润?"。定义目标时,有必要明确用来评价目标是否达到的评价方法。每小时的产出率、工人利用率、平均排队时间以及最大队列长度是最常见的评价指标。

最后,列出仿真结果的所有先决条件。例如,必须通过利用现有设备来实现目标,最高投资额要在限度内,产品订货提前期不能延长等。

(3)描述系统和列出假设(describe the system and list any assumptions)。仿真模型是指把所有关心的战术现象分解为一系列基本活动和事件,并按活动和事件的逻辑关系把它们组合在一起。仿真模型是被仿真对象的相似物或其结构形式。它可以是物理模型或数学模型。但并不是所有对象都能建立物理模型。简单地说,一个仿真模型就是按照时间处理事情。系统内的时间被分割成流程时间、传输时间、排队时间。不论模型是一个物流系统、制造工厂还是服务操作,清楚的定义建模要素都是非常必要的,这些建模要素主要包括资源、流动项(产品、顾客或信息)、流动路径、项目转变、流动控制、处理时间、资源故障时间。简要描述如下。

资源有四种基本类型,即处理器、队列、传输和共享资源(如操作工)。流动项的到达和预装载必须被定义成如下形式:到达时间、到达模式和该流动项的类型。在定义流

动路径时，需要对合并和转移进行详细的描述。项目转变包括属性变化、装配操作(项目合并)、拆卸操作(项目分离)。在模型中常常有必要控制项目的流动，例如，当某种条件或时间达到时，项目将被迫停止运行。所有的处理时间都要被定义，并且清楚地标明哪些操作是依赖于操作工的，哪些是自动完成的。资源可能存在计划停机时间和意外故障时间。计划停机时间通常指午餐时间、中场休息和设备的保养维护等。意外故障是设备随机发生的，因此，需要定义平均故障间隔时间和平均修复时间。

在这些工作完成之后，需要对现实系统进行模型描述，用模型来描述现实的过程比在计算机中实现模型要困难得多。现实向模型的转化意味着对现实给出研究者自己的解释。在这一阶段，非常有必要对此转换过程中的所有假设进行详细说明。事实上，在整个仿真研究过程中，假设列表会随着仿真的递进逐步增长。如果描述系统这一步做得正确，建立计算机模型将变得非常简单。建立模型时没有必要在模型元素和系统元素之间建立一一对应的关系，模型包含的细节能够反映出现实系统的本质就足够了。

(4)列举可能的其他方案(list possible alternative solutions)。在仿真研究中，提前确定模型将要运行的其他方案是很重要的，它将影响到模型的建立。在早期阶段就考虑到其他方案，建立的模型可以非常容易地转换到其他方案中去。

(5)收集数据和信息(collect data and gather information)。除了收集模型的输入数据和信息外，将实际数据与模型的性能测定数据进行比较对确认模型的有效性也是非常有帮助的。可通过历史记录、经验或者计算来首次收集数据。这些粗略的数据能提供建立模型的基本输入参数，而确认模型需要收集更精确的数据。

有些数据可能没有现成的记录，而通过测量来收集数据会花费大量的时间和金钱，这时采用估计方法来产生输入数据更为便捷。估计值可以通过少数快速测量或者咨询熟悉系统的系统专家来得到。即使是使用较为粗糙的数据，根据最小值、最大值和最可能取值定义一个三角分布，也要比仅仅采用平均值的仿真效果要好得多。有时采用估计值在特定条件下也能够很好地满足仿真研究的目的。例如，仿真可能简单的用于指导人员了解系统中特定的因果关系，不是所有的情况都需要有相当精确的数值，有部分研究估计值就足够了。

当需要可靠数据时，需花费较多时间收集和统计大量数据，以定义出能够准确反映现实的概率分布的函数。所需数据量的多少取决于变量的要求，但依据经验，三千以上的数据量是非常必要的。例如，如果输入参数是随机故障时间，那么为了获得大量的数据点，收集相当长一段时间的数据是必要的。

(6)建立计算机模型(build the computer model)。计算机模型简单地讲就是"程序放入内存，顺序执行"。在构建计算机模型的过程中，要时刻铭记建模的目的。首先构建小的测试模型来证明包含复杂部件的建模是合适的。一般建模过程是呈阶段性的，在进行下一阶段建模之前，必须保证本阶段的模型是正常工作的，并在建模过程中运行和调试每一阶段的模型。

(7)验证和确认模型(verify and validate the model)。验证是检验模型的功能是否同设想的系统功能相符合，是否与拟构建的模型相吻合，产品的处理时间、流向是否正确等问题不可或缺的步骤。验证的方面可以包括确认模型是否正确描述了现实情况以及模型运行的结果有多少可信度，以此确认模型是否有更加广泛的适用度。

• 验证：

现在有很多技术可以用来验证模型。最有效的验证方法是在仿真低速运行时，观看动画和仿真钟是否同步运行，它可以粗略获得流动路线和处理时间方面的任何差异。另一种验证技术是在模型运行过程中，通过交互命令窗口查询资源和流动项的状态和属性，或通过屏幕上显示的动态图表来获取相关运行状况。

通过"步进"方式运行模型和动态查看轨迹文件可以帮助人们调试模型。另外，让模型运行多套参数，检验其结果是否合理也是不错的方法。在某些情况下，一些简单的性能测量可通过手工进行并用于直接对比。如利用率和生产率，在定义了这类指标的模型中就很容易计算得到。

当调试模型中存在的问题时，要注意每次试验要使用同样的随机数流以便正确地观察到由于模型修改带来的变化。有时，在简单假设下运行模型会有帮助，因为这时结果的预测和性能计算会比较容易。

• 确认模型：

模型确认主要用来测试所建立模型的可信度。但是，现在还没有一种特定的确认技术可以对模型的结果做出百分之百的确定。我们从来无法证明模型的行为就是现实的确切描述。如果能够证明，可能就没有必要把建立仿真模型放在第一位了。因此，我们能做的最多只是保证模型的行为同现实不发生抵触，并且通过确认我们可以试着判断模型在多大程度上是有效的。如果一个模型通过提供相关的准确信息能够满足我们的目标，那么我们就认为这是一个有效的模型。我们需要在结果的精确性和获得这些结果的成本之间找到平衡点。

判断模型的有效性需要从以下几方面着手：①模型性能测定是否同真实系统性能测定相匹配？②如果没有现实系统来对比，可以将仿真结果同相近现实系统的仿真模型的相关运行结果作对比。③利用专家的经验和直觉来假设复杂系统的特定部件怎样被执行。④在所有关键人物构成的观众面前对模型进行结构化的"演练"，以确保模型的输入和假设都是正确的，模型的性能测定也都是现实的。来自团队的知识有助于模型的确认。⑤模型的行为是否同理论相一致？确定结果的理论最大值和最小值，然后验证模型结果是否落入两者之间。⑥对一个特定的性能的测定，当你了解参数改变将带来什么样的结果变化时，改变运行参数进行核实。⑦模型是否能够准确地预测结果？这项技术能否运用于对正在进行中的项目的模型进行连续的有效性验证？⑧是否有其他仿真建模者检验过这个模型？最好有其他的建模者对同一个系统建立过仿真模型，这样可以将结果做个对比。

确认范围主要包括：确认模型是否能够正确反映现实系统，评估模型仿真结果的可信度有多大等。

（8）运行可替代实验（run alternative experiments）。当系统具有随机性时，就需要对实验做多次运行。这是因为随机输入会导致随机输出。如果可能，第二步中定义的每一个工作指标都应该计算它的置信区间。可替代方案可单独建立并通过仿真软件中的"试验模块"进行手工仿真，也可利用仿真软件中的"优化模块"自动运行。在选择仿真运行长度时，考虑以下因素非常重要：启动时间，资源失效可能间隔时间，不同日期和不同季节造成的处理时间或到达时间的差异，以及其他需要系统运行足够长时间才能出现效果的系统特征变量。

（9）输出分析（analyze outputs）。报告、图形和表格、置信区间等都是输出分析的一部分。每一个可选方案的运行结果都应该通过统计技术进行分析。在分析结果和得出结论时，要确保根据仿真的目标来解释这些结果，并提出实施或优化方案。使用结果和方案的矩阵图进行比较分析也是非常有帮助的。

第三节　空间变换方法

一、管理问题的复杂性

管理学主要研究的对象是人，以及由人构成的组织所形成的互动关系，而人类组织是复杂性问题当中最复杂的一类，问题的复杂性是管理学的一大特点，也是研究管理学的一大难点。构成组织的人本身就是一个开放的复杂系统，而这些系统又不断与外界进行交流，这就造成了管理问题的复杂状态，管理的复杂性主要来源有：

（1）组织系统构成的复杂性和巨大性。人类组织本身是由众多小的复杂系统根据各种关系构成的，这些复杂系统依据复杂的关系构成一个更大的系统，同时，构成组织系统的最基本要素——人，本身就是一个开放的复杂系统，这种情况注定了系统的复杂性。

（2）环境的复杂性和开放性。人类组织作为现代社会的主要部分需要跟外界其他系统发生各种关系，系统面临的环境是由许多同样复杂的系统构成，在与外界发生关系时，系统需要不断与外界发生物质、能量和信息的交换。

（3）影响经济、管理问题的因素众多。由于经济体系或组织是开放的系统，这就导致了系统拥有众多的潜在影响因素，系统的复杂性导致系统对初始条件非常敏感，或者对影响因素的变化非常敏感，即使是比较小的因素也有可能对系统的运行造成非常大的影响。因此，对这方面的研究必须尽量多地考虑影响因素，而这无疑导致了研究的困难。

（4）经济、管理问题难以抽象。与工程中的繁琐、复杂问题相比，人们在解决经济、管理问题时会遇到更大的困难，其原因是经济、管理问题本身很难通过抽象方式利用数理方法来解决。由于管理问题的影响变量众多，关系复杂，且因素之间存在交互影响，因此很难确定其准确的影响关系，很容易造成简化计算则计算精度较低，考虑较多变量则最终难以进行计算的局面。

以上因素的综合作用导致了管理问题的复杂性，这些复杂性体现如下：管理问题难以用数学方法描述、影响关系难以确定，模型难以构建，结果难以进行定量计算。

目前仍没有较好的办法用来解决多数管理问题尤其是复杂管理问题，主要原因是模型主观性太强，即模型的建立和参数的设定过于依赖数据的选择。此外，模型过于复杂可能导致不能得到较明确的结论。现有方法的局限性主要有以下三点。

（1）现有模型局限性较大。现有的模型一般针对特定问题的一个阶段设定一个模型，使得模型仅能解释问题的一个阶段或者仅能解释已经发生过的历史问题，模型预测的效果较差，且对环境变化的适应能力较差。

（2）部分模型复杂度较高。简单模型对管理问题的复杂性解释效果不好，针对此问题，人们建立了较多复杂的模型，但此类模型的复杂度过高，不容易理解。由于这些模型大量引入非线性的计算，而人们处理非线性系统的数学水平还不高，使得这些模型很难计算。

（3）部分模型得不到可以实际利用的结果。很多复杂的模型，最后并不能得到实际可利用的结果，虽然很多模型可以从原理上解释问题，但实际使用的结果却大相径庭，这极大地限制了模型的应用。

为了突破现有方法的局限，我们认为借鉴数学和工程应用领域的思想、方法可以为解决复杂管理问题提供一种新的思路。

二、空间变换的数学和工程应用

（一）空间变换的数学应用

空间变换的思想在数学中并不陌生，如直角坐标的旋转（图 4-2）。

坐标的旋转是数学中最简单的空间变换情况，也是数学中使用较多的解决问题的一种方法，图 4-2 中，以原点为中心将坐标轴进行旋转，使得原表达式当中的系数 a 在旋转以后等于 1，从而将表达式为 $y=ax$ 的方程转化为不带系数的对角线方程 $y'=x'$。在简化方程形式的同时，也可以利用对角线方程的性质对问题进行分析。这种变换方式相当于将原有的分析空间转化成新的分析空间。

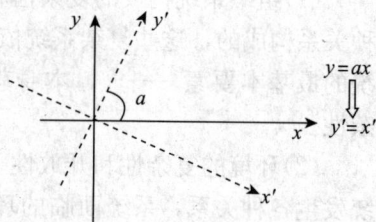

图 4-2　数学当中的坐标旋转

另外一种典型情况是坐标体系的转换，如图 4-3 所示。坐标体系的转换将直角坐标系中的问题放到极坐标系中进行分析，由于极坐标的坐标系统是基于圆的，通过使用极坐标系，许多有关曲线的方程可以得到简化。

坐标旋转和极坐标系的引入说明，解析法所依赖的坐标系不只是直角坐标系，还可以从实践和数学的需要引出其他坐标系。直角坐标系向极坐标系的转换就属于通过创造一个新的分析空间来分析问题。

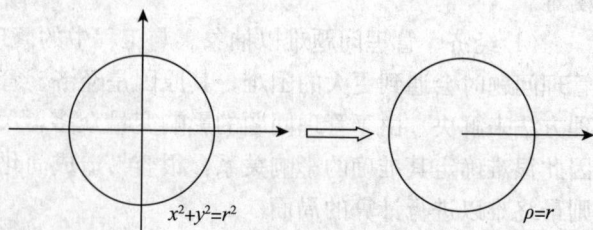

查看坐标旋转和极坐标系的引

图 4-3　坐标体系的转换

入可以发现，如果将转换的问题看做是一个局部，单纯的旋转坐标和引入极坐标系对于整个空间而言并没有过多的意义，而且对整个空间也没有过多的影响，也就是说这种转换只是将原有问题在另一个空间进行分析，对原有问题并没有进行改变。但是，在一个局部使用转换的方法进行计算，计算完毕之后再将计算结果转回到整体进行应用，这使得整体的问题分析等价于一系列对等转换原则之间的信息和关系交流，对于整体而言，这种转换降低了计算复杂度。对一个较大的问题而言，可以通过对很多类似局部实施转换求解，从而按照规则对问题进行逐级、逐项分解而进行计算。

(二)空间变换的工程应用

将空间变换方法应用到工程领域中极大地推动了工程的发展进步，尤其对于信号处理、自动控制，其中最典型的是将时间域问题转换到频率域问题的方法，由于在信号处理、自动控制当中，多数输入是时间的周期函数，输出也是时间的周期函数，如果在时间域中直接进行分析则会面临大量三角函数的计算，既难处理也难有直观的理解。

解决这个问题最常用的方法是使用拉普拉斯变换(Laplace transformation)，它是为简化计算而建立的实变量函数和复变量函数间的一种函数变换。应用拉普拉斯变换求解常变量齐次微分方程，可以将微分方程化为代数方程，使问题得以解决。在工程学上，拉普拉斯变换的重大意义在于：将一个信号从时间域上转换为复频域(S域)上来表示，广泛应用于线性系统、控制自动化。引入拉普拉斯变换的主要优势，是可采用传递函数代替微分方程来描述系统的特性。这就为采用直观和简便的图解方法来确定控制系统的整个特性，分析控制系统的运动过程，以及为综合控制系统的校正装置提供了可能性。

对一个实变量函数作拉普拉斯变换，并在复数域中进行各种运算，再将运算结果作拉普拉斯反变换来求得实数域中的相应结果，往往比直接在实数域中求出同样的结果在计算上容易得多。

拉普拉斯变换可以将在时间域中表达复杂的实变量函数转换到复频域空间进行分析，经过转换以后复杂的函数表达，如正弦函数，将被转化为代数形式的函数(图4-4)，从而极大地简化了分析的过程，甚至可以使本身不可能进行的分析成为可能。

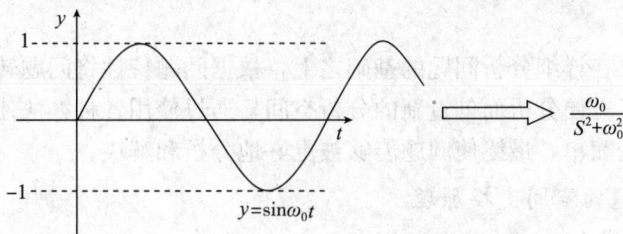

$$\frac{\omega_0}{S^2+\omega_0^2}$$

$y=\sin\omega_0 t$

图 4-4　拉普拉斯变换实例

三、管理问题的空间变换

(一)定义、目的和研究对象

1. 定义

管理问题的空间变换，其原理等同于数学和工程应用领域的空间变换，是指通过将复杂的管理问题转换到其他相对容易分析和求解的空间进行解决，并将分析结果转换回原问题空间的研究过程，从而达到简化分析过程的目的。

管理中的空间变换主要应用于经济、管理中复杂问题的研究及求解，其核心包括转换、逆转换、对应的转换规则以及问题等价性分析等内容。

2. 目的

管理问题的空间变换是通过分析具体管理问题，提炼其特性并通过数学方法加以描述后，寻找易于求解的空间，归纳转换方法和条件，将问题转化到新的空间进行分析和求解，最终达到简化分析复杂问题的目的，主要有两个简化方向：

(1)分析因素的简化。针对管理问题影响因素众多的特点，管理问题的空间变换理论的首要目的便是针对因素的简化，其中包括两个层面：第一，通过变换缩减问题的影响因素数量，因素数量的缩减对于分析问题的核心有重要帮助；第二，通过变换明确因素对问题的影响关系，在这个过程中有可能会增加一些因素，表面上增加因素可能会增加分析的复杂性，但如果新增的因素能够用更简单的关系来描述问题，那么最终会导致整体分析的简化。

(2)模型的简化。一方面因素的简化本身就会间接地简化模型，另一方面还可以通过变换，直接简化复杂问题的复杂模型。模型的简化将有助于人们更清晰地分析问题。

3. 研究对象

管理问题的空间变换方法的主要研究对象是管理问题中的复杂问题。这些复杂问题由于其复杂度较高目前还无法较好地解决，有一些不能清晰地通过建立数学模型来表述，另外一些问题虽然可以通过建立数学模型来描述，但由于模型较复杂而无法求解或使模型过于简单而不能良好地描述问题。

空间变换方法更多的是针对影响因素过多、因素之间影响关系复杂的经济和管理问题进行研究，通过空间变换的系列步骤和方法，对问题的研究空间进行转换，然后在新的空间中分析和研究问题的特性，并在得到结果后将其转换回原空间来对问题进行解释。

空间变换方法在详细分析问题的基础之上，根据问题特性将问题转换到特定空间进行分析，或者为了方便分析而创造新的分析空间，通过使用各种办法使原问题的影响因素减少或者关系变简单，最终使问题能够被更好地分析和解决。

(二)管理问题的空间变换原理

管理问题的空间变换与工程和数学中的空间变换在原理上是相似的，其过程如图4-5所示。

管理中的空间变换是通过对问题进行仔细分析后，寻找可以简化分析的空间，然后制定转换规则并进行转换，在新空间中对转化过的问题进行分析并得到所需的分析结论后，最终将结果转换回原空间供实际使用或进一步分析。

1. 转换途径

(1)创造新的空间进行转换。对于很多问题而言，可能找不到现实存在或者可理解的、用来对问题进行转换和分析的空间，在这种情况下，可以先根据问题的特点，总结问题的特殊点，再根据特殊点创造全新的分析空间对问题进行分析，这个空间需要达到能够简化分析和方便求解的目的，在符合这个要求的情况下，即使这个空间不存在可理

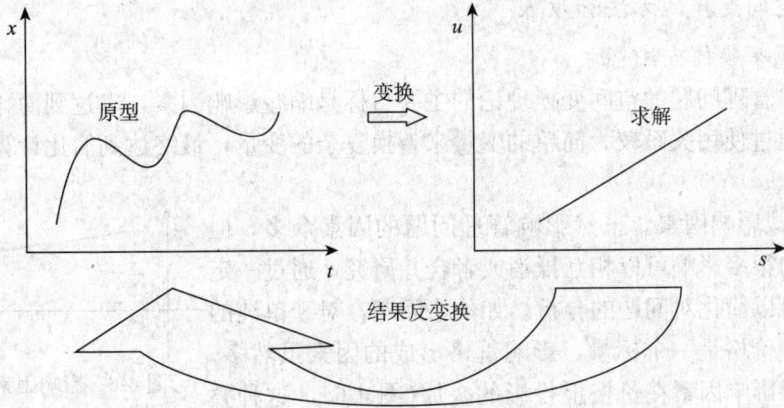

图 4-5 空间变换原理

解的意义，也会为问题的分析提供便利。状态空间分析，就是根据问题的关系，将分析体系进行完全的重构，最终形成新的状态空间来分析表达问题。

(2)对原空间的分析进行修正。对原空间进行局部的、小规模的转换，如同在数学中旋转坐标轴或者进行坐标平移一样，其只对问题的局部进行转换，达到局部简化计算和分析的目的。状态空间的表示方法，实质就是局部调整输入、输出和状态向量，或者增加、减少状态向量，达到优化问题分析和简化求解的目的。

(3)不同理论体系之间的转换。不同理论体系存在其各自的分析框架和变量体系，不同理论体系间的转换就是根据不同理论体系的特点，将一个理论体系中的问题转换到另一个理论体系中进行研究，经过转换后，可以直接使用目标理论体系的方法和结论对原问题进行分析，这样的转换通常能得到更好的分析结果。

2. 管理问题的空间变换原则

(1)空间优先的原则。空间变换的主旨是将在原空间中难以进行分析和解决的关系转化到新的、容易解决的空间。因此，目标空间的选择很重要，好的目标空间可以很大程度上简化问题的复杂性，若目标空间选择不当，则对解决原有问题不能提供很好的帮助。

(2)方便求解的原则。无论是在数学、工程还是管理研究中，使用空间变换的方法都是为了方便求解，需要强调的是，空间变换方法的首要目标是方便求解而不是方便计算。空间变换的方法有可能增加计算的复杂度，但只要能够便于求解，该方法就是可行的。

(3)方便转换的原则。虽然某些空间变换方法或变换空间能使问题更容易理解和求解，但如果其正逆转换非常困难，难以准确界定空间变换规则，那么经过正逆空间变换后的结论的可信度就会变差。

(4)充分利用经济、管理问题共轭相生的特性原则。多数经济和管理问题都是共轭相生的，问题往往同时存在相互作用的两个端点，一个端点不易解决的问题，如果换在另外一个端点也许就会相对容易解决，另外，还可以将两端点的问题求解转化到另外一个完全不同的空间进行解决。

(三)空间变换的方法和步骤

1. 空间变换的方法

经济、管理问题的空间变换理论的主要目标是缩减影响因素，以达到简化模型的目的，或者通过使用关系较为简单的变量来替换复杂的变量，最终达到简化计算和分析的目的。

(1)缩减影响因素。虽然影响管理问题的因素众多，但这些因素的很多影响可以相互抵消或者合并研究，通过一定的处理，可以简化对问题的分析。如价格问题，对于单纯的价格而言，价格是一个标量，影响价格形成的因素虽然多，但都是各种影响因素在价格上投影的叠加(图 4-6)，这种叠加作用是可以相互抵消的，即价格输出的函数 $g_i(X, U,$

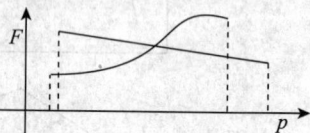

图 4-6　影响因素在价格
轴投影的叠加

$t) \cdots g_j(X, U, t)$ 之间是可以累加的，在某些情况下可以直接选取累加的结果，如 $z = g_i(X, U, t) + g_j(X, U, t)$，来进行计算，从而达到简化表达式及关系的目的。

若能够找到输出函数 $Y' = h(X, U, t)$，$Y'_j = h_j(x_1, x_2, \cdots, x_n; u_1, u_2, \cdots, u_r; t)$，$j = 1, 2, \cdots, p$，且 $h(X, U, t)$ 可以由 $g(X, U, t)$ 的部分向量进行表达，又 $h(X, U, t)$ 更容易观测或者定量计算，那么使用 $Y' = h(X, U, t)$ 作为输出能够更简单地对问题进行表达，而且更容易分析和计算。

(2)替换关系复杂的因素。很多问题的影响因素与问题之间存在比较复杂或者难以确定的关系，在这种情况下，直接进行分析会遇到很多难以克服的困难，如果此因素是其他因素所造成的结果，则可以对此因素进行拆分，拆分的结果虽然导致变量增多，但是可以比较容易地对变量的关系进行表达，从而简化分析过程。

如果原问题的状态向量 X 中的部分变量实际上是另外一些因素的函数，即 $x_i \sim x_i(a_1, a_2, \cdots, a_k)$，那么可以使用变量 $a_1, a_2, \cdots, a_k$ 来替换 x_i，只要 $a_1, a_2, \cdots, a_k$ 的关系能使计算更简洁、更清晰，那么就可以使问题的分析得到简化。

(3)状态空间表达。使用状态空间的方法来表示空间变换理论，是将原问题的状态

空间向量 $\begin{cases} \dot{X} = f(X, U, t) \\ Y = g(X, U, t) \end{cases}$ 转化成新的状态空间向量 $\begin{cases} \dot{X}' = f'(X', U', t) \\ Y' = g'(X', U', t) \end{cases}$。

一般情况下，转换会使得 f, g, X, U, Y 向量同时改变。转换会增加或者减少状态向量 X 的个数，变量的增减导致输入向量 U、输出向量 Y 发生改变，因此其对应关系 f, g 也需要进行修改。

调整系统的状态向量和输入向量，实质上是对系统的状态空间进行重构，得到新的状态空间向量。在得到新的状态空间后，就可以在这个新的状态空间对问题进行分析和解决，得出结果后，视情况而定是否有必要将该结果重新转换回原空间进行解读和分析。

2. 分析步骤

使用管理问题的空间变换理论分析问题，主要有以下步骤：

(1)描述现有空间和问题。对于将要进行转换的问题，首先要对问题以及现有的分析空间进行良好的、恰当的描述。在详细的描述问题之后才能够对问题进行具体的分

析，寻找合适的目标空间。

　　由于管理问题的影响因素众多且影响因素之间存在交互影响，以及不同因素的重要程度不同，这导致影响存在层级关系，因此可以使用泛函等方法进行描述，或者使用状态空间的方法对问题进行整体描述。

　　(2)寻找目标空间和映射方法。以缩减变量、简化模型、方便分析和方便求解为指导思想，寻找恰当的目标空间，用来转换原问题空间。

　　如前所述，可以通过三个途径来寻找目标空间：修改、优化现有分析空间；根据实际情况创造便于分析的新空间；寻找已有的其他理论体系作为转换的目标空间。

　　在寻找到合适的空间后，为避免分析的混乱，这时就需要一套针对原空间和目标空间的转换规则，包括正转换规则和逆转换规则。

　　(3)转换前后问题的同一性分析。在寻找到合适的目标空间和对应的转换规则之后，还需要分析经过转换之后问题的同一性，即经过转换，原问题或者初始模型是否发生本质上的改变，是否还在描述同一个问题。

　　如果问题性质发生重大改变，则需要具体分析这种改变对研究原问题是否有指导意义，如果没有意义则需要重新寻找目标空间；如果问题性质未发生变化或只发生较小变化，经过分析认为其基本反映原问题属性，则可以将问题转化到目标空间进行进一步分析。

　　(4)实施转换。在寻找到目标空间和转换规则并经过同一性分析之后，就可以实施空间变换。变换过后首先需要在新空间对变换后的问题进行重新描述；其次，为了与原问题有较好地对应，还需要设定一系列边界条件；最后，在新空间寻找问题的特性，为进一步分析做准备。

　　(5)分析和求解。在变换完成之后，就可以对具体问题进行分析。主要针对在新空间影响问题的主要因素进行分析，找出影响问题的关键因素，并寻找问题与关键因素之间的关系。

　　经过分析，就可以对具体问题的具体研究进行定量或定性分析，并得到一定的结果，这些结果可以在新空间进行具体分析；若在新空间直接解释、应用这些结果有困难，可以将结果逆转换回原始空间对问题进行解释和应用。

　　3. 流程图

　　应用管理的空间变换理论分析问题的流程如图4-7所示。

　　(四)空间变换方法的适用范围

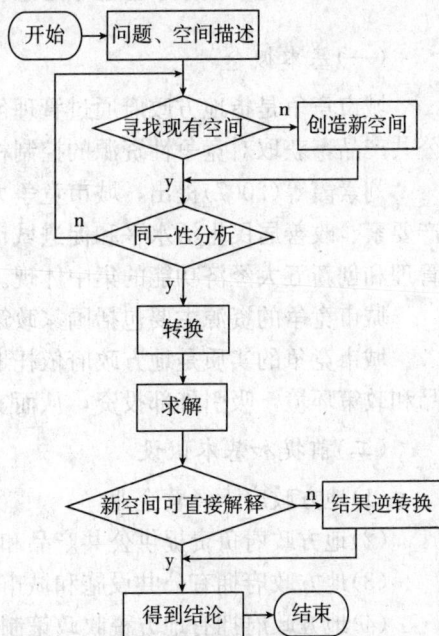

图4-7　空间变换理论分析问题的流程

　　每一种分析方法都存在一定的适用范围，管理问题的空间变换方法也不例外。从管理的空间变换方法的构建、分析过程来看，本方法主要适用于输入、输出都可以进行量化的管理、经济问题的研究。

第一，量化的数据是使用状态空间方法对问题进行建模的需要。状态空间方法需要明确的输入、输出关系，这些关系需要通过多维空间中确定的点来表示，如果无法量化地标识这些点，那么使用状态空间方法来建模就不可能，同时进行空间分析和转换也无从谈起。

第二，量化的数据是空间变换的需要。空间变换最终转换的是不同因素之间的关系，如果最初这些关系就没有确定的量化表现，那么即使经过转换也不大可能得到确定的表现。

第三，量化的数据是分析空间变换后问题结果的需要。能够应用空间变换方法进行转换的问题，最少需要在输入或者输出方面有明确的、可量化的结果，否则无法应用空间变换方法进行分析。

第四节　扩展阅读——城市竞争模拟沙盘

本章所介绍的实地研究方法、仿真方法以及空间变换方法可以用于很多管理问题的实验，但是正如上文提到的，实际中的很多管理问题具有复杂性和多变性，因此还需要读者去挖掘针对不同管理问题特点的实验方法，在扩展阅读部分，我们为大家介绍解决城市竞争问题的模拟沙盘方法。

一、城市竞争模拟沙盘基本思想

(一)基本概念

城市竞争是指地方政府通过管理创新，优化自身资源配置，提供优势的公共服务和公共产品，获取对竞争性资源的控制权，最终最大化城市竞争力的行为。

刘素霞等(2007)提出，城市竞争力是城市在一定区域范围内创造社会财富、集聚生产要素、改善居民生活水平和促进城市可持续发展的能力，是城市生产、集散、服务、管理和创新五大经济功能的集中体现。

城市竞争的资源主要包括国家政策、预算资金、投资项目等。

城市竞争的实质是地方政府依托地方公共财政，通过提供良好的公共服务、公共产品和政策环境，吸引外部投资，从而实现城市全方位的可持续发展。

(二)前提和基本假设

(1)地方政府不经营企业。

(2)地方政府负责提供公共产品和公共服务。

(3)地方政府拥有公共设施和城市土地处置权。

(4)地方政府拥有地方税收政策制定权。

(5)同一类型的投资项目产出相同。

(三)基本思想

城市竞争模拟沙盘把制度竞争理论作为一个基本的分析框架，强调在转型经济背景下的中国地方政府竞争的主要特点表现为：①地方政府竞争的原因是单一主权国家框架内推行分权；②在经济体制改革中，地方政府竞争具有非制度化特征；③竞争的主要内容包括中央政府提供的优惠政策和特殊待遇。城市竞争模拟沙盘吸收了税收竞争理论中关于资本流动和消费者流动的内容，提供了资本和消费者流动的机制。此外，城市竞争模拟沙盘借鉴了波特钻石模型，突出政府在创造和提升生产要素方面发挥的作用。

城市竞争模拟沙盘是从一个城市的管理者——地方政府的视角全面考察城市管理活动的各个方面。沙盘对城市管理活动的主要流程、规则、城市的基础设施、地方的产业结构等基本要素进行提炼和抽象。通过对庞杂多样的现实要素进行选择和加工，沙盘为城市管理者提供了一套标准的、可供自由选择和组合的构件库和标准流程库。城市管理者要根据城市现有资源和面临的竞争环境制定城市长期的发展战略，并在多轮竞争过程中分步实施。城市之间的竞争一方面表现为不同城市对于竞争性资源的争夺，另一方面表现为由于各个城市发展环境的差异而导致的资本、产业、人员等生产要素在不同城市之间的自由流动。不同城市经过多轮竞争过程，最终将导致城市发展状态的差异。

城市竞争模拟沙盘通过采用不完全信息下的多次动态博弈模拟地方政府之间的竞争过程，从管理实验的角度对地方政府竞争行为进行研究。

二、城市竞争模拟沙盘实验设计

(一)竞争参与各方的角色和权责

(1)城市管理团队(若干个)。主要责任：科学设计城市的产业结构，优化配置城市的公共资源，吸引外部投资项目，使得城市的竞争力最大化。

主要权利：对于公共设施和城市土地拥有全部处置权；拥有地方税收政策制定权。

城市管理团队结构图如图 4-8 所示。

```
                    ┌─────────┐
                    │  市长   │
                    └────┬────┘
        ┌───────────┬────┴─────┬───────────┐
   ┌────┴────┐ ┌────┴────┐ ┌───┴────┐ ┌───┴────┐
   │行政和公共│ │环保和规 │ │城市建  │ │公共财  │
   │事业主管 │ │划主管   │ │设主管  │ │政主管  │
   └─────────┘ └─────────┘ └────────┘ └────────┘
```

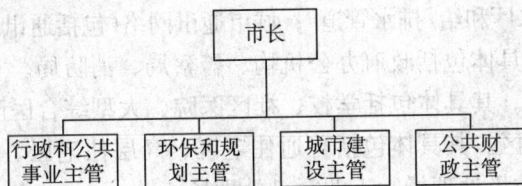

图 4-8　城市管理团队结构图

(2)团队成员分工。市长职责：确定城市的中长期发展战略；规划城市的产业布局；制定地方各项政策；批准公共预算方案。

行政和公共事业主管职责：负责为城市规划、配置市政机构(如政府办公机构、警察局、消防局等)和公共事业机构(如大中小学校和各级医院等)；负责为上述机构编制建设和维护预算。

环保和规划主管职责：对城市的产业分布作总体规划；规划居民住宅用地；负责城市绿化，主要包括建设绿地和公园；负责城市环保治理，包括居民垃圾处理和工业污染治理；负责住宅物业税收；制定城市绿化和环保治理的建设和维护预算。

城市建设主管职责：管理城市公共交通网络，包括公路、铁路、机场等；管理城市供电网络，包括各类电厂和传输网络等；管理城市给/排水网络，包括水厂和给/排水管道；管理城市通讯网络，包括通讯基站和传输网络；收取网络服务费用；制定上述网络的建设和维护预算。

公共财政主管职责：汇总各个成员的预算，在此基础上制定城市年度公共预算；征收企业税并汇总其他成员的收入；拨付城市建设费；为城市开发进行融资。

裁判(一名)的主要职责：承担银行的职能；承担外部市场的职能；承担外部投资者的职能；每一期末记录城市管理者的管理成果；结束时对各城市的竞争力进行评估，确定获胜者。

裁判的主要权利：监督城市管理者的行为，对于违反竞争规则的行为进行惩罚；对于竞争中遇到的争议行为有最终裁决权。

(二)城市基本要素

城市基本要素包括城市人口、土地、资金、产业结构、基础设施、市政和公共事业机构、住宅和生活环境。

(三)沙盘筹码设计

沙盘的筹码主要是与城市生产、生活与管理相关的基本要素的细化，它包括：

(1)城市人口。

(2)土地。

(3)资金。

(4)产业项目。其具体包括：第二产业(石油化工厂、钢铁厂、汽车制造厂、服装厂、药厂)；第三产业(大型超市、旅游公司、物流运输公司、银行、软件公司、咨询公司)。

(5)基础设施。其具体包括：公共交通网络(包括公路、高架路、轻轨、地铁、铁路、机场、港口)；城市供电网络(包括火力电厂、风力发电厂、核能发电厂和传输线路)；城市给/排水网络(包括水厂和给/排水管道)；城市通讯网络(包括通讯基站和传输网络)。

(6)市政机构。其具体包括政府办公机构、警察局、消防局。

(7)公共事业机构。其具体包括学校、社区医院、大型综合医院。

(8)住宅和生活园区。其具体包括普通住宅区、高层住宅区、别墅区、旅馆、科技园区、绿地、公园、垃圾处理场、工业污染处理场。

对于每种沙盘筹码都有特定的说明，见表 4-1，部分示例见表 4-2～表 4-13。

表 4-1 筹码说明样表

筹码的用途：
使用本筹码的前提条件：
本筹码的基本参数：
本筹码的经济参数： 　　每个筹码占用土地单位： 　　每个筹码年度总产值(万元)： 　　建设费用(万元)： 　　年度维护费用(万元)： 　　参考税率(%)：

本筹码的年度能源消耗量和污染物排放量：
　　年度能源消耗量(吨标准煤)：
　　年度污染物排放量(吨)：

其他：

表 4-2　普通住宅区筹码说明表

筹码的用途：
　　为城市低收入居民提供基本的居住条件；
　　为城市产业发展提供基础的人力资源

使用本筹码的前提条件：
　　新建的普通住宅区应该通过公路和城市其他地区连接

本筹码的基本参数：
　　每个筹码可以居住一万人

本筹码的经济参数：
　　每个筹码占用土地单位：1；
　　建设费用：业主负担；
　　年度维护费用：业主负担；
　　参考税率：0%

表 4-3　科技园区筹码说明表

筹码的用途：
　　为高科技产业提供基本服务平台

使用本筹码的前提条件：
　　临近公园或连续一个以上绿地筹码，必须远离工业区五个土地单位；
　　连通公路；
　　电力传输线路；
　　给/排水管道；
　　通讯传输网络

本筹码的基本参数：
　　每个科技园区筹码可以容纳五个高科技产业项目

本筹码的经济参数：
　　每个筹码占用土地单位：2；
　　每个筹码年度总产值(万元)：100；
　　建设费用(万元)：4 000；
　　年度维护费用(万元)：40

表 4-4　绿地筹码说明表

筹码的用途：
　　美化城市，改善城市的生态环境

使用本筹码的前提条件：
　　无

本筹码的经济参数：
　　每个筹码占用土地单位：1；
　　每个绿地筹码建设费用(万元)：40；
　　绿地筹码年度维护费用(万元)：1

表 4-5　公园筹码说明表

筹码的用途：
　　美化城市，改善城市的人居环境

使用本筹码的前提条件：
　　无

本筹码的经济参数：
　　每个筹码占用土地单位：1；
　　建设费用(万元)：300；
　　年度维护费用(万元)：3

表 4-6　政府办公机构筹码说明表

筹码的用途：
　　城市政府为公众和法人组织提供公共服务的实体

使用本筹码的前提条件：
　　连通公路；
　　电力传输线路；
　　给/排水管道；
　　通讯传输网络

本筹码的基本参数：
　　平均 3 万人应该拥有一个本筹码

本筹码的经济参数：
　　每个筹码占用土地单位：1；
　　每个筹码年度总产值(万元)：0；
　　建设费用(万元)：300；
　　年度维护费用(万元)：30

表 4-7　小学筹码说明表

筹码的用途：
　　为城市居民提供初级水平的教育

使用本筹码的前提条件：
　　连通公路；
　　电力传输线路；
　　给/排水管道

本筹码的基本参数：
　　每个小学筹码每年可以毕业 300 名学生

续表

本筹码的经济参数：
　　每个筹码占用土地单位：1；
　　每个筹码年度总产值(万元)：0；
　　建设费用(万元)：100；
　　年度维护费用(万元)：10

表 4-8　中学筹码说明表

筹码的用途：
　　为城市居民提供中级水平的教育

使用本筹码的前提条件：
　　连通公路；
　　电力传输线路；
　　给/排水管道

本筹码的基本参数：
　　每个中学筹码每年可以毕业 300 名学生

本筹码的经济参数：
　　每个筹码占用土地单位：1；
　　每个筹码年度总产值(万元)：0；
　　建设费用(万元)：200；
　　年度维护费用(万元)：20

表 4-9　大学筹码说明表

筹码的用途：
　　为城市居民提供高级水平的教育

使用本筹码的前提条件：
　　连通公路；
　　电力传输线路；
　　给/排水管道

本筹码的基本参数：
　　每个大学筹码每年可以毕业 1 000 名学生

本筹码的经济参数：
　　每个筹码占用土地单位：2；
　　每个筹码年度总产值(万元)：300；
　　建设费用(万元)：400；
　　年度维护费用(万元)：40

表 4-10　火力电厂筹码说明表

筹码的用途：
　　为城市生产和居民生活提供电力服务

使用本筹码的前提条件：
　　连通公路；
　　电力传输线路；
　　给/排水管道

本筹码的基本参数：
    每个火力电厂每年可以提供 3 000 万度电

本筹码的经济参数：
    每个筹码占用土地单位：1；
    每个筹码年度总产值(万元)：300；
    建设费用(万元)：4 000；
    年度维护费用(万元)：400；
    参考税率(%)：0

本筹码的年度能源消耗量和污染物排放量：
    年度能源消耗量(吨标准煤)：1 000；
    年度污染物排放量(吨)：200；
    年度耗水量(吨)：200

表 4-11　水厂筹码说明表

筹码的用途：
    为城市生产和居民生活提供自来水服务

使用本筹码的前提条件：
    连通公路；
    电力传输线路；
    给/排水管道

本筹码的基本参数：
    每个水厂每年可以提供 400 万吨水

本筹码的经济参数：
    每个筹码占用土地单位：1；
    每个筹码年度总产值(万元)：1 000；
    建设费用(万元)：2 000；
    年度维护费用(万元)：400；
    参考税率(%)：0

本筹码的年度能源消耗量和污染物排放量：
    年度耗电量(万度)：100；
    年度污染物排放量(吨)：200；
    年度耗水量(吨)：200

表 4-12　汽车制造厂筹码说明表

筹码的用途：
    为市场提供汽车产品

使用本筹码的前提条件：
    连通公路；
    电力传输线路；
    给/排水管道

本筹码的基本参数：
无

本筹码的经济参数：
　　每个筹码占用土地单位：2；
　　每个筹码年度总产值(万元)：2 000；
　　建设费用(万元)：—；
　　年度维护费用(万元)：—；
　　参考税率(%)：20

本筹码的年度能源消耗量和污染物排放量：
　　年度耗电量(万度)：100；
　　年度能源消耗量(吨标准煤)：100；
　　年度污染物排放量(吨)：100；
　　年度耗水量(吨)：100

其他：
　　需要初级教育水平员工人数(名)：0；
　　需要级教育水平员工人数(名)：200；
　　需要高级教育水平员工人数(名)：100

表 4-13　软件公司筹码说明表

筹码的用途：
　　为市场提供软件产品

使用本筹码的前提条件：
　　连通公路；
　　电力传输线路；
　　给/排水管道；
　　通讯网络；
　　科技园区

本筹码的基本参数：
　　无

本筹码的经济参数：
　　每个筹码年度总产值(万元)：3 000；
　　建设费用(万元)：—；
　　年度维护费用(万元)：—；
　　参考税率(%)：20

本筹码的年度能源消耗量和污染物排放量：
　　年度耗电量(万度)：10；
　　年度能源消耗量(吨标准煤)：0；
　　年度污染物排放量(吨)：0；
　　年度耗水量(吨)：10

其他：
　　需要初级教育水平员工人数(名)：0；
　　需要中级教育水平员工人数(名)：0；
　　需要高级教育水平员工人数(名)：400

（四）资产负债表和收入支出总表

对于整个城市而言，需要在一定时间段内核算资产与收入。资产负债表和收入支出总表见表 4-14 和表 4-15。

表 4-14　资产负债表

资产负债表

编表单位：		年　月　日				单位：万元		
科目编号	资产部类	年初数	期末数	科目编号	负债部类	年初数	期末数
	一、资产类				二、负债类		
101	现金			201	借入款项		
102	银行存款						
103	固定资产						
	资产合计				负债合计		
	五、支出类				三、净资产类		
501	拨出经费			301	经营结余		
502	经营支出				净资产合计		
503	成本费用				四、收入类		
	支出合计			401	财政收入		
				402	经营收入		
				403	其他收入		
					其中：利息收入		
					收入合计		
	资产部类合计				负债部类合计		

表 4-15　收入支出总表

收入支出总表

编表单位：		年　月　份		单位：万元			
收入				支出			
科目编号	项目	本月数	本年累计数	科目编号	项目	本月数	本年累计数
401	财政收入			501	拨出经费		
402	经营收入			502	经营支出		
403	其他收入			503	成本费用		
	其中：利息收入						
	小计				小计		
	收入合计				支出合计		
					结余		
				301	经营结余		

注：经营结余＝收入合计－支出合计

（五）城市竞争的规则

在城市的基本资源禀赋和资产收入衡量标准都确定后，还需要确定不同城市之间的竞争规则。这些规则规定了模拟开始的初始状态、竞争过程如何启动、项目如何竞争等一系列游戏规则与规范，以确保参与者都在一定的给定条件下开展管理活动。

1. 每个城市的初始状态

2亿元现金；10万城市人口；10个普通住宅区；5所社区医院；5所小学；一所中学；一座政府办公大楼；一座火电厂；一座水厂；一个服装厂。

2. 竞争过程

开始时，裁判员提供不同的项目供城市管理者选择。

3. 城市管理者竞争项目的方式

承诺优惠的税收政策；筹集资金建设公共设施，包括向银行借款，土地出让，使用存量现金；管理者获得项目后，项目进入立项规划→行政审批→项目建设→生产流程；一期结束后，管理者向裁判员提供经营状况报告。

4. 重复2，到竞争过程结束

竞争过程长度为4～6期。竞争结束后，裁判员对每个管理者的经营状况进行评估，确定获胜者。

5. 补充规则

对于同一类型产业，不同城市的税率差别会导致产业项目由税率高的城市流向税率低的城市（流出概率为税率差值的两倍，当税率差达到30%，该类产业会全部流出），因此，税率水平应至少要保持连续两年一致。

根据上述城市竞争模拟沙盘的筹码、竞争规则的设计，不难发现，在运行整个模拟竞争的过程中，裁判工作相对较为复杂，而且各个竞争团队之间在进行决策时还需要一个相对保密的环境，而采用人工、手动方式进行这些操作，难免使竞争团队之间相互影响，且裁决过程中可能会带有一定的人为主观性，同时，繁杂的判断容易导致出错现象。为了使整个模拟沙盘的运行更为顺畅，模拟更为科学、公正、合理，需要借助计算机工具构建基于上述竞争环境的电子沙盘系统。

（六）电子沙盘系统

电子沙盘系统是城市竞争模拟沙盘设计方案的一个具体实现。它是一个C/S架构的应用系统，包括一个后台的服务器和通过网络连接到服务器的若干个客户端。每个电子沙盘系统客户端为一个参与竞争的城市管理团队提供操作平台。裁判员的功能由后台的服务器提供。电子沙盘系统架构图如图4-9所示。

电子沙盘系统客户端包括系统菜单、功能按钮栏和系统主窗口。电子沙盘系统客户端为每个城市管理团队提供了一个模拟现实城市的虚拟环境。系统菜单提供了用来进行城市建设、管理的主要功能。通过系统菜单城市管理团队可以选择对应于前述各类筹码的模拟构件，如城市基础设施中的公路、高架路、轻轨模拟构件等。具体城市建设和管理的行为通过用户选择模拟构件、并将构件定位于虚拟城市中的由管理团队预先规划的位置来实现。城市运营所涉及的各类统计报表由系统提供。电子沙盘系统客户端界面见图4-10。

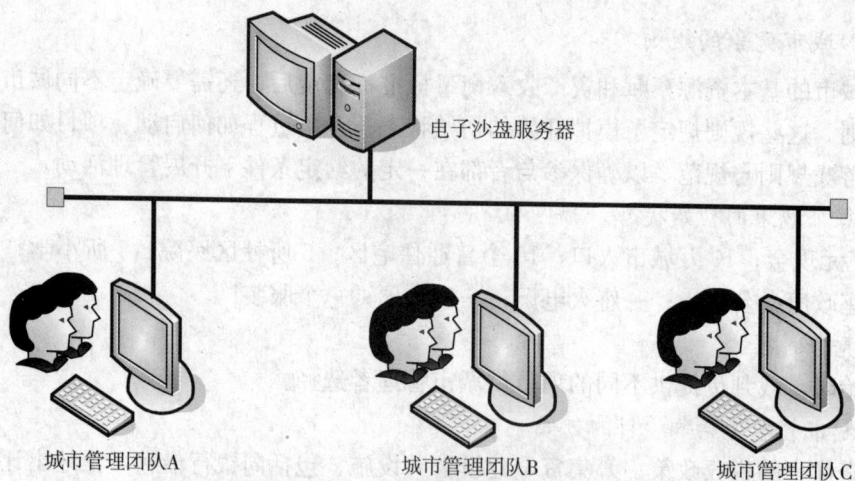

图 4-9　电子沙盘系统架构图

图 4-10　电子沙盘系统客户端界面

　　每个城市管理团队在打开电子沙盘系统客户端界面之后面对的都是具有相同配置的城市。在城市发展的初期，城市管理团队需要对城市的未来长远的发展制定宏观的规划，如城市产业结构的总体布局，配套的城市基础设施的建设规划，以及学校、医院和市政机构的总体部署等。

　　城市管理团队实施的管理活动增加了新的城市基础设施，如公路、水厂和电厂等。城市通过竞争获得新的产业项目、实现新建公园和住宅区等。随着人口增加、城市范围不断扩展，城市规模由小到大不断发展。在城市发展的中期，城市管理团队需要对现有城市基础设施，包括交通网络、城市给排水网络和供电网络等进行容量升级，以满足由产业发展和人口增长带来的需要。在这一阶段，城市管理团队也需要重新审视目前的产业结构布局，根据发展的趋势进行调整和升级。

在城市发展的后期，城市管理团队应该积极发展知识和资本密集型产业，注意治理城市的环境污染，不断提高城市的环境质量，使经济发展和社会发展协调一致。由于不同城市管理团队对于城市的发展拥有不同的规划和愿景，经过一段时间的发展之后，城市之间也会产生比较大的差异（图 4-11 和图 4-12）。

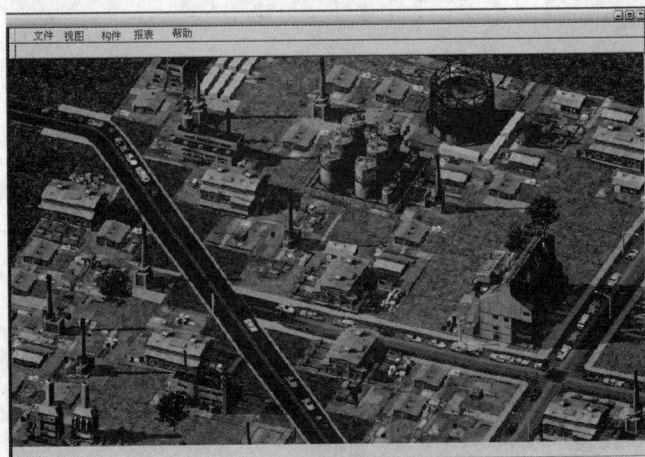

图 4-11 城市发展状态图（一）

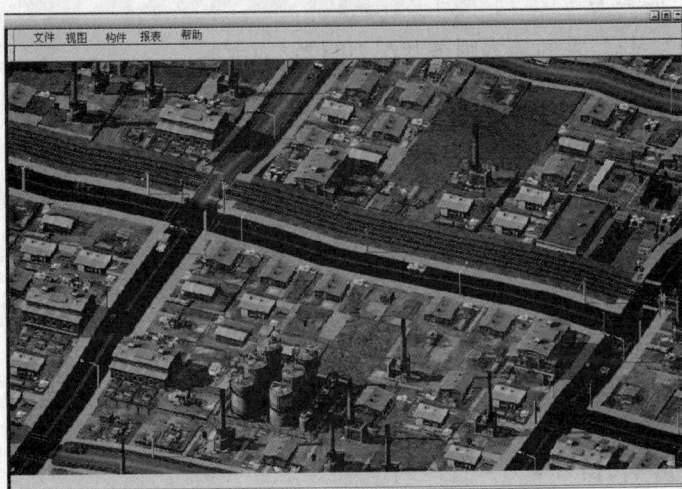

图 4-12 城市发展状态图（二）

三、两城市对弈实验

（一）对弈实验内容

本案例是对模拟沙盘的实际应用。假定有 A、B 两个城市分别由各自的城市管理团队来管理。两个城市的初始状态相同，基本情况可以参见上述竞争规则中的城市初始状态。两个管理团队进行一个 3 年期的竞争过程。

（1）第一年：裁判提供的投资项目包括汽车制造厂、钢铁厂、石油化工厂、服装厂、药厂各一个。

　　由于 A、B 两个城市都没有大学，因此缺乏高等教育水平工作人员，不具备竞争服装厂之外的其他项目的条件。竞争某一项目所必须具备的条件可以参见上述筹码说明表。两个城市竞争一个服装厂项目，由裁判通过抽签方式决定 A 城市获得服装厂项目。

①A、B 两个城市第一年年初的基本财务状况(单位：万元)：

现金：20 000。

固定资产：

　　社区医院：$300 \times 4 = 1\,200$；

　　小学：$100 \times 4 = 400$；

　　中学：$200 \times 1 = 200$；

　　政府办公机构：$300 \times 1 = 300$；

　　火电厂：$4\,000 \times 1 = 4\,000$；

　　水厂：$2\,000 \times 1 = 2\,000$；

　　固定资产合计：8 100。

②A 城市在第一年的主要活动：

　　获得一个服装厂项目；

　　建立四所中学；

　　建立一所大学。

③A 城市第一年年末的基本财务状况(单位：万元)：

现金：18 220。

固定资产(年折旧率：20%)：

　　社区医院：$300 \times 4 \times 0.8 = 960$；

　　小学：$100 \times 4 \times 0.8 = 320$；

　　中学：$200 \times (1+4) \times 0.8 = 800$；

　　大学：$400 \times 1 \times 0.8 = 320$；

　　政府办公机构：$300 \times 1 \times 0.8 = 240$；

　　火电厂：$4\,000 \times 1 \times 0.8 = 3\,200$；

　　水厂：$2\,000 \times 1 \times 0.8 = 1\,600$；

　　固定资产合计：7 440。

经营支出：1 100。

成本费用：180。

财政收入：200。

经营收入：700。

④B 城市在第一年的主要活动：

　　建立一座科技园区；

　　建立四所中学；

　　建立一所大学。

⑤B 城市第一年年末的基本财务状况(单位：万元)：

现金：14 170。

固定资产(年折旧率：20％)：

　　社区医院：300×4×0.8＝960；

　　小学：100×4×0.8＝320；

　　中学：200×(1＋4)×0.8＝800；

　　大学：400×1×0.8＝320；

　　政府办公机构：300×1×0.8＝240；

　　火电厂：4 000×1×0.8＝3 200；

　　水厂：2 000×1×0.8＝1 600；

　　科技园区：4 000×1×0.8＝3 200；

　　固定资产合计：10 640。

经营支出：1 140。

成本费用：230。

财政收入：100。

经营收入：700。

(2)第二年：裁判提供的投资项目包括汽车制造厂、钢铁厂、石油化工厂、物流公司、药厂、软件公司各一个。

①A城市在第二年的主要活动：

　　获得一个汽车制造厂项目；

　　获得一个钢铁厂项目；

　　建立一个科技园区。

②A城市第二年年末的基本财务状况(单位：万元)：

现金：14 740。

固定资产(年折旧率：20％)：

　　社区医院：960×0.8＝768；

　　小学：320×0.8＝256；

　　中学：800×0.8＝640；

　　大学：320×0.8＝256；

　　政府办公机构：240×0.8＝192；

　　火电厂：3 200×0.8＝2 560；

　　水厂：1 600×0.8＝1 280；

　　科技园区：4 000×1×0.8＝3 200；

　　固定资产合计：9 152。

经营支出：1 140。

成本费用：180。

财政收入：1 200。

经营收入：700。

③B城市在第二年的主要活动：

　　获得一个物流公司项目；

获得一个软件公司项目；

获得一个药厂项目。

④B 城市第二年年末的基本财务状况（单位：万元）：

现金：18 220。

固定资产（年折旧率：20%）：

社区医院：960×0.8＝768；

小学：320×0.8＝256；

中学：800×0.8＝640；

大学：320×0.8＝256；

政府办公机构：240×0.8＝192；

火电厂：3 200×0.8＝2 560；

水厂：1 600×0.8＝1 280；

科技园区：3 200×1×0.8＝2 560；

固定资产合计：8 512。

经营支出：1 140。

成本费用：180。

财政收入：1 400。

经营收入：800。

(3)第三年：裁判提供的投资项目包括汽车制造厂、钢铁厂、银行、物流公司、药厂、软件公司各一个。

①A 城市在第三年的主要活动：

获得一个银行项目；

获得一个药厂项目。

②A 城市第三年年末的基本财务状况（单位：万元）：

现金：16 410。

固定资产（年折旧率：20%）：

社区医院：768×0.8≈614；

小学：256×0.8≈205；

中学：640×0.8＝512；

大学：256×0.8≈205；

政府办公机构：192×0.8≈154；

火电厂：2 560×0.8＝2 048；

水厂：1 280×0.8＝1 024；

科技园区：3 200×0.8＝2 560；

固定资产合计：7 322；

经营支出：1 140；

成本费用：180；

财政收入：2 200；

经营收入：800。

③B 城市在第三年的主要活动：

获得一个软件公司项目；

获得一个物流公司项目。

④B 城市第三年年末的基本财务状况（单位：万元）：

现金：19 790。

固定资产（年折旧率：20%）：

社区医院：768×0.8≈614；

小学：256×0.8≈205；

中学：640×0.8＝512；

大学：256×0.8≈205；

政府办公机构：192×0.8≈154；

火电厂：2 560×0.8＝2 048；

水厂：1 280×0.8＝1 024；

科技园区：2 560×0.8＝2 048；

固定资产合计：6 810。

经营支出：1 140。

成本费用：180。

财政收入：2 200。

经营收入：800。

（二）两城市对弈分析

通过对上述竞争过程的具体分析，可以看到 A、B 两个城市的管理团队采取了不同的城市发展竞争策略。A 城市采取了梯次发展的策略，分成三步。第一步通过建立学校来提升城市居民的受教育水平，为将来的城市产业发展准备合格的人力资源。第二步发展相对劳动力密集型产业，表现为竞争得到的项目为汽车制造厂和钢铁厂。在第二步还创建了一个科技园区，为将来发展资本和知识密集型的服务型产业打下了基础。第三步发展服务型产业，提升总体的产业水平。A 城市采取的发展策略符合一般城市的发展特点，是一种循序渐进的发展方式，在城市发展速度和风险防范上比较均衡。B 城市采取了跨越式发展的策略，基本上分为两步。类似于 A 城市，第一步通过建立学校来提升城市居民的受教育水平，为将来的城市产业发展准备合格的人力资源。第二步发展相对资本密集型产业，表现为在第二年和第三年竞争得到的项目为物流公司、软件公司等。B 城市采取的发展策略符合某些新兴城市的发展特点，不经过第二产业的发展阶段，直接进入高附加值的新型服务业。这种发展模式对于城市的硬实力和软实力都有很高的要求。通过几年的运行，可以看到两个城市发展的差异，这种差异在一定的宏观环境下可能导致不同城市竞争力的差异。

现阶段中国城市之间的竞争，首先是基于城市政府对于本地整体定位和发展战略。在总体发展战略的框架下，城市政府通过实施有效的公共财政手段、政策等来强化城市为经济发展服务的基本平台的功能。其次，城市政府之间的竞争表现为对于稀缺的公共资源的争夺。城市政府通过差异化的竞争发展策略实现对于特定资源的竞争优势。通过上述案例可以发现，城市竞争模拟沙盘为城市政府的博弈过程提供了一个基本的模拟平台，对于研究城市政府的博弈基本特征有一定的参考价值。更重要的是，城市竞争模拟沙盘将模拟沙盘这种最初产生于军事对弈中的简单、形象的方法应用于较为复杂的宏观城市管理问题中，为复杂且不能量化的管理问题的解决提供了一种全新的实验视角，使管理实验方法的发展有了新的思路。当然，这种方法仍有其适用的范围，读者可以根据这种实验方法的适用条件选取现实中可以应用此类方法的管理问题，不断尝试、不断创新。

➤思考与练习

1. 什么是实验？什么是管理实验？
2. 管理实验研究可以分为几类？
3. 实地研究中观察者的角色可以分为几类？
4. 实地研究适合研究哪些管理问题？
5. 简述实地研究的过程。
6. 什么是仿真方法？它有什么优缺点？
7. 列举仿真方法在管理科学或管理信息系统领域的应用。
8. 仿真方法的一般研究步骤是怎样的，请设计一个在管理科学或管理信息系统领域的仿真研究方案。
9. 国内产生城市竞争这一现象的主要原因是什么？目前国内城市之间竞争的主要方式有哪些？
10. 政府竞争理论主要有哪些？你认为哪些理论对于中国的城市竞争现象解释力最强？
11. 为了简化城市竞争模拟沙盘，设计方案提出了五点基本假设。结合中国转型经济的大背景，你认为为使模拟沙盘更能够符合现实，需要对哪些假设进行调整？
12. 采用博弈论的思想和方法，针对城市管理团队之间某些竞争行为进行理论分析。
13. 围绕你感兴趣的某个城市竞争问题，请重新设计一套城市竞争的规则。
14. 通过使用城市竞争模拟沙盘你总结出哪些城市竞争的规律？
15. 与政府竞争理论相比较，城市竞争模拟沙盘的优势和劣势各是什么？

第五章 管理实验的经典案例

在管理实验产生和发展过程中，出现了大量经典案例，这些案例不仅解决了当时众多管理实践的问题，也为后人设计管理实验提供了难能可贵的启示，至今仍在管理实践中发挥着不可替代的作用。

本章精选了六个经典案例，并进行了简要分析，涉及的实验内容包括生产、人才、群体、领导、激励等方面。

内容提要

第一节　生产效率实验

第二节　人才选拔实验

第三节　群体实验

第四节　领导模式实验

第五节　激励方式实验

第六节　前沿信息技术对管理的影响实验

本章学习要求

> 通过本章学习，了解管理实验经典案例的产生背景，掌握管理实验经典案例的设计思想，熟悉管理实验经典案例的分析方法。

第一节　生产效率实验

为了提高生产效率，人们进行了一系列的管理实验，其中泰勒和霍桑的实验最为著名。本节主要介绍泰勒和霍桑的几个经典实验以及其他学者的著名实验，分别是泰勒的搬运铁块实验、铲掘实验和金属切割实验，霍桑的生产效率实验、Robert Hockey 的提高生产效率实验以及皮格马利翁效应实验。

一、搬运铁块实验

【实验背景】

1898 年，泰勒在伯利恒钢铁厂进行了搬运铁块实验。这个工厂的原材料是由一组工人搬运的，按照当时的标准工资工人每天挣 1.15 美元，每天搬运 12～13 吨重的铁块，对工人的奖励和惩罚的方法就是找工人谈话或者开除，有时也选拔一些较好的工人到车间里做等级工，可得到略高的工资。

【实验内容】

步骤一：通过观察泰勒在75名工人中挑出了4个人，对他们进行深入研究，在调查他们的背景习惯和抱负后，最后选择了一个叫施密特的人，这个人非常爱财并且很小气。

步骤二：泰勒要求这个人按照新要求工作，每天给他1.85美元的报酬。在实验中转换各种工作因素，从而观察研究它们对生产效率的影响。例如，有时工人弯腰搬运，有时又直腰搬运，后来他又观察了工人行走的速度、持握的位置和其他的变量。

步骤三：泰勒通过长时间的观察实验，并把劳动时间和休息时间很好地搭配起来，使工人每天的工作量提高到了47吨，同时并不会感到太疲劳。他也采用了计件工资制，工人每天搬运量达到47吨后，工资也升到1.85美元。这样施密特开始工作后，第一天很早就搬完了47吨，拿到了1.85美元的工资。于是其他工人也渐渐按照这种方法来搬运了，劳动生产率提高了很多。

【实验结论】

泰勒把这项实验的成功归结为四个核心点：①精心挑选工人；②让工人了解到这样做的好处，让他们接受新方法；③对他们进行训练和帮助，使他们获得足够的技能；④按科学的方法工作会节省体力。泰勒相信，即使是搬运铁块这样的工作也是一门科学，可以用科学的方法来管理。

在该实验中，泰勒提出的科学管理理论的要点如下：

(1)运用观测分析方法制定工作定额。泰勒首创了工时研究和操作方法研究。他选择最强壮、最熟练的工人，对每一个操作的动作、每一工序的时间消耗，用秒表进行观测、记录和分析研究，消除其中多余的和不合理的动作，把各种最经济、最高效的动作集中起来，制定出标准的操作方法和工时定额，并用这种标准的操作方法训练工人，要求工人执行工时定额。

(2)把工人使用的工具、设备、材料及作业环境标准化。泰勒认为，为了使工人完成较高的工时定额，不仅要使工人掌握标准的操作方法，还要适应标准操作方法的要求，把工人使用的工具、设备、材料及作业环境标准化。例如，泰勒在铲矿石和铲煤末的实验中，经过多次实验，确定了工人铲铁矿石和铲煤末所采用的能使工效最高的不同规格的铁锹。

(3)实行有差别的计件工资制。为了鼓励工人完成工时定额，泰勒提倡实行有差别的、有刺激性的计件工资制，对于完成工时定额的人，按较高的工资率计发工资；如果完不成工时定额，则按较低的工资率计发工资。

(4)把计划职能和执行职能分开，以科学方法代替原来的经验工作法。泰勒认识到，要改变原来那种经验工作法，必须把计划职能和执行职能分开。计划职能归企业管理当局，并由其设立专门的计划部门。他认为，工人的职责就是服从管理当局的命令，即从事执行职能，并根据执行的情况领取工资。

(5)对于管理组织问题，泰勒有两项主张：一是实行职能制，即要使每一个管理者只承担一两种管理职能，同时每一个管理者对工人都有监督权。后来的实践证明，这种多头领导的职能制是不恰当的，但是泰勒的这种职能管理思想，对职能部门的建立和促进管理人员专业化是有重要意义的。二是主张实行例外原则。所谓例外原则,就是企业领导者针对管理工作中经常发生的一些事,拟就处理意见,使之规范化,然后授权给下级管理人员处理,而自己主要去处理那些没有规范化的例外工作,并保留监督下属人员工作的权力。这种例外原则对实行要权制有重要的意义。

二、铲掘实验

【实验背景】

泰勒的铲掘实验是在贝瑟利思钢铁公司进行的。当时在该公司的工地上有600多个铲掘工,分散在长约两英里、宽约半英里的工地上从事铲掘工作。泰勒发现,铲掘管理过程中有不少缺点,具体表现有:管理当局没有依照科学程序承担管理责任;没有科学地制定和应用有效的工作定额;没有对各个作业流程进行全面的研究,不恰当地把工人安排去做那些与工人的能力或性格不相称的工作;管理措施的实施是以过去的经验或粗略的估计为依据的。在这种情况下,工头和工人之间有关产量的争斗时有发生,但工头通常只是稍加说服,随即便采取一系列高压强制手段,结果引起更多的怨恨、仇视和争斗。泰勒认为,要对工人进行有效的指挥,首先管理者自己要对工人的作业技术有更深入的了解。因此,铲掘实验的目标是有意识地探寻一种实际的、精确的、可靠的依据,从而科学地制定出每个铲掘日的劳动定额。

【实验内容】

步骤一:泰勒在600多个工人中选出2~3个头等铲掘工,条件是他们干活能让人信得过。

步骤二:对于某一特定的物料,准备一种与之相适用的特定类型的铁锹,不允许铲掘工任意挑选或使用他们自己的铁锹。

步骤三:在逐渐改变铲掘负荷量的条件下,仔细考察和计量铲掘量为多少时该铲掘工完成的一天作业量为最大。

步骤四:仔细计量和记录几个星期,结果发现,当一个头等铲掘工每锹铲物量大致为21磅时,他完成的日铲掘量可以达到最佳水平。即实验报告中写的:"每掀21磅比每锹24磅或18磅能铲掘出更多吨位的东西"。这里"每锹21磅"指的是一天的平均每锹负荷量,实际上,在铲掘操作过程中,不必要求铲掘工做到每锹负荷量都正好是21磅,而完全可能出现每锹有3~4磅幅度的变化。

如果把铲掘工作当做一门科学来研究,那么铲掘就不能仅仅满足于每锹最佳的平均负荷量的测定。为了让600多个工人都能按实验的要求从事铲掘,泰勒又进行了一系列与该实验配套的管理措施的变革尝试。其一,精心设计各种规格化的劳动工具,包括铁锹、铁凿、撬棍等。例如,铁锹的大小有8~10种类型,分别适用于铲特定的物料。铲矿石用小锹,铲灰土用大锹,无论所铲何种物料,每锹铲物量都大致达到21磅。其二,建立大型工具房,使每个工人都能拿到适用的工具。工人必须使用管理人员配定的工具,不允许随意使用他们自备的工具。其三,用秒表计时,观察并记录铲掘的程序先后和动作快慢等情况。对把锹插进物料堆的时间、铲物料堆外部边缘的时间、铲木质底或铁质底的时间以及把锹举到一定高度或水平距离进而抛送物料的时间等分别作出实验性精确测量，从而可以掌握高度和距离的变化对铲掘量产生的影响。

将观察到的铲掘规律作为每天指派任务的依据，同时根据此规律指导工人以最确切的方式去使用他们的力气。如果某个工人完不成任务，就派一位称职的铲掘工去指导他，使他懂得这任务该怎么干才能最出色。只要工人们能出色地完成任务，就能保证每天得到优厚的奖酬。

【实验结论】

铲掘实验的研究促进了劳动科学的发展。通过三年的努力，泰勒创造出的新的铲掘方法使劳动生产率明显提高。泰勒这项实验表明，"每一项简单的动作都隐含一种科学的成分"。其体现的新管理思想包括：①将实验手段引进到经营管理领域；②计划和执行分离；③标准化管理概念开始形成；④挖掘人和物的资源潜力是提高效率的有效途径。

三、金属切削实验

【实验背景】

工厂里的管理者到底应当管什么？泰勒以切削金属工艺为例进行了探讨，并针对管理职能提出了计划与执行分离原理。1898～1901 年，泰勒受雇于伯利恒钢铁公司，取得了一种高速工具钢的专利。1901 年后，他更以大部分时间从事咨询、写作和演讲等工作，来宣传他的一套管理理论——"科学管理"。从 1881 年开始，他进行了一项"金属切削实验"，由此研究出每个金属切削工人工作日的合理工作量。经过两年的初步实验之后，给工人制定了一套工作量标准。米德维尔钢铁厂的实验是工时研究的开端。

【实验内容】

从 1880 年下半年开始，泰勒在米德维尔钢铁厂进行了一系列实验，"以测定在切割钢铁时所使用的工具应以怎样的角度和形状为佳，同时还要测定切割钢铁的恰当速度"。在开始这些实验时，泰勒以为实验不会超过 6 个月。但结果大出他的预料，实验断断续续进行了 26 年，一直到伯利恒才最终完成。

步骤一：这一实验先用了一台直径 66 英寸的镗床，用统一质量的硬质钢，日复一日地进行切削，以从中学到怎样制作、成型和使用切割工具，使活计干得更快一些。

步骤二：由于初步的实验取得了显著的成效，后来，又陆续配备了 10 台实验机器，共记录了 3～5 万次实验，把 80 万磅以上重量的钢铁切成了碎屑，共耗费了 15～20 万美元的经费。

这一实验是为了回答两个问题，即为了能在最快的时间内完成工作，车床的转速应该多快才算合适？进刀量应该多深才算合适？而这两个问题是任何一个车工在干活时都会遇到的。这两个问题听起来十分简单，似乎任何一个车工都能回答。但 26 年的实验表明，在不同情况下，要正确地回答这两个问题，就必须解决一组复杂的数学难题，其中必须判断 12 个独立变量的影响（包括加工金属的硬度，工具钢的化学构成以及淬火情况，进刀深度，车刀刃口角度，是否使用冷却剂，切割的持续时间，车刀与工件的夹角，车床运转的震颤幅度，工件的直径等）。数学家对由这 12 个变量组成的问题难以直接解答，无法用方程式把它运算出来。唯一的办法就是"反复实验"，用逐步逼近的慢办法摸索。实验提供了大量数据后，数学家巴思很快就设计出一个专用的快速计算尺。使用这个计算尺，任何车工，不论他是否懂得数学，都能在半分钟内确定出切削金属的最佳方法。

切削金属的实验表明，把工作设计交给工人，实际上是一种不负责任的做法。按理说，每个车工都应该用最佳方法操作，但是，上面所说的这个实验，获得最佳方法竟然要用 26 年的实验，还要有相关专家的研究，这是车工自己所做不到的。任何工人，如果单凭经验，只能达到"会做"，但不能达到"最佳"。所以，对于工作的计划、安排，以及操作动作设计，是不能由工人自行进行的，必须由懂得管理和科学技术的专家进行。也就是说，计划职能不能由生产者承担，而必须由管理者承担，工人只负责执行。

【实验结论】

由于当时的工厂有很多是老板兼经理，所有者和经营者没有分离，导致的结果就是许多经营者不懂管理。既然要推广科学管理，就必须由懂行的专家来经营。因此，从车间到整个工厂，经营管理应当把老板以及依附于老板的车间主任、工头绕开，由计划部门来接管。具体的做法，就是在各个公司或工厂设置计划室，由这个专门机构来从事从工时研究到计划控制等一系列管理工作。要达到这样一种状况——老板离开工厂一年半载，厂子照常运转，甚至运转得更好。可以说，计划室是工厂管理的核心。泰勒设计的计划室，实际就是科学管理的组织建构。

推行科学管理的首要问题，也是科学管理运动中阻力最大的难题，就是管理人员的问题。没有高素质的管理人员，科学管理就根本无法进行。因此，泰勒和他同时代的管理学家，都不约而同地十分重视管理人员问题。他们在管理人员的职能任务、职责范围、素质培养、思维方式等方面都提出了自己的观点。从泰勒开始，管理人员作为一个社会上的特殊阶层（即西方所说的经理阶级）逐步形成。

没有恰当的组织结构，再好的管理人员也难以发挥作用。所以，泰勒对工厂组织提出了自己的改革设想，推行职能工长制。在实行科学管理以前，工厂里几乎都采取直线式组织方式，这种组织形式对于军队来说可能是恰当的，但对于工商企业，特别是大规模的工商企业来说，由于管理问题的复杂性，则很不适宜。泰勒认为，组织变革，必须首先弄清楚你要求组织做些什么。他把工商企业的组织任务归纳为四个方面：一是每天每个人都要有满负荷的、明确的工作任务；二是要有标准的工作条件；三是使完成任务者能够获得高报酬；四是要使失败者（不能完成任务者）受到损失。直线式组织的组织结构，不能有效完成上述四项任务。所以，应当对大型工厂的组织从结构上加以改造。

四、霍桑的生产效率实验

【实验背景】

1942 年，西方电子公司在伊利诺伊州的霍桑工厂做了一个实验，这个实验的目的在于找出是否存在除"疲劳"外的降低生产力的因素。

工人被分成两组：一组为控制组，所有工人都在环境不变的情况下持续工作，一组为实验组。实验本身是为了观察工作环境经过各种改变时工人的反应情形，并比较两组的生产力。

霍桑实验是通过改变照明亮度来观察生产力的变化情况，结果是，亮度增加，生产力增加，但亮度逐渐下降生产力仍然继续升高。更奇异的是，控制组的照明其实一点都没改变，但生产力仍会上升。甚至，实验人员延长工时或减少休息时间，生产力也会上升。许多工人都比实验前更满意自己的工作。

1927 年，梅约应邀去解释这些不合常理的实验结果，也被请求进一步做一些相关实验来验证，如休息时间自定，或实验组加薪、控制组不加薪的实验。很有趣的是，实验组与控制组的产能都提升了。

经过几年的研究，梅约与同事终于发现金钱激励并不影响产能，因为在实验中加薪或不加薪产能都提升了。进一步了解后才知道，这些工人被选出参与实验时，本身即感到是一种个人的光荣，这种心态又形成整个团队的荣誉感，而导致"情绪性的连锁反应"。换言之，这个实验结果并未如原先所预期，看来是近乎失败的实验。

但梅约与同事从霍桑实验中领悟到，团队归属感也能满足个人的心理需求。此外，赋予员工个人或团队对某项任务决策的责任，使得个人或该团队更愿意将该任务视为己任而全力以赴。同时，负责该任务的经理人对于整个事件的肯定与关怀，会使员工明白他们对组织有独特而重要的贡献。

霍桑实验对管理理论有相当大的贡献：它让工人了解自己不全然只是机械的延伸；它引发产业界与学术界做一系列的相关措施与研究；它替管理学开了一扇通往社会科学领域的门（称为霍桑效应，Hawthorne Effect）。

【实验内容】

实验一：照明实验。该实验的实验时间是从 1924 年 11 月至 1927 年 4 月。当时关于生产效率的理论占统治地位的是劳动医学的观点，其认为也许影响工人生产效率的是疲劳和单调感等，于是当时的实验假设便是"提高照明度有助于减少疲劳，使生产效率提高"。可是经过两年多实验发现，照明度的改变对生产效率并无影响。具体结果是：当实验组照明度增大时，实验组和控制组都增产；当实验组照明度减弱时，两组依然都增产，甚至实验组的照明度减至 0.06 烛光时，其产量亦无明显下降；直至照明减至如月光一般、实在看不清时，产量才急剧降下来。研究人员面对此结果感到茫然，失去了信心。从 1927 年起，以梅约教授为首的一批哈佛大学心理学工作者将实验工作接管下来，继续进行。

实验二：福利实验（继电器装配测试室研究）。该实验的实验时间是从 1927 年 4 月至 1929 年 6 月。实验目的总的来说是查明福利待遇的变换与生产效率的关系。但经过两年多的实验发现，不管福利待遇如何改变（包括工资支付办法的改变、优惠措施的增减、休息时间的增减等），都不影响产量的持续上升，甚至工人自己对生产效率提高的原因也说不清楚。后经进一步的分析发现，导致生产效率上升的主要原因有两点：一是参加实验的光荣感。实验开始时 6 名参加实验的女工曾被召进部长办公室谈话，她们认为这是莫大的荣誉。这说明被重视的自豪感对人的积极性有明显的促进作用。二是成员间良好的相互关系。

实验三：访谈实验。该实验是由研究者在工厂中进行的。此实验的最初想法是要工人就管理当局的规划和政策、工头的态度和工作条件等问题作出回答，但这种规定好的访谈计划在进行过程中却大出意料之外，得到了意想不到的效果。工人想就工作提纲以外的事情进行交谈，他们认为重要的事情并不是公司或调查者认为意义重大的那些事。访谈者了解到这一点，及时把访谈计划改为事先不规定内容，每次访谈的平均时间从30分钟延长到1~1.5个小时，多听少说，详细记录工人的不满和意见。访谈计划持续了两年多。工人的产量大幅提高。工人们长期以来对工厂的各项管理制度和方法存在许多不满，无处发泄，访谈计划的实行恰恰为他们提供了发泄机会。发泄过后心情舒畅，士气提高，使产量得到提高。

【实验结论】

(1)工人是社会人，不是经济人，即工人除了物质需求外，还有社会心理方面的需求，因此不能忽视社会和心理因素对工人积极性的影响，否定了当时科学管理学派认为的金钱是刺激工人积极性的唯一动力的说法。

(2)企业中存在非正式的组织。企业成员在共同工作的过程中，相互间必然产生共同的感情、态度和倾向，形成共同的行为准则和惯例，非正式组织独特的感情、态度和倾向左右着成员的行为。非正式组织不仅存在而且与正式组织相互依存，对生产率有重大影响。

(3)生产率主要取决于工人的工作态度及其和周围人的关系。梅约认为提高生产率的主要途径是提高工人的满足度，即工人对社会因素、人际关系的满足程度。如果满足度高，工作的积极性、主动性和协作精神就高，生产率就高。

五、Robert 提高公司员工效率实验

【实验背景】

临近工作项目的最后期限，高度的时间压力很容易使员工产生疲惫和工作倦怠，通常一些公司的做法是选择加班直至完成，但很多时候加班出来的成果往往不如平时的质量高。英国谢菲尔德大学的心理学教授Robert Hockey博士的实验证明：身体疲劳的员工会努力克服疲劳、好好完成重要的工作，但是在不太重要的工作上就不是这样了。其解决办法是：提高员工对工作重要性的认识，或者允许员工控制自己的工作流程，因为他们可以选择适合不同工作任务的情绪状态来完成它们。

Hockey博士在《实验心理学应用》杂志上发表的一篇研究报告，得出结论说：工程的最后期限马上就要来临时，高度的时间压力很容易使员工产生疲惫和工作倦怠，这时候，管理者可以通过"允许员工自己选择工作时间和顺序"的方法，有效降低他们的工作倦怠感，而且这样还可以减少工作中的失误，从而提高工作效率。

【实验内容】

步骤一：Hockey博士挑选了20名职业秘书和52名在校大学生参加这次实验，要求他们在两个小时之内完成大量模拟的办公室工作。

步骤二：他将这些参与者随机分为"高自我控制"和"低自我控制"两组，并给每组成员都派发了一份工作任务清单。其中，一些任务标明是"重要的"，如将一些客户地址整理为一份正式的电子数据表；另外一些任务则标为"一般的"，如帮经理核对前往伦敦的火车什么时候发车。

步骤三：那些编在"高自我控制"组的成员，可以自己选择按照什么样的顺序完成所有的工作任务，而且还能决定在每一件任务上花费多长时间。与之相反的是，每一个在"低自我控制"组的成员，则被要求必须按照一个既定的顺序和时间完成自己的任务。

两个小时的工作结束之后，那些可以自己控制工作时序的参与者较另一组成员，报告说体验到的疲惫感和工作倦怠感都更少。

而且，虽然在重要的工作任务上，两个小组的表现都很好，但在一般任务上，低自我控制组的成员出现了数量更多的失误。

【实验结论】

Hockey博士说，尽管一个人的时序安排，看起来只是一件很不起眼的小事，但是它的影响却常常出乎我们的意料。这大概是因为，"如果你可以控制自己的工作流程，你就可以选择适合不同工作任务的情绪状态和认知状态来完成它们。我们都知道，有些时间是写诗的好时候，而有些时间则是你处理数据的好机会。"

六、皮格马利翁效应

【实验背景】

皮格马利翁效应（期望效应）来源于一则古希腊的神话故事：远古时候，塞浦路斯国王皮格马利翁喜爱雕塑。一天，他成功塑造了一个美女的形象，爱不释手，每天以深情的眼光观赏不止。看着看着，美女竟活了。人们从皮格马利翁的故事中总结出了"皮格马利翁效应"：期望和赞美能产生奇迹。但是对这一效应做出经典证明并使它广泛运用的是美国心理学家罗森塔尔和他的助手们，因此"皮格马利翁效应"又称"罗森塔尔效应"。

【实验内容】

1960年，哈佛大学的罗森塔尔博士曾在加州一所学校做过一个著名的实验。新学期，校长对两位教师说，"根据过去三四年来的教学表现，你们是本校最好的教师。为了奖励你们，今年学校特地挑选了一些最聪明的学生给你们教。记住，这些学生的智商比同龄的孩子都要高。"校长再三叮咛：要像平常一样教他们，不要让孩子或家长知道他们是被特意挑选出来的。这两位教师非常高兴，更加努力教学了。结果是：一年之后，这两个班级的学生成绩是全校中最优秀的，甚至比其他班学生的分数值高出好几倍。

知道结果后，校长不好意思地告诉这两位教师真相：他们所教的这些学生智商并不比别的学生高。这两位教师哪里会料到事情是这样的，只得庆幸是自己教得好了。随后，校长又告诉他们另一个真相：他们两个也不是本校最好的教师，而是在教师中随机抽出来的。正是学校对教师的期待，教师对学生的期待，才使教师和学生都产生了一种努力改变自我、完善自我的前进动力。这种企盼将美好的愿望变成现实的心理，在心理学上称为"期待效应"。它表明：每一个人都有可能成功，但是能不能成功，取决于周围的人能不能像对待成功人士那样爱他、期待他、教育他。

【实验结论】

皮格马利翁效应留给我们这样一个启示：赞美、信任和期待具有一种能量，它能改变人的行为，当一个人获得另一个人的信任、赞美时，他便感觉获得了社会支持，从而增强了自我认同感，变得自信、自尊，获得一种积极向上的动力，并尽力达到对方的期待，以避免对方失望，从而维持这种社会支持的连续性。

皮格马利翁效应告诉我们，对一个人传递积极的期望，就会使他进步得更快，发展得更好。反之，向一个人传递消极的期望则会使人自暴自弃，放弃努力。

皮格马利翁效应在学校教育中表现得非常明显。受老师喜爱或关注的学生，一段时间内学习成绩或其他方面都有很大进步，而受老师漠视甚至是歧视的学生就有可能从此一蹶不振。一些优秀的老师也在不知不觉中运用该效应来帮助后进学生。在企业管理方面，一些精明的管理者也十分注重利用皮格马利翁效应来激发员工的斗志，从而创造出惊人的效益。在现代企业里，皮格马利翁效应不仅传达了管理者对员工的信任度和期望值，还更加适用于团队精神的培养。

通用电气的前任 CEO 杰克·韦尔奇就是皮格马利翁效应的实践者。他认为，团队管理的最佳途径并不是通过"肩膀上的杠杠"来实现的，而是致力于确保每个人都知道最紧要的东西是构想，并激励他们完成构想。韦尔奇在自传中用很多词汇描述那个理想的团队状态，如"无边界"理论、四 E 素质(energy，energize，edge，execute，即精力、激发活力、锐气、执行力)等，以此来暗示团队成员"如果你想，你就可以"。在这方面，韦尔奇还是一个通过递送手写便条表示感谢的高手，这虽然花不了多少时间，却几乎总是能立竿见影。因此，韦尔奇说："给人以自信是到目前为止我所能做的最重要的事情。"

有"经营之神"美誉的松下幸之助也是一个善用皮格马利翁效应的高手。他首创了电话管理术，经常给下属，包括新招的员工打电话。每次他也没有什么特别的事，只是问一下员工的近况如何。当下属回答说还算顺利时，松下会说：很好，希望你好好加油。这样使接到电话的下属每每感到总裁对自己的信任和看重，精神为之一振。许多人在皮格马利翁效应的作用下，勤奋工作，逐步成长为独当一面的高才，毕竟人有 70% 的潜能是沉睡的。

美国钢铁大王卡内基选拔的第一任总裁查尔斯·史考伯说："我认为，我那能够使员工鼓舞起来的能力，是我所拥有的最大资产。而使一个人发挥最大能力的方法，是赞赏和鼓励。再也没有比上司的批评更能抹杀一个人的雄心……我赞成鼓励别人工作。因此我急于称赞，而讨厌挑错。如果我喜欢什么的话，就是我诚于嘉许，宽于称道。我在世界各地见到许多大人物，还没有发现任何人——不论他多么伟大，地位多么崇高——不是在被赞许的情况下，比在被批评的情况下工作成绩更佳、更卖力气的。"史考伯的信条同卡内基如出一辙。正是因为两人都善于激励和赞赏自己的员工，才稳固地建立起了他们的钢铁王国。

第二节　人才选拔实验

人才对企业发展起着至关重要的作用，选拔优秀、适合企业发展的人才一直是管理者需要面对的重要问题，人才选拔对于管理至关重要。在人才选拔方面有许多经典的管理实验，这里主要介绍编故事作业法、无领导小组实验。

一、编故事作业法

【实验背景】

人才的选拔过程中，企业必须设法了解拟选人员各方面的能力，然而一些选拔方法往往会忽略某些方面，从而不能综合反应人才的素质，尤其是其内在需要。美国哈佛大学的麦克利兰教授设计了编故事作业法，这种方法能够使人才的内在需要得以充分的展示。

【实验内容】

就选拔人才而言，除了需要考察拟选人员的潜在能力外，还要设法了解他们内在的需要，特别是所谓"高层次的需要"。麦克利兰教授对此进行了专门的研究，他设计了一种"编故事"的实验测试法，也叫做"想象作业法"。这种实验在进行时，一般不让受试者了解实验目的。首先，由主试者向受试者提供一个"刺激情境"，如向受试者展示照片、图画之类的实物，其次，让受试者依据这种图片，充分想象，自由发挥，在规定的时间里编出设想中的"故事"。这种方法可以使受试者的思想、愿望和需求等特性不知不觉地"投射"在"故事"之中。

【实验结论】

麦克利兰注意到，人们的高层次需要可分为三种类型，分别是高成就需要的人，社交需要的人和权利需要的人。其中，高成就需要的人喜欢从成就中得到满足，把事业的成功和岗位的胜任看得比金钱更重要。他们希望有所作为，力求把工作做好，成为工作中的佼佼者；他们乐于进取，为自己设定一定难度但不是高不可攀的成就目标；他们较少休息，愿意长时间工作，对所从事的工作希望得到明确而又迅速的反馈；他们也敢冒一些风险，但并不是冒险家。高成就需要的人是企业和社会发展都十分需要的人才。

凭借"编故事"的方法，不仅能把有高成就需要的人与社交需要和权力需要的人区分开来，而且还能在如下两个方面发挥重要作用：①识别拟选人的成就需要程度的高低；②用来教育和培养高成就需要的人才。

二、无领导小组实验

【实验背景】

无领导小组讨论(leaderless group discussion，LGD)方法源于第一次世界大战期间德国的间谍选拔实验。在第二次世界大战期间，美国战略情报局采用无领导小组讨论选拔优秀的情报人员。此外，英国陆军部也采用无领导小组讨论评选军官。该方法在军队中的成功运用，使得其在第二次世界大战结束后被广泛地应用于企事业单位人才的选拔实践中。

【实验内容】

无领导小组讨论由一定数量的一组被评人(一般是5～9人)，就给定的问题进行一定时间长度(约1小时)的讨论，讨论中各个成员处于平等的地位，并不指定小组的领导者。评价者通过对被评人在讨论中的语言及非语言行为的观察，对被评人进行评价。其流程一般分三个阶段：第一阶段，被评人了解试题，独立思考，列出发言提纲，一般为5分钟左右；第二阶段，被评人轮流发言阐述自己的观点；第三阶段，被评人交叉辩论，继续阐明自己的观点，或对别人的观点提出不同的意见，并最终得出小组的一致意见。

【实验结论】

古往今来，人才的选拔工作一直都被管理者所重视，从孔子的"视其所以，观其所由，察其所安"、孟子的"权然后知轻重，度然后知短长"，到诸葛亮的"示其危，观其勇，示其利，观其志"，再到 19 世纪、20 世纪形成的近代企业人事管理制度和政府公务员制度，都体现出人才选拔工作理论与技术的发展过程。无领导小组讨论作为一种有效的测评工具，和其他测评工具比较起来，具有以下几个方面的优点：能测试出笔试和单一面试所不能检测出的能力或者素质；能观察到应试者之间的相互作用；能依据应试者的行为特征来对其进行更加全面、合理的评价；应用范围广，能应用于非技术领域、技术领域、管理领域和其他专业领域等。

第三节　群 体 实 验

在企业的一般经营活动中，活动的主体通常都是以群体的方式进行生产和劳动的，这些正式的或非正式的群体对企业的生产效率会产生影响，因此群体的作用非常重要。为了解群体及其作用，管理学研究者进行了相关的实验，其中著名的实验主要包括非正式群体实验和暗室光点实验等。

一、非正式群体实验

【实验背景】

非正式群体这个概念最初是由美国心理学家 E. 梅约提出的。从 20 世纪 20 年代起，梅约等经过长达 8 年的实验研究（即"霍桑实验"）发现，在企业中，除了正式组织外，实际上还存在着各种形式的非正式组织。正式组织只反映了组织成员之间的职能（或职务）关系，不能表现出他们之间的相互接触、相互作用的社会关系，而这种社会关系却时时都在影响着他们的行为，从而影响着企业的生产效率。他认为，所谓非正式组织是指企业成员之间由于共同的价值标准而自然形成的无固定形式的社会组织。在这里，人们之间具有基于共同的价值标准而产生的共同的情感和态度，并且正是这种情感和态度把他们组合到一起。非正式组织的领袖人物是自发产生的，但对其成员却往往比正式组织的领导人具有更大的影响力。他在实验中发现，工人们在生产中自发形成了一些共同遵守的准则，如干活不能过于积极，也不能过于偷懒。这些约定俗成的准则对非正式群体中的成员具有普遍约束力。如果有人违反了这些准则，就会遭到其他人的指责和讽刺，冷淡和疏远，甚至以武力报复。在非正式群体中，起支配作用的价值标准是感情逻辑，要求每个成员都必须遵守基于成员之间共同感情而产生的行为规范。

【实验内容】

梅约在主持霍桑实验的后期，曾进行了一项考察"非正式群体"的实验。该实验在电话交换机绕线组中实施。接受实验的有 14 名男工，包括 9 名绕线工，3 名焊接工，2 名检验员。整个实验保持过去的集体奖励工资制，按小组集体产量计算报酬。研究人员使用消极观察法，把实验对象隔离在一间观察室中，不向实验对象交换意见或鼓励士气，而是听其自然。

经过几个月的观察，研究人员发现，小组中大部分工人都故意限制自己的产量。实验组虽然具有超额完成所定指标的能力，但其实际产量却总是维持在低于规定产量的水平上，组内成员谁都不想突破生产记录。通过仔细分析，研究人员注意到，组内存在着一种相互默契的制约力，使得每个人的生产量既不领先，也不落后，总体上是不会超出规定指标的。如果一个工人某天的产量多于非正式标准，他就会把超过的产量隐藏起来，而只上报符合非正式指标的产量，之后他会降慢速度，并从隐藏处拿出上次多的产量交上去。每当小组自定的产量定额完成后，工人便会在规定下班时间之前就停止工作。谁要是不这样做，就会受到嘲笑、冷遇、打击、陷于孤立境地。

【实验结论】

深入的调查研究表明，这是工人内部形成的一个不成文的规则：谁也不能干得太多，突出自己；谁也不能干得太少，影响班组成绩；不准向当局告密，如有人违反这个规定，就要受到群体的惩罚。工人的目的是为了维护班组内的团结，维护群体中各个成员的利益，形成一种融洽的人际关系，为使群体内的各个成员心情愉快地投入工作，可以放弃物质利益的诱惑。这说明，良好的人际关系比物质利益对人更加重要。

如此看来，无论是正式的还是非正式的群体，都有其潜在的行为规范，正是它调节着所属成员的各种关系和行为，并在特定的群体中产生实在的影响。

二、暗室光点实验

【实验背景】

20 世纪 30 年代，研究者谢利夫为研究群体现象，进行了暗室光点实验。

【实验内容】

步骤一：在实验中，首先确定一组受试者，并让每个受试者在暗室中建立起自己对光点的反应模式。当一个受试者在暗室里单独坐下，他前面的一段距离处出现一个光点，几分钟后这个光点熄灭，然后要求受试者判断光点的移动距离。实际上，光点一直没有移动，但在暗室中看光点，每个人都会产生一种视线错觉，觉得光点在移动，只是有的认为是向左下方移动，有的认为是向右下方移动，有的认为是向上移动，等等。经过多次反复，建立起每个人特有的反应模式。

步骤二：受试组人员一起在暗室内观察出现的光点，相互之间可以讨论，交换看法。经反复观察和交流，全组成员对光点移动方向的判断逐渐趋于一致。于是，群体的规范取代了个人的反应模式。

步骤三：再让受试组成员重新分开，单独在暗室中对光点的移动作出判断。结果是，每个人并没有回到他原先建立的个人反应模式上去，也没有形成新的反应模式，而是一致保持群体形成的规范。

【实验结论】

该实验表明：①群体规范的形成显然受到了模仿、顺从等心理机制的影响，它以群体成员的情绪、态度和行为的统一为重要条件；②各成员之间相互作用，彼此接近，逐渐趋同的过程，即所谓"类代"的过程，正是群体中"无形调节器"的形成过程；③群体规范一旦形成，就会在无形之中约束所属成员的行为，这种约束甚至并没被人们觉察。

三、阿希实验

【实验背景】

阿希实验是研究从众现象的经典实验，它是由美国心理学家所罗门·阿希在1951年设计实施的。

【实验内容】

步骤一：阿希请大学生们自愿做他的被试，告诉他们这个实验的目的是研究人的视觉情况的。当某个来参加实验的大学生走进实验室的时候，他发现已经有5个人先坐在那里了，他只能坐在第6个位置上。事实上他不知道，其他5个人是阿希事先安排的假被试。

步骤二：阿希要大家做一个非常容易的判断——比较线段的长度。他拿出一张画有一条竖线的卡片，然后让大家比较这条线和另一张卡片上的3条线中的哪一条线等长。判断共进行了18次。事实上这些线条的长短差异很明显，正常人是很容易作出正确判断的。

然而，在两次正常判断之后，5个假被试故意异口同声地说出一个错误答案。于是许多真被试开始迷惑了，是坚定地相信自己的眼力呢，还是说出一个和其他人一样、但自己心里认为不正确的答案呢？

结果当然是不同的人有不同程度的从众倾向，但从总体结果看，平均有37%的人其判断是从众的，有75%的人至少做了一次从众的判断，而在正常的情况下，人们判断错的可能性还不到1%。当然，还有24%的人一直没有从众，他们始终按照自己的正确判断来回答。一般认为，女性的从众倾向要高于男性，但从实验结果来看，二者并没有显著的区别。

【实验结论】

阿希做了多次实验，所得结果非常相似。实验表明：①大约四分之一到三分之一的被试保持了独立性，没有发生过从众行为。②所有被试的平均从众行为百分比为35%。③大约有15%被试的从众行为的次数占其实际判断次数的75%。

实验后，阿希对从众的被试作了访谈，归纳从众的情况有三种：①被试确实把分阶段的反应作为参考框架，观察上就错了，发生了知觉歪曲。②被试意识到自己看到的与他人不同，但认为多数人总比自己正确些，发生了判断歪曲。③被试明知其他人都错了，却跟着作出了错误反应，发生了行为歪曲。

一般认为，发生从众的行为是因为个体在群体中受到信息上和规范上的压力。第一，信息压力：经验使人们认为，多数人的正确几率比较高，在模棱两可的情况下，由于缺少参照构架，就越发相信多数人，越从众。第二，规范压力：群体中的个人往往不愿意违背群体标准而被其他成员视为越轨者，害怕与众不同而成为"一匹离群之马"，遭受孤立，因此采取多数人的意见。

四、米尔格伦实验

【实验背景】

该实验开始于 1961 年 7 月，是当时纳粹分子阿道夫·艾希曼被抓回耶路撒冷审判，被判死刑后的一年。米尔格伦设计这个实验，便是为了测试"艾希曼以及其他千百万名参与了犹太人大屠杀的纳粹追随者，有没有可能只是单纯地服从了上级的命令呢？我们能称呼他们为大屠杀的凶手吗?"(Milgram，1974)

实验小组在报纸上刊登广告、寄出许多邮递广告信，招募参与者前来耶鲁大学协助实验。实验地点选在该大学的老旧校区中的一间地下室，地下室有两个以墙壁隔开的房间。广告上说明实验将进行约一小时，报酬是 4.50 美元，参与者年龄从 20 岁至 50 岁不等，包含各种教育背景，从小学毕业至博士学位。

【实验内容】

步骤一：参与者被告知这是一项关于"体罚对于学习行为的效用"的实验，并被告知自己将扮演"老师"的角色，以教导隔壁房间的另一位参与者——"学生"，然而学生事实上是由实验人员假冒的。参与者将被告知，他被随机挑选为担任"老师"，并获得一张"答案卷"。实验小组向他说明隔壁被挑选为"学生"的参与者也拿到了一张"题目卷"。但事实上两张纸都是"答案卷"，而所有真正的参与者都是"老师"。"老师"和"学生"分处不同房间，他们不能看到对方，但能隔着墙壁以声音互相沟通。有一位参与者甚至被事先告知隔壁参与者患有心脏疾病。

步骤二："老师"被给予一具据称从 45 伏特起跳的电击控制器，控制器连接至一台发电机，并被告知这具控制器能使隔壁的"学生"受到电击。"老师"所取得的答案卷上列出了一些搭配好的单词，而"老师"的任务便是教导隔壁的"学生"。老师会逐一朗读这些单词配对给学生听，朗读完毕后老师会开始考试，每个单词配对会念出四个单词选项让学生作答，学生会按下按钮以指出正确答案。如果学生答对了，老师会继续测验其他单词。如果学生答错了，老师会对学生施以电击，每逢作答错误，电击的伏特数也会随之提升。

参与者将相信，学生每次作答错误真的会遭到电击，但事实上并没有电击产生。在隔壁房间里，由实验人员所假冒的学生打开录音机，录音机会搭配发电机的动作而播放预先录制的尖叫声，随着电击伏特数提升也会有更为惊人的尖叫声。当伏特数提升到一定程度后，假冒的学生会开始敲打墙壁，而在敲打墙壁数次后则会开始抱怨他患有心脏疾病。接下来当伏特数继续提升一定程度后，学生将会突然保持沉默，停止作答，并停止尖叫和其他反应。

步骤三：将电压"学生"的反应设置为：75 伏特时，嘟囔；120 伏特时，痛叫；150 伏特时，说他想退出试验；200 伏特时大叫："血管里的血都冻住了。"300 伏特时，拒绝回答问题；超过 330 伏特沉默。

到这时许多参与者都表现出希望暂停实验以检查学生的状况。许多参与者在到达 135 伏特时暂停，并质疑这次实验的目的。一些人在获得了他们无须承担任何责任的保证后继续测验。一些人则在听到学生尖叫声时有点紧张地笑了出来。若是参与者表示想要停止实验，实验人员会依以下顺序这样子回复他：请继续；这个实验需要你继续进行，请继续；你继续进行是必要的；你没有选择，你必须继续。

步骤四：如果经过四次怂恿后，参与者仍然希望停止，那实验便会停止。否则，实验将继续进行，直到参与者施加的惩罚电压提升至最大的 450 伏特并持续三次后，实验才会停止。

【实验结论】

在米尔格伦的第一次实验中，65%（40 人中超过 27 人）的参与者都达到了最大的 450 伏特惩罚，尽管他们都表现出不太舒服；每个人都在伏特数到达某种程度时暂停并质疑这项实验，一些人甚至说他们想退回实验的报酬；没有参与者在到达 300 伏特之前坚持停止。后来米尔格伦以及许多全世界的心理学家又做了类似或有所差异的实验，但都得到了类似的结果。

米尔格伦指出，在合适的条件下，"组织化的社会环境"对人会产生相当深刻的影响。简单地说，就是在坏的制度下，好人同样会作恶。

第四节　领导模式实验

企业的领导者是企业各项管理活动的决策者，他们的个人特点和决策方式在一定程度上影响着企业的成长和生命力。因此，领导模式也受到了众多管理学研究者的关注，许多研究者对此做了相关实验，其中较为著名的有勒温实验和雷珀实验。

一、勒温实验

【实验背景】

勒温等试图通过实验确定哪种领导风格是最为有效的领导风格，并对三种领导模式，即专权型、民主型和放任型分别进行了实验。他们分别将不同的成年人训练成具有不同领导风格的领导者，然后让这些人充当青少年课外兴趣活动小组的领导，主管不同的青少年群体，并观察结果。

【实验内容】

步骤一：参与实验者为年龄在 10～12 岁的男孩，将他们分为三个组，让三个经过专门训练的、代表三种典型领导风格的成年人各担任其中一个组的领导，组织男孩们从事制作假面具的劳动。

步骤二：代表专权型领导的成年人，在其组内实行个人独裁领导，把权力全部抓在自己手中。他对男孩们一切的制作活动都亲自发号施令，规定作业技术要求，指定分工和人员搭配，进行批评和表扬，整个领导过程中跟组内成员保持一定的距离，并没有感情交流。

步骤三：放任型的领导者采取的是无政府主义的领导方式，对工作和群体成员的需要都不重视，无规章、无要求、无评估，工作效率低，人际关系淡薄。

步骤四：实施民主型领导的成年人，则把权力交给群体，他组织组内成员一起讨论制作假面具的计划和目标，鼓励男孩们积极表达自己的意见，让他们自己选择制作任务和工作伙伴，并处处关心他们，尊重他们，不以领导者自居，尽力把自己当作组内平等的一员。

【实验结论】

放任型领导小组只达到社交目标，而没有达到工作目标，产品数量少，质量差。专权型领导小组虽然管理严格，达到了工作目标，但社交目标没达到，成员大多以"我"为中心，表面上对领导服从，但实际上组内的对抗情绪和消极态度在不断增强，面对实验中故意引入的"挫折"，成员往往彼此推卸责任，互相指责，甚至出现人身攻击。民主型领导小组的工作效率最高，其既达到了工作目标，也达到了社交目标，成员中"我"一字的使用频率低，重视"我们"的情感。面对故意引入的实验性挫折，成员间能够团结一致，试图共同解决问题，领导者不在场时，仍能主动地继续工作。民主型群体成员对群体活动的满足感较高，并显示出较高水平的创造性。

二、雷珀实验

【实验背景】

雷珀等试图通过实验确定哪种激励方式最为有效，他们挑选了一些热爱绘画的群体作为实验对象，并通过不同的激励方式以及实验对象的表现来确定哪种激励方式更为有效。

【实验内容】

步骤一：雷珀挑选出一些喜欢绘画的人，把他们分成两个实验组。他对第一组的人许诺说："如果你们画得好，就给你们奖品"；对第二组的人说："我很想看看你们的画，我喜欢你们画画。"

步骤二：两个组的实验对象都画了起来。结果，第一组得到了奖品，第二组得到了具体的点评。

步骤三：连续进行此实验三个星期后，通过观察两组实验对象的表现，雷珀发现，第一组的绘画兴趣明显降低，大多不愿意再画；而第二组则和以前一样喜欢绘画。

【实验结论】

这个实验告诉我们，在调动人的内在动机、自觉性和持久兴趣方面，奖励的功能是有限的。奖励固然能够强化某种良好行为，但是奖励有可能掩盖了关注点，即做某件事有可能只是对奖励感兴趣，而对事情本身的兴趣并没有培养出来。

第五节　激励方式实验

员工的积极性对于组织的效益至关重要，管理者必须寻找最为有效的激励方式，以调动员工的积极性。要调动员工的积极性，最重要的是使员工发现自己所从事工作的乐趣和价值，能从工作完成中享受到一种满足感。本节内容包括德西报酬激励实验和斯金纳鸽子实验。

一、德西报酬激励实验

【实验背景】

1971 年，美国心理学家爱德华·德西为了确定报酬的激励作用，进行了一项有趣的实验。他选取了一些大学生在实验室里解答一组难以回答但很有趣的智力题，并以报酬为变量，观察两组的表现，以确定报酬的激励作用。

【实验内容】

步骤一：德西给每个实验参加者一些智力题，并让每个实验参加者自己解题，不给任何奖励。

步骤二：德西把实验参加者随机分成实验组和控制组，两组同时在不同教室进行答题活动。实验组的学生每做完一道题便可得到 1 美元的报酬，而控制组的学生做完后无任何奖励。

步骤三：在步骤二后，德西让所有学生原地休息一会儿，在自由休息时间，实验参加者想做什么就做什么。

步骤四：德西在这段休息时间观察实验参加者在没有物质刺激时还能不能维持对解题的兴趣。结果发现，与奖励组相比，无奖励组在休息时仍继续解题，而奖励组虽然在有回报时解题十分努力，但在不能获得报酬的休息时间明显失去了对解题的兴趣。

【实验结论】

通过上面的实验我们可以看出，当一个人对某项活动充满兴趣时，给他提供外部的物质奖励反而会减少这项活动的吸引力，这就是著名的德西效应。就像德西所认为的那样，在某些情况下，当外加报酬和内感报酬兼得的时候，不但不会使工作的动机力量倍增，积极性更高，反而会使其效果降低，变成二者之差，外加报酬（主要是奖励）反而会抵消内感报酬的作用。当进行一项愉快的活动（即内感报酬）时，如果提供外部的物质奖励（外加报酬），反而会减少这项活动对参与者的吸引力。换句话说，在某些情况下，外在报酬和内在报酬的兼得不但不会增强工作动机，反而会降低工作动机。此时，动机强度会变成两者之差。德西效应给我们的管理启示是：适度的奖赏有利于巩固个体的内在动机，但过多的奖赏却有可能降低人们对事物本身的兴趣，降低其内在动机。

二、斯金纳鸽子实验

【实验背景】

斯金纳通过研究发现，鸽子和老鼠等动物具有操作性条件反射行为，他在此基础上提出了强化理论。该理论可以这样理解：人与动物一样，都是有目的地展开行动。当某种行为的后果对个人有激励作用时，这种行为就会重复出现；当奖励或惩罚作为一种目的强化物时，强化的时间规律性决定强化效果。在管理活动中，斯金纳的强化理论对我们的启示在于：管理者必须依照员工的内在心理需求设立奖惩强化物并设置强化规律，否则员工的积极态度就不可能出现，或者会被削弱。

【实验内容】

步骤一：斯金纳以 8 只鸽子作为实验对象。在实验的前几天里，斯金纳只喂这些鸽子很少的食物，以便在实验时让鸽子们处于饥饿状态。这样做的目的是增强其寻找食物的动机，让实验效果更明显。

步骤二：斯金纳将饥饿的鸽子们放入专门设计的"斯金纳箱"中。这个箱子里装有食物分发器，而且食物分发器被设定为每隔 15 秒便自动放出食物，也就是说，不管鸽子做了什么，每隔 15 秒它都将获得一份食物，这是一种对它之前行为的强化。

步骤三：他让每只鸽子每天都在实验箱里待几分钟，对其行为不做任何限制，只是观测鸽子的行为表现，尤其是两次食物放出期间的行为表现。

步骤四：经过一段时间的观察之后，他发现鸽子在食物发出之前的时间里，出现了一些古怪的舞蹈行为：有的鸽子在箱子中逆时针转圈，有的鸽子反复地将头撞向箱子上方的一个角落，还有的鸽子头和身体呈现出一种钟摆似的动作，它们头部前伸，并且从右到左大幅度地摇摆。

步骤五：斯金纳认为，鸽子们的舞蹈行为是由于其舞蹈之后食物的出现而被鸽子保持下来。也就是说，鸽子们认为是它们之前这些古怪的舞蹈行为让它们获得了奖赏——食物。因此，为了再次获得食物，它们更加卖力地表演。为了验证这种假设，斯金纳停止了向箱子里投递食物，起初鸽子们仍旧卖力地表演，但慢慢地，鸽子们发现，任凭它们怎样卖力地表演，也没有任何食物出现了。于是，鸽子们相继停止了表演。

【实验结论】

由此，斯金纳提出了强化理论：他认为人或动物为了达到某种目的，会作出一定的行为。当这种行为的后果对其有激励作用时，这种行为就会在以后重复出现；相反，如果这种行为的后果是为其带来一些损失或是不利，这种行为就可能减弱或消失。在这一点上，人与鸽子是大同小异的，任何一个人，都需要一定的激励来维持自己行为的再现。所以，一个管理者在抱怨自己的员工效率低之前，有必要先了解一些缔造员工高效率的强化物。

第六节　前沿信息技术对管理的影响实验

第三次科技革命是以计算机、原子能、空间技术、生物工程技术等发明和应用为代表的革命，主要涉及信息技术、新能源技术、新材料技术、生物医学技术等多个领域。以计算机发明为主导的信息技术极大地提高了各项管理活动的效率。从大型计算机成功研发，到微型计算机广泛应用，再到互联网面世，信息技术的发展给人类生产生活带来无穷的便利，实时改变着人类各项管理活动的方式，极大提高了生产生活的效率。信息技术领域属于人类科技创新的前沿应用领域，各项创新技术层出不穷，进入 21 世纪以来，以物联网和云计算为代表的未来信息技术逐渐渗透到我们管理及生活的诸多方面。为研究物联网和云计算等技术给管理活动带来的影响，本节设计了以下两个关于前沿信息技术的管理实验来分析新技术背景下企业管理活动受到的影响。

一、物联网技术对管理的影响实验

【实验背景】

物联网是继互联网之后又一代新的网络，越来越多的物联网应用逐渐进入各项管理活动，企业如果想在物联网革命大潮中立于不败之地，必须抓住先机采用新技术进一步提高管理活动的效率。

新技术应用无疑会给企业生产管理活动带来巨大冲击，从第一线生产方式，到企业高层管理及决策方式均会发生巨大的变化。然而新技术应用并非一个骤变的过程，需要同企业现有工作方式达成磨合才能发挥其最大效用，否则可能起到相反作用。物联网作为一种可以将物和人、物和物连接的技术，可以在管理的领导、控制、沟通等领域发挥极大作用，同时也可能对员工隐私权造成一定侵犯，从而受到员工的抵触。为研究如何有效地在管理实践当中应用物联网技术提高管理效果，本节以某自动化产品制造企业为实验对象做了一系列实验。该企业有多个车间生产自动化产品，同时有一支销售团队，该团队销售人员工作经验参差不齐。实验分别在车间工人和销售人员当中展开。

【实验内容】

实验一：办公场所安置摄像头实验。

步骤一：将此实验分为两个部分。第一部分为在车间内安置摄像头，实时监控车间员工工作行为，第二部分为在办公室内安置摄像头。在实验之前告知员工已经被监视。

步骤二：实验时间为半年，半年之后对两组实验结果进行分析，发现车间工人的工作效率有较大提高，单位时间内产出有明显增加。

步骤三：对员工进行访谈。访谈结果显示，车间工人未对车间内安置摄像头有过分负面评价。相比而言，办公室工作人员的工作表现参差不齐，有些较以前有所好转，但大部分人的表现未见明显改善。经常有员工在非办公场合聚集聊天表达抱怨情绪，部分员工的工作效率较之前有所下降。

实验二：GPS 全球定位手机实验。

步骤一：为员工配置内嵌 GPS 的手机，并告知所有销售人员在工作时间必须使用此手机，公司有权利对其工作地点实时定位。销售人员当中，百分之三十具有两年以内工作经验，百分之七十具有两年以上工作经验，所有销售人员均未参加过此类实验。

步骤二：通过半年实验，对销售人员的月销售额进行分析，发现销售总额较以前有较大提升。其中占总人数百分之三十的年轻销售团队销售额幅度提升最大，有经验销售人员的销售额并未见明显增加，另外，部分员工有抱怨行为。

实验三：以价格不菲的视网膜识别考勤门禁系统取代原有门卡考勤系统作为考勤手段。此实验的目的是改善该公司缺勤率较高的现状。实验时间为半年，半年之后对出勤记录进行分析，发现公司员工的出勤率得到明显提高。

为调查以上三次实验的员工反馈，我们设计了不记名问卷。问卷分为三个部分，第一部分办公场合安置摄像头，由所有员工完成；第二部分针对手机 GPS 定位，由销售人员完成；第三部分对新系统进行评价，由所有员工完成。分析结果发现，车间员工对办公场合安置摄像头提出积极评价，同时并未提出此手段干涉了个人隐私问题；办公室工作人员则对办公场合安置摄像头提出负面评价，认为安置摄像头使其在办公场所的行为受到一定程度的约束，不利于团队人员之间沟通，从而导致效率降低，并一定程度上侵犯了个人隐私。新入职的销售人员对于手机 GPS 定位提出更多负面评价，认为手机实时定位约束了其行为，但对提高工作效率方面表示认可；有一定工作经验的销售人员认为此做法未对其构成较大影响。对于视网膜识别考勤门禁系统的设置，较多员工认为此方法对提高出勤率起了正面作用，少部分人认为相比高成本而言，此方法不值得采用。

【实验结论】

通过采用物联网应用技术的一系列实验及最后的调查问卷分析，我们得出了以下结论：

第一，团队工作成员之间需要互动和沟通。对于机械式工作和行为可以采用较为严格的监控措施，此类场合下应减少非正式沟通的频率；但对于具有创造性办公性质的工作场合则需要具有宽松和更为人性化的环境，过于严格的办公环境会约束员工的创造性。因此可以得出结论：一定程度的非正式沟通对于增进团队成员的满意度有正面影响。

第二，针对不同成熟度的员工应采取不同的领导和控制方式。对于经验较少、自制能力较差的新入职员工，应采用较为严格的管理控制方法，但对于有一定工作经验，且工作行为较为自觉的员工，则应采取较为宽松和自由的控制方式。

第三，物联网技术为管理的控制工作提供了更为高效的手段，但如果应用过程当中侵犯员工隐私，则会起到相反作用。

二、云计算应用对管理的影响实验

【实验背景】

云计算是一种新的网络应用模式，它旨在将计算机资源通过 SaaS、PaaS、IaaS 等多种方式将公共或私有的资源以按需获取的方式提供给最终客户，其具有低成本、高可靠性、高通用性、高扩展性等诸多优点。云计算是当前互联网的一个巨大革新，它不仅带来了信息技术的创新变革，同时也带来了商业模式的变革，给企业的运作提供了新的机遇和挑战。为应对云计算带来的诸多机遇和挑战，企业须及时调整信息化战略，紧跟技术前沿，挖掘新的利润增长点，增强企业持久的竞争优势。

管理活动中的沟通效果直接影响到管理活动的整体效果，及时良好的沟通不仅可以促进组织成员间的协调度，同时可以有效缩短管理距离。传统沟通工具主要是依靠纸质文件、口头传递等方式，信息技术发展使沟通方式有了较大改观，当前企业主要以电子邮件、即时消息传递等方式作为沟通的主要手段。电子沟通手段虽然提高了管理效率，保证了消息传递的准确性，但同时也面临着沟通过程中的信息失真问题。云计算的应用进一步丰富了沟通的方式，从文字、图片到音频、视频，各种传递工具均成为了沟通途径。为了解云计算背景下新沟通软件的应用对管理效果的影响，实验企业使用微软最新发布的基于云架构的软件 Lync，通过对四个实验小组实施不同功能来判断软件的最终效果。实验对象为某咨询公司，四个实验小组成员的知识背景基本类似，平均年龄均在35 岁左右，实验过程当中四个小组均参与咨询项目。

【实验内容】

步骤一：小组分配及任务安排。为了便于比对，我们将 4 个实验小组分配到具有不同项目特性的办公环境当中，项目的权变因素主要分为办公地点、项目模块耦合度、客户参与程度 3 个方面。办公地点表明项目的物理分散程度；项目模块耦合度表明此项目所需的团队内部沟通程度；客户参与程度表明项目所需团队内、外部沟通的紧密程度。4 个小组所参与的项目情况见表 5-1。

表 5-1　项目特征表

项目权变因素	小组一	小组二	小组三	小组四
办公地点	集中	集中	分散	分散
项目模块耦合度	低	高	低	高
客户参与程度	低	高	低	高

由表 5-1 可以看出以下情况。

实验小组一：项目实施地点比较固定，项目模块耦合度比较低，主要工作由本团队完成，客户不需要投入太多精力来配合。

实验小组二：项目实施地点同小组一类似，不需要团队跨地域协调，但相比小组一，此项目各个模块之间需要团体成员相互沟通协调，并需要客户提供较多的信息，对客户参与程度要求较高。

实验小组三：实验小组三的成员比较分散，他们被安排在公司的不同办公场所，以获取不同场所的客户需求，但项目模块之间的联系并不是很大，团队成员可以相对独立地工作，此项目对客户的参与程度要求不高，只需要客户提供一些可供分析的数据和案例材料。

实验小组四：实验小组四参与的项目也属于跨地域团队合作的情形，此项目相比项目三而言需要更高的客户参与程度，同时项目各个部分之间联系紧密，需要团队内部及时准确地沟通。

步骤二：软件功能实施。针对四个实验小组所开放的软件功能配置见表 5-2。

表 5-2　各小组软件功能配置表

Lync 功能		小组一	小组二	小组三	小组四
传统功能	邮件功能	●	●	●	●
云计算功能	桌面共享功能	○	●	●	●
	企业语音	○	●	●	●
	视频功能	○	○	●	●
客户参与	群讨论组	○	○	○	●
	客户协同	○	○	○	●

注：○表示未安装此功能，●表示已经安置此功能

步骤三：项目完成情况考核。经过 4 个实验小组一段时间的工作，我们对项目执行情况进行了最终考核，考核指标及考核结果见表 5-3。

表 5-3　实验小组绩效考核表

指标	小组一	小组二	小组三	小组四
完成时间	延迟	按计划完成	提前完成	提前完成
客户满意度	不满	一般	较满意	很高
项目成本	较高	一般	一般	较高

注：完成时间：延迟、按计划完成、提前完成；客户满意度：十分不满、不满、一般、较满意、十分满意；项目成本：十分高、较高、一般、较低、十分低

通过对以上实验过程的分析，我们得到了以下关于项目权变因素、技术采用情况和最终项目执行情况之间的示意图，如图 5-1 所示。

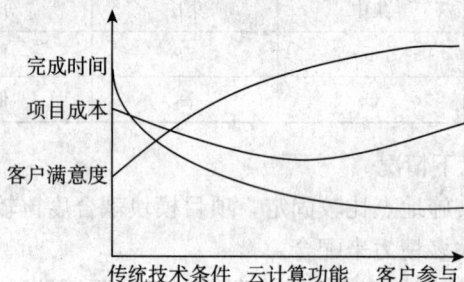

图 5-1　项目权变因素、技术采用情况和最终项目执行情况示意图

通过对实验企业的 4 个不同的实验小组进行为期几个月的项目考核，我们得到了如下实验结果：

第一，传统的邮件交流方式相对比较滞后，在新技术背景下采用先进技术可以提高团队沟通的效率和准确性，但同时新技术的实施应考虑收益和成本的协调，即先进技术的大量应用可能会因高成本而得不到显著成果。

第二，任何企业都处于价值链当中，最终目的是满足客户需求，因此增加与客户沟通的频率能更高效地满足客户需求，从而提高客户满意度，但这同时也会带来成本上升的问题。

第三，一个良好的团队需要沟通和交流，文字传递信息的能力远不及音频和视频，因此增加团队之间以及团队和客户之间的非文字接触可以缩短行为距离。

> **思考与练习**

1. 列举几个自然科学实验和管理实验。

2. 管理实验和自然科学实验的关系是什么？区别是什么？

3. 搬运铁块实验的目的是什么？研究的是什么管理问题？

4. 泰勒进行的关于生产效率的实验对管理理论的作用和贡献是什么？

5. 编故事作业法实验是如何进行的？请查找资料说明该实验在现代人才选拔中的应用情况。

7. 关于群体的实验说明了什么？对你有什么启发？

8. "群体决策一定优于个体决策"，这句话是否正确？说明理由。

第六章　管理实验设计练习

本章综合以上各章节的基础知识，精选了部分管理实验设计练习，供读者参考。

💡 **内容提要**

💡 **本章学习要求**

> 通过本章学习，了解管理实验的基本知识，掌握管理实验的基本步骤，熟悉管理实验的基本技能与技巧。

💡 **基础知识**

管理实验基本步骤：管理实验形式上和一般的物理、化学等自然科学实验相似，包括实验需求、实验设计、实验准备、实验实施、实验分析和实验验证等步骤。但由于其自身的特点，管理实验又与自然科学实验存在差异。管理实验的基本步骤如图 6-1 所示。

（1）实验需求。实验需求是管理实验基本步骤中十分重要的一步。实验需求不同决定了管理实验所采用的方法不同。例如，泰勒的"铲掘"实验需求是为了寻找最佳大小的铁锹和最佳的铲运煤重量，其通过劳动工具的改善来提高工人的劳动效率，采用了人群实验的方法。与此相比，梅约的"霍桑实验"需求是为了通过改善劳动环境来提高工人的劳动效率，其采用的是访谈实验方法。

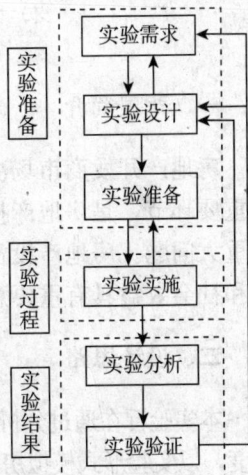

图 6-1　管理实验的基本步骤

（2）实验设计。实验设计是根据实验需求，详细设计管理实验，具体包含以下几个步骤，即确定实验方法、选择实验参与者、营造实验环境、制定实验规则、确定实验结果分析方法等，其中，选择实验参与者是实验设计的重要基础，确定实验方法是实验设计的核心，营造实验环境与制定实验规则是实验顺利进行的保障，确定实验结果分析方法是实验设计有效性的评价标准。

（3）实验准备。实验准备是根据详细的实验设计方案，搜集有关实验方法、实验规则和实验结果分析方法的文献资料，给实验参与者介绍实验基本步骤，解答实验参与者的疑问等。

（4）实验实施。实验实施是对实验设计方案的执行。实验实施过程一般包括以下内容：建立实验日志，控制实验，实施实验步骤，记录实验数据，实验参与者之间交流意见等。其中，实验控制包括对实验环境的控制、实验设计者的自我控制和对实验参与者的控制。当实验参与者的行为偏离实验需求时，实验设计者应该及时予以纠正，以使实验结果满足实验需求。

（5）实验分析。实验实施结束后，实验实施者获得实验数据，并不表明实验已经结束，接下来还有一个重要的工作，就是要进行实验数据的分析、整理和优化，以提高实验数据的信度。在这个环节，要确认和解决以下问题：①数据是否全面、准确、可靠，误差情况如何；②数据是否有错误，能否辨别出正确但不正常的数据；③如何对不完全数据和不确定性数据进行预处理；④数据的样本是否有代表性，数据是否有统计意义；⑤数据是否能支持或验证预定的理论假设，数据中能否筛选或发掘出一些有规律性的东西。

实验分析过程是利用计算机后台数据库进行数据搜集与存储，并使用预先确定的实验结果分析方法（如统计学方法、数据挖掘方法等）对记录下的实验数据进行分析。

（6）实验验证。实验验证是在实验分析的基础上，对照实验需求进行验证，并对实验实施中的偏差进行分析，并对不足之处提出改进措施，最终得出结论。

第一节 房地产开发商市场决策实验

一、背景简介

房地产开发商市场决策是房地产开发公司在房地产投资项目经营开发前要解决的一个重要环节，是房地产投资项目的根本性问题，其包括判断和决定建设地点、投资方案等重大问题。房地产投资决策直接关系房地产开发项目的成败，对房地产投资的经济效益和社会效益具有重要意义。

二、设计思路

本实验旨在通过分析宏观经济因素和国家相关调控政策对房地产行业的影响方式与影响程度，以实验形式模拟房地产开发商决策过程，以便其做出有利于自身发展的决策方案。

在进行实验设计之前，需要对宏观经济因素、国家相关调控政策、房地产行业状况、实验分析工具等知识有所了解：

(1)了解我国房地产行业的发展现状和特点。

(2)了解我国政府对房地产行业的有关调控政策及影响房地产行业的宏观经济因素。

(3)理解和掌握层次分析法(analytic hierarchy process，AHP)的原理和使用方法。

(4)熟练掌握 Super Decision 软件的使用方法，能够用它来建立层次模型和求解最终结果。

三、实验内容

【实验目的】

(1)理解影响房地产行业发展的宏观经济因素和国家相关调控政策。

(2)能够识别出上述因素和政策对房地产行业的影响程度。

(3)了解房地产商所能做出的有利于自身的决策方案。

(4)参照影响因素的影响程度，能够模拟房地产开发商做出决策。

【实验原理】

(1)AHP 方法。

(2)定性分析与定量分析相结合的决策方法。

(3)影响决策结果的因素模型。

(4)AHP 层次分析模型。

【实验范围】

(1)实验实施者的范围：具有一定的管理学知识和经济学知识，对房地产行业有所了解，并且能够掌握和运用前述基础知识的本科高年级学生及研究生。

(2)实验对象的范围：房地产行业及相关行业的管理人员。

【实验方案设计】

(1)归纳和筛选影响房地产行业发展的宏观经济因素和国家相关调控政策。

(2)选择出房地产商所能做出的有利于自身的决策方案，建立层次分析模型。

(3)对影响因素两两比较，获得各个因素相对重要性。

(4)运用 AHP 方法软件 Super Decision 完成实验。

【实验步骤】

步骤一：分析和筛选当前宏观经济形势下对开发商做出决策有明显影响的因素，这些因素可以分为 4 个大类：①国家对房地产行业的调控政策和区域规划；②供给；③需求；④开发商和消费者各自对未来市场整体的预期。筛选的依据通过近年来房地产业实际运行的情况得以验证。具体的入选因素如下：①国家的区域战略规划；②国家的货币政策；③消费者购房贷款首付款的比例；④政府土地供给；⑤市场需求；⑥开发商对未来市场整体的预期；⑦消费者对未来市场整体的预期。

步骤二：结合目前我国房地产市场的实际运行情况，筛选出房地产商最典型的市场响应行为，具体如下：①加大投资，购置土地；②捂盘惜售，等待高位；③按市场价格正常销售；④囤积土地，延期开发 ；⑤降价销售。

步骤三：根据 AHP 方法的原理，建立层次分析模型，如图 6-2 所示。

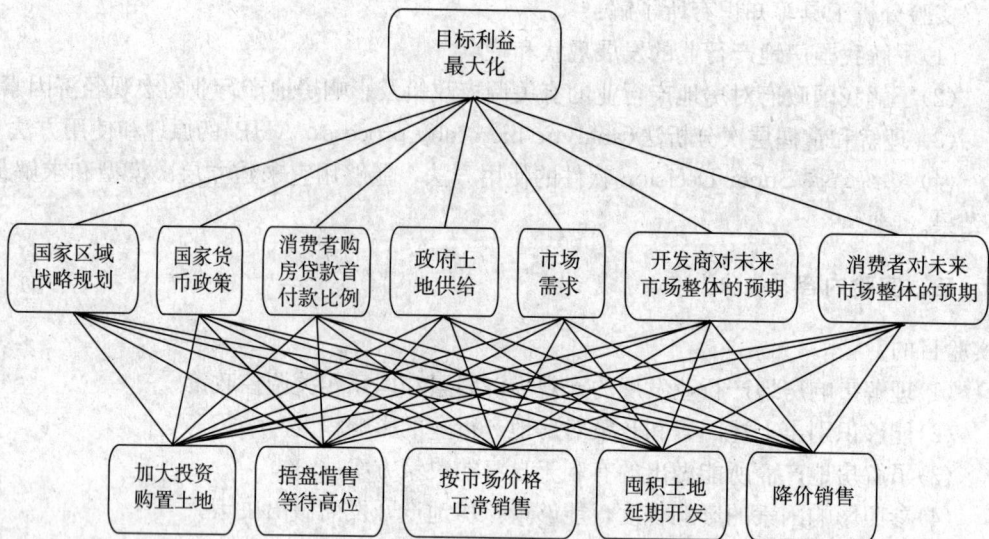

图 6-2 层次分析模型

步骤四：相对于目标，先将准则层的 7 个准则进行两两比较，比较的依据是相对于目标来说，哪一个更为重要，建立准则层的两两比较矩阵(表 6-1)，其中，权重由 Super Decision 软件自动算出。

表 6-1 准则层两两比较矩阵

目标	国家区域战略规划	国家货币政策	消费者购房贷款首付款比例	政府土地供给	开发商对未来市场整体的预期	消费者对未来市场整体的预期	市场需求	权重
国家区域战略规划	1	3	3	2	3	4	3	0.309
国家货币政策	1/3	1	2	1/2	1	2	1/3	0.098
消费者购房贷款首付款比例	1/3	1/2	1	1/2	3	1/3	3	0.056
政府土地供给	1/2	2	1	1	1/2	1	1	0.161
开发商对未来市场整体的预期	1/3	1	1/3	3	1	2	1	0.121
消费者对未来市场的整体的预期	1/4	1/2	3	1/2	1/2	1	1/4	0.074
市场需求	1/3	3	1/3	1	1	4	1	0.179

步骤五：给出每个备选方案对各个准则的相对重要性，并且计算出对于每个准则，各个方案的相对权重（由软件自动计算），由于共有 7 个准则，需要将备选方案两两比较 7 次，因此共有 7 个两两比较的矩阵，如表 6-2～表 6-8 所示。

表 6-2　相对于国家区域战略规划各方案的比较矩阵

国家区域 战略规划	加大投资， 购置土地	捂盘惜售， 等待高位	按市场价 格正常销售	囤积土地， 延期开发	降价销售	权重
加大投资， 购置土地	1	2	3	3	5	0.401
捂盘惜售， 等待高位	1/2	1	1	1/2	5	0.219
按市场价 格正常销售	1/3	1/2	1	6	6	0.186
囤积土地， 延期开发	1/3	1/2	1	1	1	0.147
降价销售	1/5	1/3	1/6	1	1	0.046

表 6-3　相对于国家货币政策各方案的比较矩阵

国家货币政策	加大投资， 购置土地	捂盘惜售， 等待高位	按市场价 格正常销售	囤积土地， 延期开发	降价销售	权重
加大投资， 购置土地	1	2	1	3	4	0.333
捂盘惜售， 等待高位	1/2	1	3	3	4	0.254
按市场价 格正常销售	1/2	1	1	3	3	0.177
囤积土地， 延期开发	1/3	1	1	1	4	0.178
降价销售	1/4	1/4	1/3	1/4	1	0.056

表 6-4　相对于消费者购房贷款首付款比例各方案的比较矩阵

消费者购房贷款 首付款比例	加大投资， 购置土地	捂盘惜售， 等待高位	按市场价格 正常销售	囤积土地， 延期开发	降价销售	权重
加大投资， 购置土地	1	1	2	2	3	0.298
捂盘惜售， 等待高位	1	1	2	1	3	0.256
按市场价 格正常销售	1/2	1/2	1	1	2	0.156

续表

消费者购房贷款首付款比例	加大投资，购置土地	捂盘惜售，等待高位	按市场价格正常销售	囤积土地，延期开发	降价销售	权重
囤积土地，延期开发	1/2	1	1	1	4	0.211
降价销售	1/3	1/3	1/2	1/4	1	0.077

表 6-5　相对于政府土地供给各方案的比较矩阵

政府土地供给	加大投资，购置土地	捂盘惜售，等待高位	按市场价格正常销售	囤积土地，延期开发	降价销售	权重
加大投资，购置土地	1	2	1	3	6	0.341
捂盘惜售，等待高位	1/2	1	2	1	6	0.240
按市场价格正常销售	1	1/2	1	1	6	0.209
囤积土地，延期开发	1/3	1/2	1	1	3	0.164
降价销售	1/6	1/6	1/6	1/3	1	0.044

表 6-6　相对于市场需求各方案的比较矩阵

市场需求	加大投资，购置土地	捂盘惜售，等待高位	按市场价格正常销售	囤积土地，延期开发	降价销售	权重
加大投资，购置土地	1	2	1	3	5	0.334
捂盘惜售，等待高位	1/2	1	2	1	6	0.243
按市场价格正常销售	1	1/2	1	1	6	0.211
囤积土地，延期开发	1/3	1	1	1	3	0.165
降价销售	1/5	1/6	1/6	1/3	1	0.046

表 6-7　相对于开发商对未来市场整体的预期各方案的比较矩阵

开发商对未来市场整体的预期	加大投资，购置土地	捂盘惜售，等待高位	按市场价格正常销售	囤积土地，延期开发	降价销售	权重
加大投资，购置土地	1	4	2	3	5	0.428
捂盘惜售，等待高位	1/4	1	2	1	4	0.187

续表

开发商对未来 市场整体的预期	加大投资， 购置土地	捂盘惜售， 等待高位	按市场价格 正常销售	囤积土地， 延期开发	降价销售	权重
按市场价格 正常销售	1/2	1/2	1	1	5	0.176
囤积土地， 延期开发	1/3	1	1	1	5	0.171
降价销售	1/5	1/4	1/5	1/5	1	0.074

表 6-8　相对于消费者对未来市场整体的预期各方案的比较矩阵

消费者对未来市 场整体的预期	加大投资， 购置土地	捂盘惜售， 等待高位	按市场价格 正常销售	囤积土地， 延期开发	降价销售	权重
加大投资， 购置土地	1	1	2	3	4	0.326
捂盘惜售， 等待高位	1	1	2	1	5	0.263
按市场价格 正常销售	1/2	1/2	1	1	5	0.173
囤积土地， 延期开发	1/3	1	1	1	5	0.188
降价销售	1/4	1/5	1/5	1/5	1	0.049

步骤六：在得到各个准则相对于目标的权重和各个方案相对于准则权重后，综合以上结果，可以得到各方案的总体权重，如表 6-9 所示。

表 6-9　各方案的总体权重

综合结果	国家区域 战略规划 0.309	国家货币 政策 0.098	购房贷款 首付款比 例 0.056	政府土地 供给 0.161	开发商对未来 市场整体的 预期 0.121	消费者对未来 市场整体的 预期 0.074	市场需求 0.179	总权重
加大投资， 购置土地	0.401	0.333	0.298	0.341	0.428	0.326	0.334	0.364
捂盘惜售， 等待高位	0.219	0.254	0.256	0.240	0.187	0.253	0.243	0.230
按市场价格 正常销售	0.186	0.177	0.156	0.209	0.176	0.173	0.211	0.189
囤积土地， 延期开发	0.147	0.178	0.211	0.164	0.171	0.188	0.165	0.165
降价销售	0.046	0.056	0.077	0.044	0.074	0.049	0.046	0.052

【实验结论】

运用 AHP 方法来分析，总权重最大的方案为最佳方案，由表 9 不难看出，总权重从大到小依次为：加大投资，购置土地(0.364)；捂盘惜售，等待高位(0.230)；按市场价格正常销售(0.189)；囤积土地，延期开发(0.165)；降价销售(0.052)。因此开发商在当前经济形势下的最优决策是加大投资，购置土地。

第二节　毕业生职业选择倾向实验

一、背景简介

大学生作为社会人，其成才的个性特征在现代社会越来越彰显。不同的职业随着社会分工的发展同样具有严格的个性特征，对人才的个性化需求也日益明显。在现实环境中，不同的人才有不同的职业适应范围，不同的职业对人才也有不同的要求。当人们所从事的职业与其个性相吻合时，就可能发挥出潜能，容易做出成就。但是在现实的职业选择中，人人都如愿以偿地找到与自己个性特征相匹配的单位是不可能的，总是有许多人在自己不喜欢或不适合的职业领域中平凡地工作。作为面临就业的大学毕业生，要使自己的个性与职业很好地匹配，同样是困难的。因此，大学生必须立足现实，长远地规划个人的职业生涯，多一些尝试、探索，逐步找到比较适合自己个性的职业。

二、设计思路

本实验意在探究高校毕业生性格特征与其理想行业特征的关系，为高校毕业生择业提供参考依据。实验通过对现有职业进行分类和纬度分析，提取出本实验适用的行业，与其核心要素。对受试人员进行核心要素和个人能力调查，发掘其求职倾向和能力，将其能力与各行业所要求的核心要素进行匹配，找到其最适合从事的行业。

进行实验设计之前，需要深入了解咨询心理学、高级管理学等相关领域的知识。

1. 咨询心理学相关理论

(1)社会职业方面。包括职业的概念和特性、社会分工与职业的关系、职业与人和社会的关系、社会职业结构及其变迁等内容。

(2)个人及个性方面。关于个人个性心理特征描述，个人的社会关系、社会角色以及个人能力描述等方面的论述。

2. 高级管理学相关理论

(1)能本管理的相关概念和理论；

(2)人力资源管理理论与技术，人力资源战略规划；

(3)Beckman Coulter 的"个人成功计划"(personal success planner，PSP)。

三、实验内容

【实验目的】

(1)探究高校毕业生性格特征与其理想行业特征的关系。

(2)为高校毕业生择业提供参考依据。

【实验原理】

(1)心理学研究表明,人的性格对其所作的选择有显著影响。每个人在面对就业选择的时候,一般都表现出一定的倾向性。

(2)本实验对上海一些高校毕业生从事的行业进行调查分析,并对这些行业的特征进行分析提取,对测评者的求职倾向和个人能力进行调查分析,将测评者的能力与行业核心要素要求的能力进行匹配,选取其中匹配度最高的行业作为测评者适合从事的行业,为测评者在进行专业选择和职业选择时,提供客观的参考依据。

【实验范围】

(1)实验参与者的选取范围:建议选择大学本科三年级以上的同学进行实验设计,且其应了解咨询心理学、高级管理学等相关知识。

(2)受试人员的选取范围:财经类院校应届毕业生(包括本科毕业生和研究生毕业生)。

【实验方案设计】

(1)结合本实验的特点,将《中华人民共和国职业分类大典》(简称《职业分类大典》)中所纳入的职业进行筛选,筛选出目标职业。

(2)在霍兰德模型所提出的职业类型纬度的基础上结合本试验的特点和目标职业的特殊性,将职业类型分为7个纬度,并将目标职业划归入7个行业纬度中。

(3)参考盖洛普职业分析,对7个行业纬度进行核心要素提取,并对核心要素赋予权重。

(4)对测评者进行能力调查,了解发掘其优势能力,并结合其求职意向,将该能力与核心要素要求的能力相匹配,给出匹配度最高的行业作为其最适合从事的行业。

【实验步骤】

步骤一:从现有的职业类型中根据实验人群的特殊性选取目标职业。结合财经类院校的专业特色,考察五年来上海财经大学学生的毕业去向(根据从学校招生网上得到的信息及应届生网站上的一些分析结果),对《职业分类大典》所划分的职业种类(共有8个大类,66个中类,413个小类,1 838个细类)进行了筛选。统计得出上海财经大学毕业生(包括本科生和研究生)的就业选择范围,共7大类,41个小类,如表6-10所示。

表6-10　职业类别

行政管理类	传媒艺术类	商业及金融类	IT和数学类	法律工作类	教育培训及图书馆类	销售及其他
行政管理	自由撰稿人	财务	数据库管理员	律师	图书管理员	自主创业者
客户服务	媒体策划	信用分析师	程序员	律师助理	培训师	公关
人力资源	记者	酒店管理	软件工程师		翻译	销售
文案	编辑	咨询	网站设计师		大学教授	公务员
	主持	旅游管理	系统分析师		博士	采购
		风险投资者	游戏开发			
		金融分析师				
		证券分析师				

续表

行政管理类	传媒艺术类	商业及金融类	IT 和数学类	法律工作类	教育培训及图书馆类	销售及其他
		市场管理				
		预算分析师				
		市场调查				
		信贷员				
		精算师				
		个人理财经理				

步骤二：对所选职业根据其特征进行分类，并根据分类情况和每类行业的基本特点进行职业类型维度划分，根据从事每个大类行业所需能力，提取行业核心特征，如图 6-3 和表 6-11 所示。

步骤三：将提取出的各行业的核心特征进行组合排列，同时以矩阵表示，同时对各行业所要求的核心要素赋予不同的权重。

图 6-3　核心特征

表 6-11　核心特征

研究型	关怀型	文体型	技能型	事务型	销售型	经营型
大学教授	律师	自由撰稿人	财务	行政管理	咨询	自主创业者
博士	律师助理	媒体策划	信用分析师	客户服务	销售	公务员
		记者	酒店管理	人力资源	采购	
		编辑	旅游管理	文案	公关	
		主持	风险投资	数据管理员		
			金融分析	程序员		
			证券分析			
			市场管理			
			预算分析			
			市场调查			
			信贷员			
			精算师			
			理财经理			
			软件开发			
			网站设计			
			系统分析			
			游戏开发			

在步骤二对核心要素提取的基础上，利用盖洛普测试给出了各职业对其要素的要求权重，得到核心要素的权重集合 $A_{m \times n}$（m 是核心要素的种类，n 是职业种类），即

$$A = [a_1,\ a_2,\ \cdots,\ a_n]$$

其中，a_i 是第 i 种职业所要求的核心要素的权重集合，即

$$a_i = [a_{1i},\ a_{2i},\ \cdots,\ a_{mi}]^{\mathrm{T}}$$

式中，a_{im} 是第 i 种职业对于第 m 种要素的要求权重。在本实验中，$n=7$，$m=21$，于是得到

$$A=\begin{bmatrix} a_1 & a_2 & a_3 & a_4 & a_5 & a_6 & a_7 \end{bmatrix}=\begin{bmatrix} a_{11} & a_{12} & a_{13} & a_{14} & a_{15} & a_{16} & a_{17} \\ a_{21} & a_{22} & a_{23} & a_{24} & a_{25} & a_{26} & a_{27} \\ \vdots & \vdots & \vdots & \vdots & \vdots & \vdots & \vdots \\ a_{21,1} & a_{21,2} & a_{21,3} & a_{21,4} & a_{21,5} & a_{21,6} & a_{21,7} \end{bmatrix}$$

权重矩阵如表 6-12 所示。

表 6-12　权重矩阵

职业类型	研究型	关怀型	文体型	技能型	事务型	销售型	经营型
专注	0.2	0	0	0	0	0	0
学习	0.3	0	0	0.3	0	0	0
创新	0.2	0	0.5	0	0	0	0
自信	0.1	0	0.2	0	0	0.1	0
思维	0.2	0	0	0.3	0	0.15	0
公平	0	0.15	0	0	0	0	0
信仰	0	0.2	0	0	0	0	0
沟通	0	0.15	0	0	0	0.15	0
体谅	0	0.25	0	0	0	0	0
关怀	0	0.25	0	0	0	0	0
积极	0	0	0.3	0	0	0	0.1
纪律	0	0	0	0.2	0.25	0	0
服从	0	0	0	0.2	0.2	0	0
审慎	0	0	0	0	0.35	0	0
和谐	0	0	0	0	0.2	0	0
成就	0	0	0	0	0	0.3	0
竞争	0	0	0	0	0	0.3	0
伯乐	0	0	0	0	0	0	0.25
统筹	0	0	0	0	0	0	0.2
前瞻	0	0	0	0	0	0	0.2
统帅	0	0	0	0	0	0	0.25

(1)对核心特征进行定义，并从三个方面对其进行描述，使测评者能够从简单的问题了解到该行业所要求的能力，并能认识到自己是否具有该项能力。

(2)选取实验目标测试人群。

(3)根据调查结果给出评分，并以矩阵表示，将测评者的得分矩阵与本步骤中给出的权重矩阵相乘，得到各行业适合度得分矩阵。

在匹配分析中，将核心要素权重矩阵 $A_{m\times n}$（在本次实验中是 $A_{21\times 7}$）与测评者的得分矩阵 $B_{1\times m}$（在本次实验中是 $A_{1\times 21}$）相乘，得到测评者的选择倾向在各种职业中的得分矩阵 C，$C_{1\times n}=B_{1\times m}\times A_{m\times n}$，选择得分最高的职业作为该测评者较为理想的职业，即

$$B = \begin{bmatrix} b_{11} \\ b_{21} \\ \cdots \\ \cdots \\ \cdots \\ b_{21,1} \end{bmatrix}$$

$$C_{1 \times n} = B_{1 \times m} A_{m \times n}$$

(4)选取行业适合度得分中最高者(即 C 值最大者)作为受试人员最适合从事的行业,并将步骤二中筛选出的各行业匹配的职业作为受试人员适合从事的备选职业,给出相应的建议。

【实验结论】

通过核心特征与个人能力调查分析,实验能够较好地发掘测评者对于职业选择的倾向和其具备的相应能力,并将该能力与各行业所要求的能力进行匹配,筛选出测评者较为适合的行业,为其职业选择提供咨询建议和选择依据。

第三节　商业银行员工操作风险诱因测试实验

一、背景简介

近年来我国商业银行发生的一系列大案表明,操作风险比信用风险和市场风险等风险带来的损失更为可怕,操作风险已经成为我国商业银行面临的主要风险之一。在探寻我国商业银行操作风险成因的过程中,我们发现,人员因素是导致商业银行操作风险频发的主要因素,商业银行操作风险的发生绝大多数都与内部职员的违法违规操作有关。

从表 6-13 可以看出,内部欺诈是产生操作风险的主要原因。2003 年媒体报道的317 起操作风险案件中,内部欺诈引起的有 166 起,占全部风险案件的 52.37%;从损失金额上看,317 起操作风险案件共产生经济损失 2 584 820.5 万元,其中内部欺诈产生的经济损失高达 1 612 928 万元,占全部损失的比例为 62.40%。

表 6-13　国内商业银行操作风险损失事件分类统计表

项目	经营中断和系统出错	客户、产品与商业行为	执行、交割与交易过程管理	外部欺诈	内部欺诈	合计
事件数/起	16	51	12	72	166	317
占比[1]/%	5.05	16.09	3.79	22.71	52.37	100.00
损失金额/万元	9 822.2	43 683.5	52 471.9	865 914.9	1 612 928	2 584 820.5
占比/%	0.38	1.69	2.03	33.50	62.40	100.00

1)由于累积四舍五入误差,各项数据之和可能与 100 略有出入

二、设计思路

本实验在实验设计人员系统地了解和掌握商业银行员工操作风险诱因的基础上,通过问卷调查的形式对各类操作风险诱因进行归纳总结,利用 AHP 方法确定各诱因权

重，划分预警区间，以达到评估被测试员工操作风险可能性大小的目的。

在进行实验设计之前，需要了解实验基础理论知识以及使用到的分析方法——AHP方法。

1. 理论知识

新巴塞尔协议将操作风险定义为：由不充分或失败的内部程序、人员和系统，或者由外部事件所引起的损失。其中，人员因素引起的操作风险是指商业银行内部员工的不当行为、人员流失或与员工相关的事件的发生给商业银行带来损失的情形。在管理实践中，舞弊是员工操作风险的最主要诱因。

舞弊是指被审计单位的管理层、治理层、员工或第三方使用欺骗手段获取不当或非法利益的故意行为。舞弊的"三角理论"认为诱导舞弊的因素主要有三种，即压力、机会和借口(图6-4)。

压力：舞弊者具有舞弊压力是舞弊发生的首要条件。

机会：舞弊者具有舞弊的机会，舞弊才可能成功。舞弊的机会一般源于内部控制在设计和运行上的缺陷。

图 6-4　舞弊"三角理论"

借口：是指存在某种态度、性格和价值观念，使得舞弊者能够做出不诚实的行为，将舞弊行为合理化。

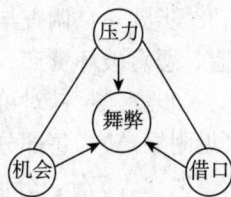

2. AHP方法

美国运筹学家 A. L. Saaty 于 20 世纪 70 年代提出的 AHP 方法，是对方案的多指标系统进行分析的一种层次化、结构化决策方法，它将决策者对复杂系统的决策思维过程模型化、数量化。应用这种方法，决策者通过将复杂问题分解为若干层次和若干因素，在各因素之间进行简单的比较和计算，就可以得出不同方案的权重，为最佳方案的选择提供依据。运用 AHP 方法，大体可分为以下三个步骤。

步骤一：分析系统中各因素间的关系，对同一层次各元素关于上一层次中某一准则的重要性进行两两比较，构造两两比较的判断矩阵。

步骤二：由判断矩阵计算被比较元素对于该准则的相对权重，并进行判断矩阵的一致性检验。

步骤三：计算各层次对于系统的总排序权重，并进行排序，最终，得到各方案对于总目标的总排序。

三、实验内容

【实验目的】

(1)系统地了解和掌握商业银行员工操作风险诱因。

(2)测试商业银行员工操作风险可能性大小。

【实验原理】

(1)问卷调查的形式。

(2)定性分析与定量分析相结合的分析方法。

(3)操作风险诱因的分类方法。

(4)AHP层次分析模型。

【实验范围】

学历本科及以上，工作时间 3 年以内的商业银行工作人员。

【实验方案设计】

(1)从操作风险诱因(压力、机会、借口)角度设计调查问卷。

(2)分发调查问卷，对结果进行统计分析，采用 AHP 法确定各诱因权重，划分预警区间。

(3)运用所得的诱因权重和预警区间，评估被测试员工操作风险可能性大小。

【实验步骤】

步骤一：调查与员工操作风险相关的不当行为，如不当挪用资产、偷窃、贪污、伪造、恶意破坏资产、走私盗用他人账户、贿赂、收受回扣等。

步骤二：针对可能发生的不当行为进行压力、机会和借口的分析，得到问卷主体(见附录 A)，每部分 8 道题，共 24 题。问卷答案采用 Ukert 五点计分法，分别给予 1、2、3、4、5 分，分值越大表明和操作风险的相关性越大。

步骤三：将问卷以电子形式发放给学历本科及以上，工作时间 3 年以内的商业银行工作人员。

步骤四：回收问卷，运用 AHP 法得到每道问题的权重，并据此计算商业银行员工操作风险的加权平均总分，根据加权平均总分的最高和最低值，设置 5 阶段预警区间。具体如下：

(1)构建 AHP 模型。总指标为操作风险可能性大小，二级指标为压力、机会、借口，然后在每个二级指标下设 8 道问题，这 8 道问题代表 8 个因素。

(2)回收问卷，统计每道题目的平均分，计算其相对于二级指标的重要性，分别构造判断矩阵，如表 6-14～表 6-16 所示。

表 6-14 压力判断矩阵

平均分		2.550	2.725	3.600	2.650	2.750	2.325	2.225	2.350
	题号	1	2	3	4	5	6	7	8
2.550	1	1.000	0.936	0.708	0.962	0.927	1.097	1.146	1.085
2.725	2	1.069	1.000	0.757	1.028	0.991	1.172	1.225	1.160
3.600	3	1.412	1.321	1.000	1.358	1.309	1.584	1.618	1.532
2.650	4	1.039	0.972	0.736	1.000	0.964	1.140	1.191	1.128
2.750	5	1.078	1.009	0.764	1.038	1.000	1.183	1.236	1.170
2.325	6	0.912	0.853	0.646	0.877	0.845	1.000	1.045	0.989
2.225	7	0.873	0.817	0.618	0.840	0.809	0.957	1.000	0.947
2.350	8	0.922	0.862	0.653	0.887	0.855	1.011	1.056	1.000

表 6-15 机会判断矩阵

平均分		2.350	1.475	1.325	2.100	2.175	1.500	2.175	1.925
	题号	1	2	3	4	5	6	7	8
2.350	1	1.000	1.593	1.774	1.119	1.080	1.567	1.080	1.221
1.475	2	0.628	1.000	1.113	0.702	0.678	0.983	0.678	0.766

续表

平均分		2.350	1.475	1.325	2.100	2.175	1.500	2.175	1.925
	题号	1	2	3	4	5	6	7	8
1.325	3	0.564	0.898	1.000	0.631	0.609	0.883	0.609	0.688
2.100	4	0.894	1.424	1.585	1.000	0.966	1.400	0.966	1.091
2.175	5	0.926	1.475	1.642	1.036	1.000	1.450	1.000	1.130
1.500	6	0.638	1.017	1.132	0.714	0.690	1.000	0.690	0.779
2.175	7	0.926	1.475	1.642	1.036	1.000	1.450	1.000	1.130
1.925	8	0.819	1.305	1.453	0.917	0.885	1.283	0.885	1.000

表 6-16　借口判断矩阵

平均分		2.600	3.000	1.550	1.325	1.950	1.900	2.325	2.925
	题号	1	2	3	4	5	6	7	8
2.600	1	1.000	0.867	1.677	1.962	1.333	1.368	1.118	0.889
3.000	2	1.154	1.000	1.935	2.264	1.538	1.579	1.290	1.026
1.550	3	0.596	0.517	1.000	1.170	0.795	0.816	0.667	0.530
1.325	4	0.510	0.442	0.855	1.000	0.676	0.697	0.570	0.453
1.950	5	0.750	0.650	1.258	1.472	1.000	1.026	0.839	0.667
1.900	6	0.731	0.633	1.226	1.434	0.974	1.000	0.817	0.650
2.325	7	0.894	0.775	1.500	1.755	1.192	1.224	1.000	0.795
2.925	8	1.125	0.975	1.887	2.208	1.500	1.539	1.258	1.000

（3）计算三级指标的权重，如表 6-17～表 6-19 所示。

表 6-17　压力下各指标权重

题号	1	2	3	4	5	6	7	8	权重
1	0.120	0.120	0.120	0.120	0.120	0.120	0.120	0.120	0.120
2	0.129	0.129	0.129	0.129	0.129	0.129	0.129	0.129	0.129
3	0.170	0.170	0.170	0.170	0.170	0.170	0.170	0.170	0.170
4	0.125	0.125	0.125	0.125	0.125	0.125	0.125	0.125	0.125
5	0.130	0.130	0.130	0.130	0.130	0.130	0.130	0.130	0.130
6	0.110	0.110	0.110	0.110	0.110	0.110	0.110	0.110	0.110
7	0.105	0.105	0.105	0.105	0.105	0.105	0.105	0.105	0.105
8	0.111	0.111	0.111	0.111	0.111	0.111	0.111	0.111	0.111

表 6-18　机会下各指标权重

题号	1	2	3	4	5	6	7	8	权重
1	0.156	0.156	0.156	0.156	0.156	0.156	0.156	0.156	0.156
2	0.098	0.098	0.098	0.098	0.098	0.098	0.098	0.098	0.098
3	0.088	0.088	0.088	0.088	0.088	0.088	0.088	0.088	0.170
4	0.140	0.140	0.140	0.140	0.140	0.140	0.140	0.140	0.140
5	0.145	0.145	0.145	0.145	0.145	0.145	0.145	0.145	0.145
6	0.100	0.100	0.100	0.100	0.100	0.100	0.100	0.100	0.100

续表

题号	1	2	3	4	5	6	7	8	权重
7	0.145	0.145	0.145	0.145	0.145	0.145	0.145	0.145	0.145
8	0.128	0.128	0.128	0.128	0.128	0.128	0.128	0.128	0.128

表 6-19　借口下各指标权重

题号	1	2	3	4	5	6	7	8	权重
1	0.148	0.148	0.148	0.148	0.148	0.148	0.148	0.148	0.148
2	0.171	0.171	0.171	0.171	0.171	0.171	0.171	0.171	0.171
3	0.088	0.088	0.088	0.088	0.088	0.088	0.088	0.088	0.170
4	0.075	0.075	0.075	0.075	0.075	0.075	0.075	0.075	0.075
5	0.111	0.111	0.111	0.111	0.111	0.111	0.111	0.111	0.111
7	0.108	0.108	0.108	0.108	0.108	0.108	0.108	0.108	0.108
6	0.132	0.132	0.132	0.132	0.132	0.132	0.132	0.132	0.132
8	0.166	0.166	0.166	0.166	0.166	0.166	0.166	0.166	0.166

　　根据(3)中得到的三级指标权重和每道题的平均分，计算二级指标的平均分，然后重复(2)、(3)中步骤计算二级指标权重，如表 6-20、表 6-21 所示。

表 6-20　二级指标的判断矩阵

平均分		2.708	1.949	2.349
	二级指标	压力	机会	借口
2.708	压力	1.000	1.390	1.153
1.949	机会	0.720	1.000	0.829
2.349	借口	0.867	1.206	1.000

表 6-21　二级指标相对于一级指标的权重

二级指标	压力	机会	借口	权重
压力	0.387	0.387	0.387	0.387
机会	0.278	0.278	0.278	0.278
借口	0.335	0.335	0.335	0.335

　　根据(3)中得到的权重，计算每份问卷的加权平均总分，选出最大值 m 和最小值 n，令 $t=(m-n)/3$；设置预警区间：$[1, n]$，$(n, n+t)$，$(n+t, n+2t]$，$(n+2t, m]$，$(m, 5)$；其依次对应的操作风险可能性大小为很低、较低、一般、较高、很高。

　　步骤五：对获得的权重进行合理性分析。根据得出的权重表，可知在二级指标中，"压力"的权重最大，而在"压力"指标下问题 3、5、2 的权重较大，针对这三个问题，可以进行合理性分析，如表 6-22 所示。

表 6-22　权重合理性分析

造成压力的原因	合理性分析
3. 请问您是否感到工作任务十分繁重，工作时间紧迫？	工作任务强度会影响到工作的质量
5. 请问您在工作中是否感受到自己的能力、知识结构不能满足工作要求？	员工专业胜任能力会影响工作的完成
2. 请问您认为，心情及情绪对您的业务操作效率及操作失误影响有多大？	工作氛围会对工作效率和质量产生影响

步骤六：将问卷发放给被测试员工，计算问卷加权平均总分，评估该员工的操作风险可能性大小（表 6-23）。

表 6-23　被测试员工的操作风险可能性大小

题号	权重	您的得分	加权得分
1	0.120	3	0.361
2	0.129	3	0.386
3	0.170	5	0.850
4	0.125	4	0.501
5	0.130	3	0.390
6	0.110	3	0.329
7	0.105	1	0.105
8	0.111	1	0.111
9	0.156	3	0.469
10	0.098	1	0.098
11	0.088	1	0.088
12	0.140	2	0.280
13	0.145	2	0.290
14	0.100	1	0.100
15	0.145	1	0.145
16	0.128	2	0.256
17	0.148	1	0.148
18	0.171	5	0.853
19	0.088	1	0.088
20	0.075	1	0.075
21	0.111	1	0.111
22	0.108	1	0.108
23	0.132	3	0.397
24	0.166	3	0.499
总分			2.417

【实验结论】

（1）实验得出的权重表见表 6-24。

表 6-24 权重表

二级指标	权重							
压力	0.387							
	1	2	3	4	5	6	7	8
	0.120	0.129	0.170	0.125	0.130	0.110	0.105	0.111
机会	0.278							
	9	10	11	12	13	14	15	16
	0.156	0.098	0.088	0.140	0.145	0.100	0.145	0.128
借口	0.335							
	17	18	19	20	21	22	23	24
	0.148	0.171	0.088	0.075	0.111	0.108	0.132	0.166

(2)操作风险大小预警区间划分见表 6-25。

表 6-25 预警区间划分表

预警区间	操作风险
[1, 1.477]	很低
[1.477, 2.090]	较低
[2.090, 2.703]	一般
[2.703, 3.316]	较高
[3.316, 5]	很高

(3)表 6-23 中问卷加权平均总分为 2.417，落入区间(2.090，2.703]，所以对应的操作风险可能性大小为"一般"。

第四节　虚拟团队工作绩效实验

一、背景简介

随着经济全球化的发展，企业外部竞争日趋激烈，组织工作变得更加复杂化、动态化。20 世纪 90 年代以来，虚拟团队成为国内外众多经济组织灵活适应外部环境较为普遍的组织形式。虚拟团队由跨越时间、空间、组织界限的成员组成，是利用现代信息与通信技术相互沟通、密切协作，以实现团队目标的新型团队。然而，组建了虚拟团队并不意味着绝对的竞争优势和成功。相关研究指出，虚拟团队的失败率大概为 20%～50%。研究影响虚拟组织绩效的因素，寻找虚拟组织绩效改进的方法，对组织理论发展和企业实践都有重要意义。

二、设计思路

本实验前，实验设计者需要深刻理解影响虚拟团队工作绩效的因素，确定各因素在单个虚拟工作团队中的权重顺序，作为管理者招聘虚拟团队员工的依据，以提高虚拟团队成员选拔工作的科学性和有效性，使整个虚拟团队获得更高的绩效。

在进行实验设计之前，需要对以下知识进行深入的了解。

(1)虚拟团队与远程工作团队的概念、联系与区别。

(2)了解现有影响虚拟团队工作绩效的因素。能从虚拟团队关键成功因素(critical success factor，CSF)五维模型、虚拟团队绩效评价指标体系、虚拟团队中的管理因素三个模型中分层次总结出虚拟团队工作绩效的影响因素。

(3)现有的关于组织绩效评估的三个模型：模糊聚类分析模型、综合分析模型、行情测验模型。了解其大体思路并明确各自的优缺点。

(4)掌握 AHP 方法，熟练使用 Super Decision 软件。

三、实验内容

【实验目的】

(1)深刻理解影响虚拟团队工作绩效的因素。

(2)识别出上述因素在单个虚拟工作团队中的权重顺序。

(3)能够参照因素的权重顺序，在虚拟团队员工招聘时向管理者提供建议，以提高虚拟工作团队成员选拔的科学性和有效性，使团队获得更高的绩效。

(4)能够以影响因素作为评价准则，对于若干支虚拟团队组织的优劣进行评估。

【实验原理】

(1)定量分析与定性分析相结合。

(2)AHP 方法。

(3)影响虚拟团队工作绩效的因素模型。

(4)绩效评估模型。

【实验范围】

(1)实验参与者的选取范围：建议选择大学本科三年级及以上学生，且其最好具有管理类学科背景，已经学习过有关组织或者虚拟团队工作绩效管理的理论知识。为保证实验的科学性，建议选择人数为 40 人左右。

(2)本实验的适用范围：存在虚拟团队且影响虚拟团队工作绩效的因素可事先被分层次归纳的组织。

【实验方案设计】

实验方案设计图如图 6-5 所示。

【实验步骤】

步骤一：了解和掌握准备知识，预先分层次归纳出影响虚拟团队工作绩效的因素，所分层次控制在三层。

步骤二：采用多层编号方式，给归纳出的影响因素编号，如表 6-26 所示。

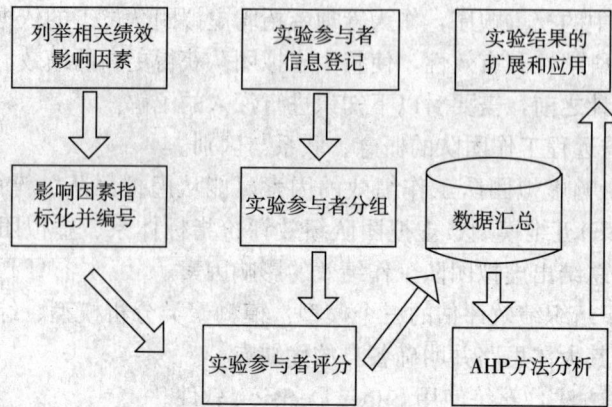

图 6-5　实验方案设计图

表 6-26　虚拟团队工作绩效影响因素及编号

一级准则层及权重	分类及权重	二级准则层及权重
内部因素	心理因素 C_1	脾气 C_{11}
		性格 C_{12}
		情绪 C_{13}
		态度 C_{14}
	个人背景 C_2	能力 C_{21}
		经历 C_{22}
		文化 C_{23}
外部因素	团队因素 C_3	团队协作 C_{31}
		信任 C_{32}
	环境因素 C_4	利益协调 C_{41}
		自律 C_{42}
		职业道德 C_{43}

步骤三：将步骤一中的影响因素列成两两比较矩阵。每个两两矩阵的参考标准为层次因素中的上层影响因素。考虑所有因素，将每个矩阵复印 40 份。

步骤四：登记 40 名实验者信息，并进行分组。

步骤五：将矩阵列表分发给 40 个实验参与者，告知其填写要求，从而得到各个影响因素的两两对比矩阵。

步骤六：汇总步骤五得到的结果，去掉相同矩阵单元格中的所给权重最高和最低的一个，给出各个单元格中权重的平均值，如表 6-27～表 6-31 所示。

表 6-27　总目标一定下的内外部因素两两对比矩阵

总目标	内部因素	外部因素
内部因素	1	5
外部因素	1/5	1

表 6-28　内部因素一定下的心理因素两两对比矩阵

内部内部因素	C_{11}	C_{12}	C_{13}	C_{14}
C_{11}	1	1/5	1/3	1/7
C_{12}	5	1	3	1/3
C_{13}	3	1/3	1	1/5
C_{14}	7	3	5	1

表 6-29　内部因素一定下的个人背景因素两两对比矩阵

C_2	C_{21}	C_{22}	C_{23}
C_{21}	1	3	5
C_{22}	1/3	1	3
C_{23}	1/5	1/3	1

表 6-30　外部因素一定下的团队因素两两对比矩阵

外部因素	C_{31}	C_{32}
C_{31}	1	1/3
C_{32}	3	1

表 6-31　外部因素一定下的环境因素两两对比矩阵

外部因素	C_{41}	C_{42}	C_{43}
C_{41}	1	1	3
C_{42}	1	1	3
C_{43}	1/3	1/3	1

借助 Super Decision 软件，得到权重，整合分析，得到初步结果，如表 6-32 所示。

表 6-32　各个层次权重汇总表

目标层	一级准则层及权重	分类及权重	二级准则层及权重	综合权重
挑选适合的远程工作成员 A	内部因素(0.8)	心理因素 C_1(0.8)	脾气 C_{11}(0.055 286)	0.035 383 04
			性格 C_{12}(0.262 201)	0.167 808 64
			情绪 C_{13}(0.117 504)	0.075 202 56
			态度 C_{14}(0.565 009)	0.361 605 76
		个人背景 C_2(0.2)	能力 C_{21}(0.636 996)	0.101 919 36
			经历 C_{22}(0.258 273)	0.041 323 68
			文化 C_{23}(0.104 728)	0.016 756 48
挑选适合的远程工作成员 A	外部因素(0.2)	团队因素 C_3(0.833)	团队协作 C_{31}(0.25)	0.041 650 00
			信任因素 C_{32}(0.75)	0.149 500 00
		环境因素 C_4(0.167)	利益协调 C_{41}(0.428 567)	0.014 288 40
			自律 C_{42}(0.428 582)	0.014 288 92
			职业道德 C_{43}(0.142 851)	0.004 762 65

步骤七：将最终层次上的影响因素权重规范化并排序，如表 6-33 所示。

表 6-33　按照规范化权重排序后的权重列表

名称	规范前权重	规范后权重
态度 C_{14}	0.361 605 760	0.361 627 631
性格 C_{12}	0.167 808 640	0.167 818 790
信任因素 C_{32}	0.124 950 000	0.124 957 557
能力 C_{21}	0.101 919 360	0.101 925 524
情绪 C_{13}	0.075 202 560	0.075 207 109
团队协作 C_{31}	0.041 650 000	0.041 652 519
经历 C_{22}	0.041 323 680	0.041 326 179
脾气 C_{11}	0.035 383 040	0.035 385 180
文化 C_{23}	0.016 756 480	0.016 757 493
自律 C_{42}	0.014 288 924	0.014 289 788
利益协调 C_{41}	0.014 288 424	0.014 289 288
职业道德 C_{43}	0.004 762 652	0.004 762 940

【实验结论】

　　通过实验，我们可知影响虚拟团队中员工绩效的因素由小到大分别为：态度 C_{14}，性格 C_{12}，信任因素 C_{32}，能力 C_{21}，情绪 C_{13}，团队协作 C_{31}，经历 C_{22}，脾气 C_{11}，文化 C_{23}，自律 C_{42}，利益协调 C_{41}，职业道德 C_{43}。因此在远程团队员工的绩效评估中可以按照顺序依次选择若干方面进行。在员工招聘时也可以按照这些权重给予打分并进行招聘。

第五节　C2C 型网络销售个体实施电子商务风险实验

一、背景简介

　　作为电子商务的主要形式之一，网上 C2C 电子商务近年来在世界范围内得到了快速成长。由于在线 C2C 交易的匿名性，网上 C2C 市场往往被认为比其他类型的电子市场更具风险。消费者的感知风险会显著影响他们在网上 C2C 市场中的行为，包括购买行为和对第三方支付担保服务的使用。同时，网上 C2C 市场中消费者的风险受到产品因素、买方因素和卖方因素等各种因素的影响。

二、设计思路

　　本实验意在通过总结 C2C 型网络销售个体实施电子商务可能存在的风险因素，利用数据挖掘技术中的决策树方法确定这些风险因素的相对重要性，以实验分析的方式获得个体实施 C2C 型电子商务的多层面风险管理策略。

　　在进行实验设计之前，需要深入了解电子商务、数据挖掘、建模等领域的知识，具体包括如下几项内容：

　　(1)电子商务相关领域的知识理论，特别是有关 C2C 网络销售模式。

　　(2)数据挖掘相关知识，尤其是决策树算法。

　　(3)设计调查问卷的必备知识。

(4)Excel 建模方法，用以分析问卷结果。

三、实验内容

【实验目的】

(1)了解个体实施 C2C 型电子商务所面临的风险因素及其相对重要性。

(2)提出个体实施 C2C 型电子商务的多层面风险管理策略。

【实验原理】

(1)个体对实施 C2C 型电子商务的风险认识具有片面性，综合各方经验，从全局角度获得整体的风险控制因素。

(2)决策树算法对于解决这些风险因素的相对重要性问题具有突出优势。

【实验范围】

正在从事 C2C 型网上销售，以及从事过 C2C 型网上销售但失败的个体。

【实验方案设计】

(1)风险因素分析，即通过查阅相关资料，初步确定影响个体实施 C2C 型电子商务的风险因素。

(2)调查问卷，即针对以上因素，设计调查问卷，展开对相关主体的问卷调查。

(3)汇总信息，进行数据整理。

(4)数据模型分析，通过相关数学模型分析数据，确定主要因素及其关联。

(5)结果分析，提出个体实施 C2C 型电子商务的多层面风险管理策略。

【实验步骤】

步骤一：本实验通过在线网络环境，利用 QQ 及 E-mail 等方式与网络卖家进行在线沟通。

步骤二：向以上经过沟通过的网络卖家发放调查问卷。

步骤三：回收调查问卷，进行统计整理(共发放 50 份，回收 32 份，其中有效问卷 30 份，无效问卷 2 份)。

步骤四：汇总数据，应用数据挖掘技术进行深度数据分析。

步骤五：进行结果分析。

【实验结论】

1. 结果分析

(1)从决策树模型中我们可以看出，"客户"因素相对于其他几个影响因素来说处于最重要的位置，"产品"处于相对次要的位置，这对应于现代客户关系管理中战略方式的转换，即从传统的以"产品"为中心转移到以"客户"为中心。所以，我们应以客户为核心，关注战略性重要客户，提高客户满意度。

(2)"产品"因素仍然具有较高的重要程度。客户在线购买所需物品时，很大程度上关注于产品的质量和性价比以及产品的款式。

(3)"网络"因素，即双方交易环境的安全性在 C2C 型电子商务中日益重要，这也成为电子商务实施过程中关注的焦点问题。保护交易双方的个人隐私信息、交易信息，以及保障网站运行的安全性仍然是目前需要着重解决的问题。

（4）同行之间的恶性"竞争"所带来的危害性日益加重，不仅会给卖家带来利益上的损失还会产生名誉上的侮辱，这也是一个容易被忽略的因素，在近期的网络买卖过程，卖家也开始意识到这一因素的重要性。

（5）"服务"因素是被网络卖家实施 C2C 电子商务中所轻视的因素，如不能及时回答客户的疑问或者其不完善的售后服务，以及因为退换货物问题产生的纠纷，这些都会造成潜在客户的流失，并且难以带来持久的客户忠诚度。

（6）有关"货物"因素的相关问题（如货物的损坏、丢失）没有受到卖家的极大关注，因此会造成一些经营方面的损失。

（7）对实施电子商务所征收的税费与其他经营费用以及双方交易过程中产生的"交易成本"也会带来部分的经营损失，但卖家对其影响程度没有强烈的意识。

2. 风险管理策略

（1）将客户作为首要考虑对象，建立良好的客户关系，做到及时友善回答买家问题；店铺要不断推陈出新，建立对客户友好的网络界面，方便客户及时、准确地寻找到所要购买的物品及相关信息；建立良好的诚信机制，认真对待客户的退换货物行为，做到"顾客至上"原则，一切都以顾客利益为主；实施会员制，对于不同等级的会员，实施相应的优惠政策，从而做到有效的挽留客户。

（2）产品是第二考虑要素，为了降低个体实施 C2C 型电子商务风险，店铺中的产品要做到产品介绍要具有高的真实性和详细度；产品图像也应确保清晰，准确；价格要设置合理；同时应该保障店铺的产品质量，加快产品的更新速度；还可以考虑定期实施促销活动，以吸引更多客户。

（3）网络风险要素是一个客观因素，个体在实施 C2C 型电子商务时不可能完全避免，但可以尽可能地减少，如在具有较高安全性的网站开办店铺，现在最常见的就是淘宝、ebay、拍拍等，这些网站已经具有一定的规模，其设立的交易平台也具有相对的安全性。此外考虑不要在有安全隐患的地方进行交易，还要定期检查交易平台的可靠性及定购系统的稳定性等。

（4）服务是客户非常重视的因素。个体实施 C2C 型电子商务时，应做到对老客户定期回访，当有新产品上架时，及时有效通知买方；售后服务要尽可能地完善；在交易产生之前，应让买方明确有关产品退换货物的范围、退换货的费用承担等，与产品有关的服务尽可能与客户达成一致，避免产生纠纷；为了让更多的买方了解产品，应做好网店的宣传和推广，可以通过广告、搜索引擎、论坛等方式介绍网店相关信息，吸引更多的新客户。

（5）货物丢失和损坏也是影响个体实施 C2C 型电子商务的一个较为重要的风险因素。对于不易于保管的物品，如玻璃制品、灯具等，需在保存时注意库存环境，实施电子商务的个体也可以选择在买方下订单后，再从厂家进货的方式，这就必须确保从厂家到买方的货物运送过程中货物的完整性。若卖方有自己的库存，则应该考虑库存中的通风，温度、湿度等因素，确保库存货物的完整性。当交易产生时，卖方就必须选择最佳的运输服务供应商（即快递公司），使产品能够及时、准确、完整的运送到买方手中。若在运输过程中出现任何意外，如货物损坏、丢失等情况，应及时跟买方联系，并确保在最短的时间内，从库存中换货再运送。为了避免在运送过程中与运输服务供应商出现货物损坏费用纠纷，应事先与快递公司签订好协议，明确各方责任。

（6）尽管个体实施 C2C 型电子商务时，对于供应商缺货风险并没有太过于重视，但为了避免出现"供不应求"现象，在实施电子商务最初阶段，个体应该选择两个以上的供应商。

（7）竞争因素也是个体实施 C2C 型电子商务过程中要考虑的风险因素中比较重要的，所有个体网络销售商都应呼吁政府就该问题制定相关的法律政策，确保国内个体电子商务环境的安全性和稳定性，减少恶性竞争情况。

第六节 煤炭行业管理者决策影响因素实验

一、背景简介

煤炭行业作为我国经济发展的支柱行业，其发展牵动着整个国民经济的走势。但煤炭行业长期粗放式发展所积累的矛盾日益明显，如产业集中度低、技术落后，煤炭资源回采率低，资源浪费和环境污染严重等。因此提高煤炭生产集约化程度和生产力水平就成为煤炭行业的发展指标，具体落实到煤矿的管理者身上，就是要科学合理地制定好每年、每季度、每月甚至是每天的生产指标。

在制定生产指标时，因受到各种因素的影响，管理者制定出的生产指标常常存在以下不合理性：①指标制定过高，产大于销，造成煤炭的积压或无法完成生产任务；②指标制定过低，产小于销，预期收益减少，甚至会影响国家煤炭资源的供应以及相关基础设施的保障。

二、设计思路

为更好地帮助管理者找到问题的根源，本实验从影响管理者决策的因素着手，设计管理实验，从实验的角度分析并得出具体的影响因素，以及各因素是如何对管理者的决策产生影响的。

本实验通过运用定性分析与定量分析相结合的方法，首先根据实际情况以及实验研究需要，重点分析管理因素中的风险偏好、情绪、感情、个性四个心理因素对管理者决策的影响。

鉴于上述四个心理因素具有模糊性特征，本实验借用模糊处理的思想，采用心理学中的行情测验法对这些模糊的管理因素进行量化分析，用算术符号"＋"、"－"、"＝"分别表示决策产量的变化趋势增加、减少、持平；用"＋＋"、"－－"表示决策产量大幅度增加、大幅度减少，并以此为基础建立决策影响因素模型。

基于以上模型设计针对管理者的博弈实验，以煤炭行业的产量制定者为实验对象，每组 5 人进行博弈实验，在每一回合的博弈中，每个参与者拥有的信息有产品的市场价格、本人及其余四个竞争对手的成本、利润。

每轮实验以调查问卷的形式记录下实验参与者的心理情绪，并对问卷数据进行整理分析，结合实验原理计算出每轮的实验参与者在其所选择的产量下获得的利润与收益，由此反复进行 40 轮博弈实验；最后借助 Excel 分析软件对数据进行整合分析，得出各类因素之间的相互关系以及其如何影响管理者的决策，最终以量化的形式表示各因素对管理者决策的影响方式及程度。

三、实验内容

【实验目的】

(1)深刻理解影响管理者决策制定的因素。

(2)能够识别出上述因素是如何对煤炭行业的管理者决策(即确定生产指标)产生影响的。

(3)能够参照各个因素的不同影响，使得管理者能够充分地认识到影响自身决策的因素，从而更科学地制定决策(即确定煤炭的生产指标)。

(4)能够以影响因素作为评价准则，对于若干管理者决策进行评估。

【实验原理】

(1)定性分析与定量分析相结合的决策方法。

(2)影响决策结果的因素模型。

(3)决策评估模型。

【实验范围】

(1)实验实施者的范围：管理学科研究生，其具有一定的管理学知识和经济学知识，对煤炭行业有所了解，能够掌握和运用前述的准备知识。

(2)实验对象的范围：煤炭行业的各层管理人员。

【实验方案设计】

(1)确定实验模型。管理者决策因素的管理实验模型如图 6-6 所示。

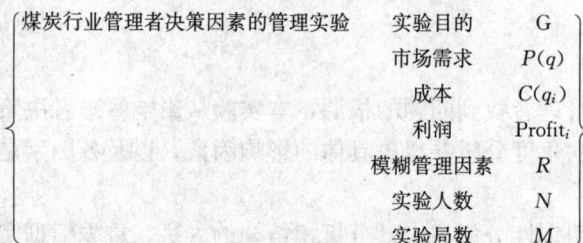

$$
煤炭行业管理者决策因素的管理实验
\begin{cases}
实验目的 & G \\
市场需求 & P(q) \\
成本 & C(q_i) \\
利润 & \text{Profit}_i \\
模糊管理因素 & R \\
实验人数 & N \\
实验局数 & M
\end{cases}
$$

图 6-6 管理者决策因素的管理实验模型

其中，G 表示"研究管理者决策因素管理实验的建模过程及博弈的动态过程，研究管理因素对人行为决策的影响"；$P(q)$ 表示"由市场需求决定的产品的价格"，计算公式为 $P = 1\,500 - \sum_{i=1}^{5} q_i$；$C(q_i)$ 表示"每个寡头的生产成本"，计算公式为 $C(q_i) = q_i + q_i^2$；Profit_i 表示"每个寡头的利润"，计算公式为 $\text{Profit}_i = P \times q_i - C(q_i)$；$R$ 表示"风险偏好因素，情绪因素，感情因素，个性因素"；N 表示"5 人"；M 表示"40 局"。

(2)归纳和筛选影响管理者决策的主要因素。根据实际情况以及实验研究的需要，重点选取模糊管理因素中的风险偏好、情绪、感情、个性四个心理因素。从所选取因素对实验者决策的影响角度考虑，对四个心理因素做初步划分，如图 6-7 所示。

管理因素之分析与量化
Quantitative analysis of management factors

风险偏好因素

❶ 有

如果由于增加产出而损失，下次将减少损失。
如果因为增加产出而受益，将会再增加一点点产出或不改变。

❷ 无

对风险无所谓

情绪因素

❶ 非常好

对参与者的决策具有积极影响

❷ 好

对参与者的决策具有较少影响

❸ 一般

对参与者的决策基本没有影响

❹ 糟糕

对参与者的决策具有较少影响

❺ 非常糟糕

对参与者的决策具有较大影响

感情因素

❶ 敌对

出于敌对或者报复的心理，会做出大产量的决策（要么我得到更多利润，要么大家一起没有利润）

❷ 不相关

不受感情因素的影响

❸ 朋友

出于情谊的心理，会留下留情，会做出偏小产量的决策

个性因素

❶ 进取型

选择大幅度增加产量的决策

❷ 中庸进取型

选择小幅度增加产量的决策

❸ 中庸型

不受影响

❹ 中庸保守型

选择小幅度减少产量的决策

❺ 保守型

选择大幅度减少产量的决策

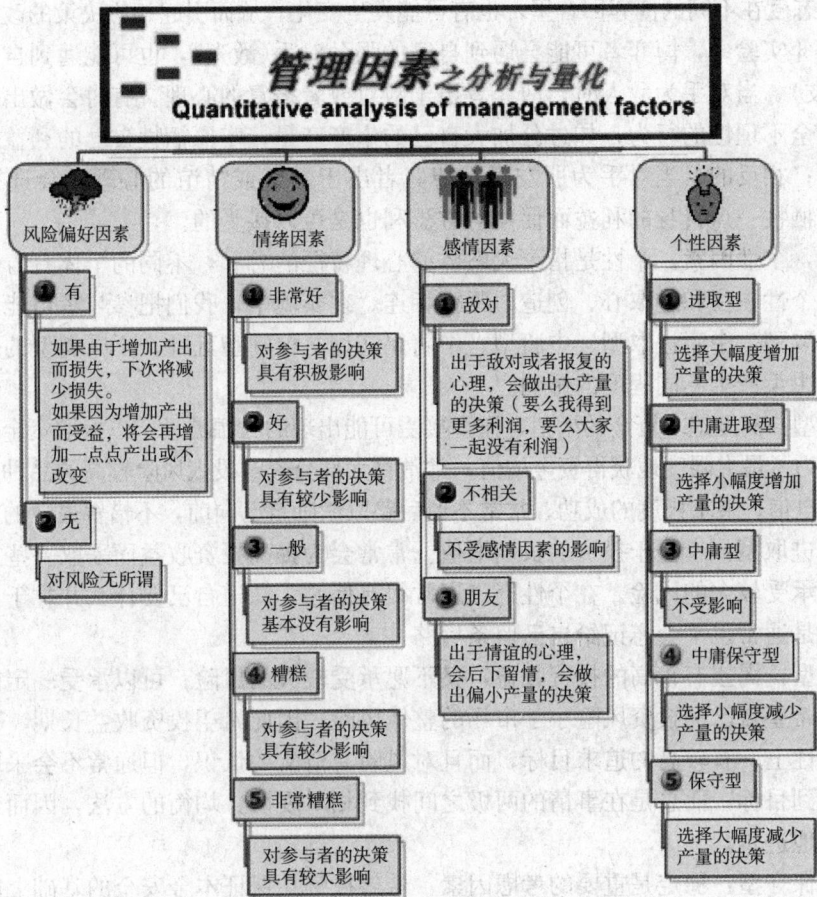

图 6-7　管理因素的分析

第一，风险偏好因素。在实验中，我们将实验者对待风险的态度分为风险规避和风险偏好两种，其中，风险偏好是指实验者在博弈中愿意冒风险以获取更高的利润，风险回避是指实验者对待博弈的态度是保守的，不愿冒亏损的风险。

第二，情绪因素。情绪因素是指个体受到某种刺激所产生的一种身心激动状态。从心理学角度来讲，情绪虽然能被个体体验，但由情绪所引起的生理变化与行为反应，却不易为个体本身所控制，故情绪对个体的生活具有影响作用。情绪有以下五大特点：①情绪不是自发的，是由刺激引起的；②情绪是主观意识经验；③情绪状态不易自我控制；④情绪与动机有连带关系；⑤情绪有积极的一面，也有消极的一面，人们总是追求积极的情绪而躲避消极的情绪。

在本管理实验中，我们把参与者在实验过程中可能产生的情绪按照强度的不同分为很好、好、一般、差、很差五种，同时假设在不同的情绪状态下，实验者会做出不同的产量决策。

第三，感情因素。在本管理实验中，人们对于不同的对手会有不同的感情，不同的感情态度将直接影响实验者的产量决策。人们或许会因为对手是自己的亲戚、朋友、熟悉的人而选择较低的产量，而对于敌对的竞争者可能会采取选择较大的产量。即便对于同一

个对手的态度在不同的博弈回合里，也有可能发生变化，从而引起相应决策的改变。

在博弈实验中，博弈者可能会遇到自己的强劲对手（敌人），也可能遇到自己的合作伙伴（朋友）。当对手为敌人时，博弈者出于敌对或者报复的心理，有时会做出一些非理性甚至完全不理性的行为，如过分加大自己的生产产量，宁愿牺牲自己的利益也不会让对手赢利；相反的，当对手为朋友时，博弈者出于友好或情谊的心理，会选择手下留情，即使牺牲一点自身的利益而促使对方盈利也是可以接受的。

第四，个性因素。个性是指个人整体的心理特征的总和，不同的个体有着不同的个性特征。个性往往和进取心、创造力紧密相连。在实验中，我们把参与者可能具有的个性分为进取型、中庸进取型、中庸型、中庸保守型、保守型五种。不同类型的个性将对参与者的决策产生不同程度的影响。

进取型：高度追求资金的增值，愿意接受可能出现的大幅波动，以换取资金高增长的可能性。为了最大限度地获得资金增值，常常将大部分资金投入风险较高的品种。在个性上，非常自信，追求极度的成功，常常不留后路以激励自己向前，不惜冒失败的风险。

中庸进取型：专注于投资的长期增值。常常会为提高投资收益而采取一些行动，并愿意为此承受较大的风险。在个性上，通常很有信心，知道自己要什么并甘于冒风险去追求，但是通常也不会忘记给自己留条后路。

中庸型：渴望有较高的投资收益，又不愿承受较大的风险；可以承受一定的投资波动，但是希望自己的投资风险小于市场的整体风险，因此希望投资收益长期、稳步地增长。在个性上，有较高的追求目标，而且对风险有清醒的认识，但通常不会采取激进的办法去达到目标，而总是在事情的两极之间找到相对妥协、均衡的方法，因而通常能缓慢但稳定地进步。

中庸保守型：稳定是重要的考虑因素，希望投资在保证本金安全的基础上能有一些增值收入。希望投资有一定的收益，但常常因回避风险而最终不采取激进的行动。在个性上，不会很明显地害怕冒险，但承受风险的能力有限。

保守型：保护本金不受损失是首要目标，对投资的态度是希望投资收益极度稳定，不愿用高风险来换取收益，通常不太在意资金是否有较大增值。

对已确定的因素进行量化分析，建立决策影响因素模型，如表 6-34 所示。

表 6-34　决策影响因素模型

管理因素	描述	分析	量化
风险偏好 p_1	有	如果由于增加产出而损失，下次将减少损失。如果因为增加产出而受益，将会再增加一点点产出或不改变	++ +=
	无	对风险无所谓	==
情绪因素 p_2	非常好	对参与者的决策具有积极影响	++（−−）
	好	对参与者的决策具有较少影响	+−
	一般	对参与者的决策具有基本没有影响	==
	糟糕	对参与者的决策具有较少影响	+−
	非常糟糕	对参与者的决策具有较大影响	++（−−）

续表

管理因素	描述	分析	量化
感情因素 p_3	糟糕	参与者会增加产出	＋＋
	不相关	对参与者无影响	＝＝
	友好	参与者将减少产出	－－
个性因素 p_4	强势	大的增加	＋＋
	中等强势	小的增加	－－
	一般	无差异	＋－
	较为保守	小的减少	－＝
	保守	大的减少	－＝

（3）决策影响因素模型的量化计算如表 6-35 所示。

表 6-35　决策影响因素量化计算参数

参数	参数解释	参数计算
$n(x)$	$n(x)$ 表示因素量化特征为"x"的总数。例如，$n(+)$，$n(-)$，$n(=)$ 分别表示量化特征为 +，-，= 的总数	如果有 5 个"＋"，3 个"－"4 个"＝"，那么：$n(+) = 5, n(-) = 3, n(=) = 4$ 满足：$\sum_{i=1}^{5}(+) = n(+)$
p_i	影响参与者的第 i 个事件发生的可能性，该可能性根据不同的参与者分别确定	满足：$\sum_{i=1}^{5} p_i = 1$
W	管理因素的总体影响情况，其为各量化因素与相应概率的乘积和	$w = \sum_{i=1}^{5} p_i \times n_i(+) + \sum_{i=1}^{5} p_i \times n_i(-) + \sum_{i=1}^{5} p_i \times n_i(=)$
b_1	表示量化特征"＋"在总体影响情况中的百分比	$b_1 = \sum_{i=1}^{5} p_i \times n_i(+)/w$
b_2	表示量化特征"－"在总体影响情况中的百分比	$b_2 = \sum_{i=1}^{5} p_i \times n_i(-)/w$
q_j	基于参与者 j 的产出的决策	$q_j = (1 + b_1 - b_2) \times \bar{q}_j$

（4）选择管理者进行博弈实验，通过对实验结果的分析，最终解释各个因素是如何影响管理者决策的。

【实验步骤】

1. 实验分析

（1）确定实验研究的题目，即影响管理者决策的因素分析，选择实验背景，明确实验的切入点，即煤炭行业的决策者对产量的制定决策。

（2）确定实验目的，即找出影响实验者决策的因素（图 6-7）然后通过定性与定量相结合的方法分析出各个因素是如何影响管理者决策的，即对决策制定的产量产生了哪些影响，继而如何影响其所获得的利润。

2. 实验设计

（1）根据实验分析阶段确定的影响因素，运用模糊因素分析方法，通过定量与定性相结合的方法，设计出"决策影响因素模型"（表 6-34）。

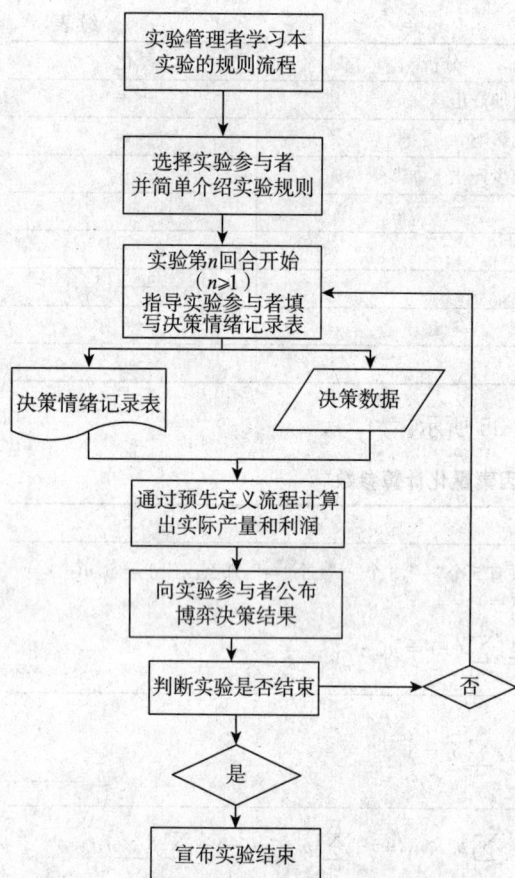

图 6-8 实验管理者流程图

（2）确定影响参数计算公式（表 6-35）。

（3）设计具体的实验流程，即实验管理者流程（图 6-8）与实验参与者流程（图6-9）。

（4）设计实验问卷，即实验参与者心理情绪因素记录表（见附录 A）。

3. 实验实施

（1）选择 5 名煤炭行业的产量制定者为实验的参与者，安排实验参与者入座。

（2）实验管理者宣布实验第一回合开始，实验参与者在 0～1 500 选择一个预期产量。

（3）实验参与者填写问卷，实验管理者记录下问卷的内容，并根据预先公式计算出该回合产量的成本、利润。

（4）第一回合结束后，由实验管理者向全部的实验参与者公布每人的预期产量及相应的成本和利润。

（5）实验参与者根据第一回合的结果重复第二回合的实验，以此类推，进行 5 个回合。

（6）实验管理者宣布实验结束，进行数据分析得出结论。

【实验结论】

对收集到的数据进行分析，可以得到以下几点。

（1）从博弈者实际选择的产量来看，博弈前 20 回合的产量变化大于后 20 回合，经过 40 回合博弈后，产量趋于一个均衡值（图 6-10）。

（2）5 个产量决策者在对风险的态度上几乎都选择了风险偏好（82.5％的比率），其原因除了是参加模拟实验而不必担心有真实的损失发生以外，也符合产量决策者勇于冒险的实际情况。与此同时，当博弈者选择冒风险以获取更高利润时，也有两种不同情况出现：一是当他增加或者减少产量并没有带来利润的增加，相反导致利润下降，甚至亏损时，他会冒较大的风险继续选择增加或者减少较大的产量（50 单位以上），这类似于我们俗话说的"破釜沉舟"、"背水一战"；二是当他发现增加或者减少产量可以带来利润上升时，他会在下一回合增加或者减少少许的产量。这符合我们之前的假设：当人们面临条件相当的损失前景时，更加倾向于冒险赌博（风险偏好），而面临条件相当的盈利前景时，更倾向于确定性盈利（风险规避）。

（3）博弈者所做决策同当时的心理状态并不完全吻合。例如，当博弈者选择积极进取的个性态度时，在实验开始的几个回合，他会选择较大的产量，但是当他发现选择高的产量并不能导致利润增加，相反导致了利润的下降，甚至亏损时，他会降低产量，甚

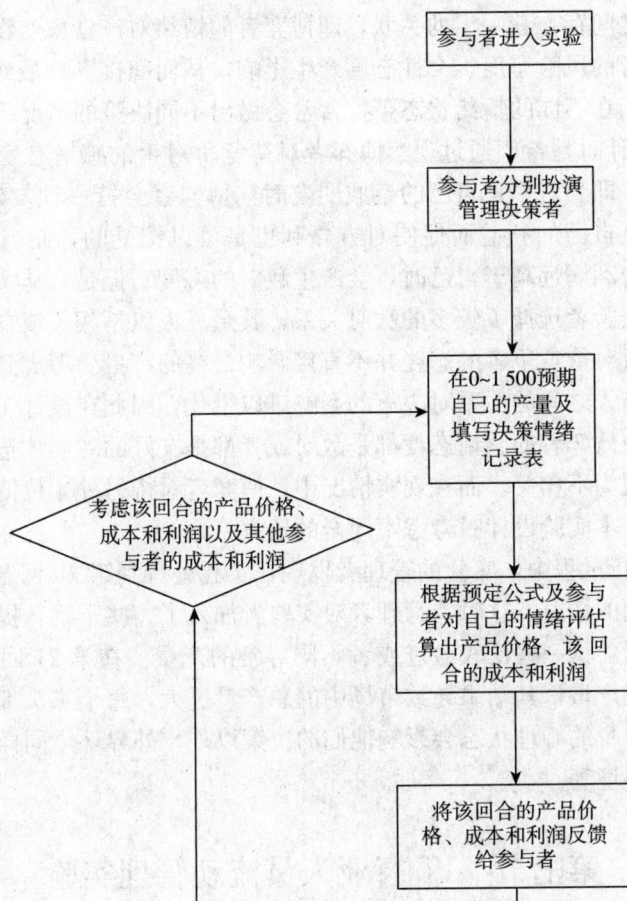

图 6-9　实验参与者流程图

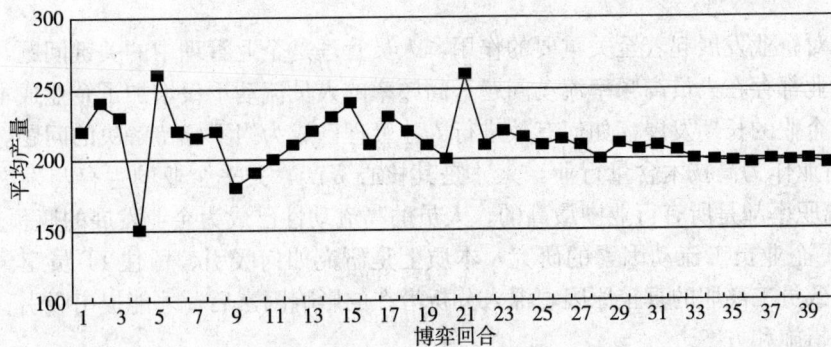

图 6-10　博弈回合结果图

至在后续的几个博弈回合中，一直保持在这个产量附近，这表明：博弈者虽然保持的是积极进取的态度，但是，他们实际的决策则是相对保守的。

（4）情绪对博弈者的产量影响并不显著，但是可以观察到的是，当博弈者情绪处于很好或者好的状态时，其对待风险的态度是风险偏好的，个性因素选择是积极进取的，这说明3个因素之间存在着一定的关联,即博弈者的情绪对产量虽然没有直接影响,但是它可以对博弈者的风险态度、个性态度产生影响,从而间接影响最终的决策产量,这也符合现实中人们在不同的情绪状态下,常常会做出不同决策的情况。

(5)本实验设计时是希望通过观察博弈者对待竞争对手的感情态度来验证管理实验的文化传统假设,即当对手是自己的亲戚朋友时,博弈者会持一种友好、温和的态度,即使需要牺牲一点自己的利益而促使对方赢利也是可以接受的,而当对手与自己有过节,或者在实验中利润远高于自己时,会产生敌对的态度。但是,从实验收集到的数据来看,只有两个实验者选择了较多的敌对关系,其余三人以不相关或友好居多。从实验结果来看,博弈者对待竞争者的态度并不直接影响最终的产量。考虑到人与人之间的感情难以量化,人与人之间的关系对决策的影响难以量化,因此在设计实验时,假设仅当博弈者对另外4位博弈者的感情态度都是敌对或者都是友好的时候才选择是敌对或者朋友关系,否则均视为不相关。而在现实情况中,博弈者对待另外4位博弈者的态度是各不相同的,这也是本实验设计时考虑不周全的地方。

(6)在实验进行过程中,实验的管理者发现在实验进行到第20回合时,5位博弈者的产量有趋于雷同的情况,这时,管理者对实验者加入了一些干扰,提示5个寡头的产量比较接近,建议尝试一些比较激进或者不同寻常的产量。在第21回合,所有的博弈者都增加了较大的产量,其结果导致市场中的总产量过大,每个寡头都出现了亏损。这表明除了博弈者自身的心理状态会影响他们的决策以外,外界环境同样会对他们产生影响,如市场供需环境等。

第七节　IT行业人员流动管理实验

一、背景简介

人才对企业发展起着至关重要的作用,人员管理是企业管理中的关键问题,然而当前众多行业都存在人员高频率流动问题。高频率的人员流动不仅增加了企业成本,更严重制约了企业的长期发展,如何有效进行人才管理已成为当下亟待解决的问题。

IT行业作为高技术含量行业,人才是其核心资产,关乎企业的生存与发展,然而IT行业离职率却是所有行业中最高的,人员的高流动性已成为企业发展的瓶颈。

对IT企业员工流动因素的研究,本质上是研究如何吸引、留住IT员工。只有全面理解导致员工离职的真正原因,深入分析潜在的影响因素后,才能提出吸引、留住员工的有效措施和方案。

二、设计思路

以IT行业为背景,研究分析影响人员流动(即离职率)的相关因素。首先,通过查阅大量资料,分析行业特征,确定影响因素的评价指标体系,包括定量和定性两方面。其次,采用调查问卷(见附录A)的形式搜集数据,对数据进行分析,识别影响IT行业人员流动的关键因素。本实验意在找出影响人员流动的相关因素,为降低IT行业人员离职率提供决策依据，为提高人力资源的有效管理提出建议、措施。

三、实验内容

【实验目的】

(1)分析 IT 行业人员流动的影响因素(个人因素、组织因素)。

(2)识别导致 IT 行业人员高流动性的关键因素。

(3)提出降低 IT 行业人员高流动性的决策依据和建议。

【实验原理】

(1)了解 IT 行业的人员流动性问题现状和研究现状。

(2)设计明确的评价指标体系，指标体系包括定性指标和定量指标两个部分。

(3)合理设计调查问卷，获取足够的数据样本。

(4)问卷分析过程中要求数据分析模型简洁、数据处理合理。

(5)得出适当的实验结论和人力资源管理建议。

【实验范围】

从事 IT 行业且有离职倾向或已有离职经历的人员。

【实验方案设计】

实验总体流程图如图 6-11 所示。

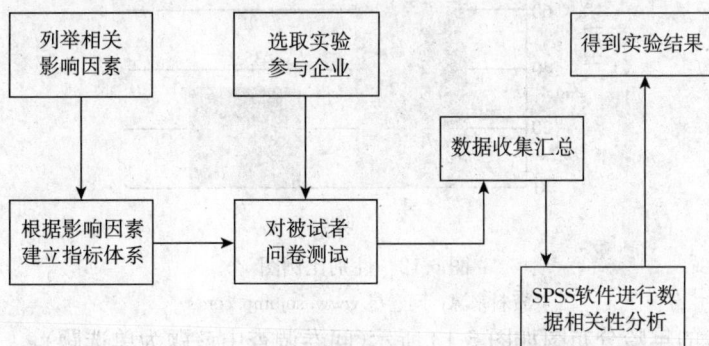

图 6-11　实验总体流程图

实验设计指标体系如表 6-36 所示。

表 6-36　指标体系

指标类型	指标名称	指标衡量
定量指标	薪酬与绩效	工资水平、奖励制度
	成长机会	轮岗、培训、升职
	与管理人员的沟通	沟通周期、形式
	组织本身	规模、行业地位、绩效
定性指标	企业文化	组织约束(工作约束、雇佣合同、群体规范等)
	工作本身满意度	工作与自身能力相适应、工作认同感等

【实验步骤】

步骤一：分析 IT 行业人员流动的现状，清楚定义、解释该问题（见实验原理）。

步骤二：根据现状选择影响 IT 行业人员流动性的相关因素，建立指标体系，设计定性、定量指标（见实验设计指标体系）。

步骤三：设计调查问卷（见附录 A）。

步骤四：对选取的 IT 行业被试者进行问卷测试，收集数据（主要平台是问卷星网站）。

步骤五：用 SPSS 软件对收集的数据进行相关性分析（分析结论见实验结论部分单因素分析和交叉因素分析）。

步骤六：根据数据处理结果，得出对人员流动影响最大的指标，为人力资源管理提出相关建议（见实验结论人力资源管理建议）。

【实验结论】

（一）单因素分析

1. 数据

（1）受访者的性别比例图如图 6-12 所示（问卷调查中该题为单选题）。

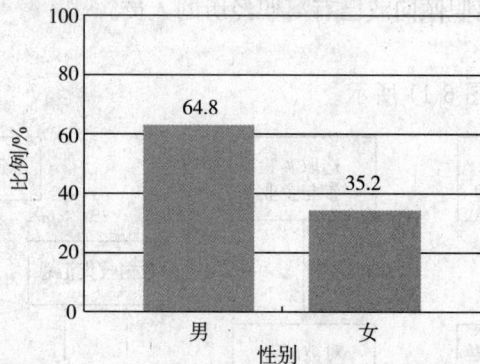

图 6-12　性别比例图

资料来源：问卷星 www.sojump.com

（2）受访者的年龄分布图如图 6-13 所示（问卷调查中该题为单选题）。

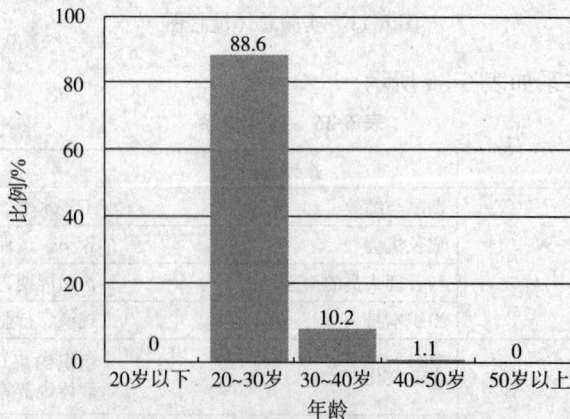

图 6-13　年龄分布图

资料来源：问卷星 www.sojump.com

（3）受访者的文化程度分布图如图 6-14 所示（问卷调查中该题为单选题）。

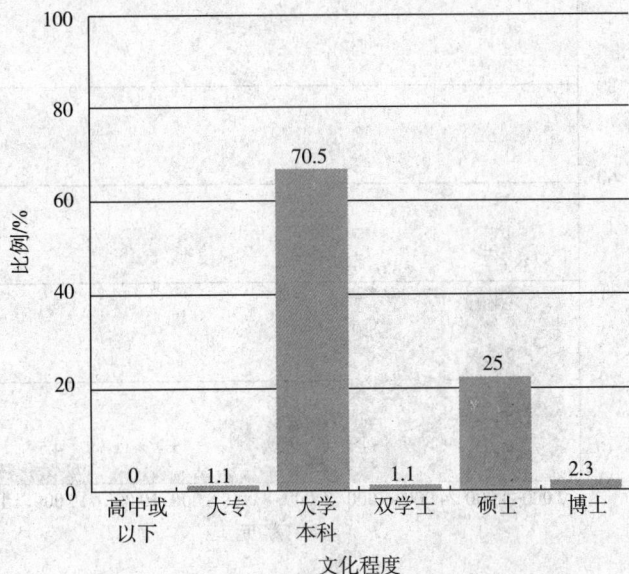

图 6-14　文化程度分布图

资料来源：问卷星 www.sojump.com

（4）受访者从事 IT 行业的时间分布图如图 6-15 所示（问卷调查中该题为单选题）。

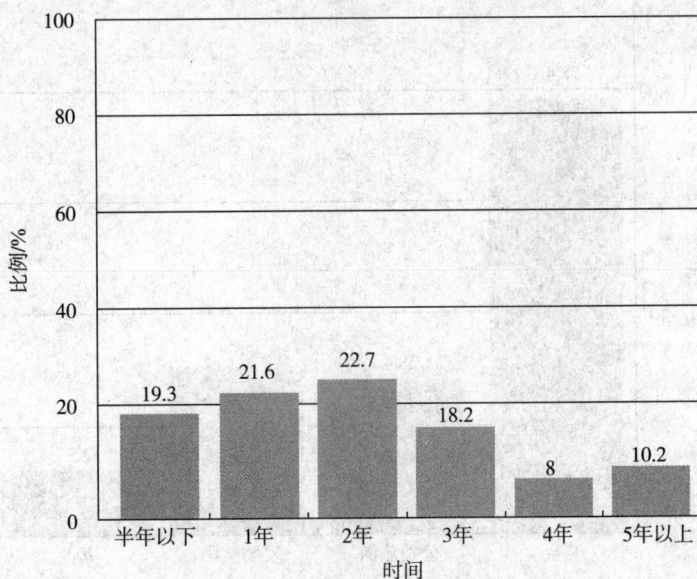

图 6-15　从事 IT 行业时间分布图

资料来源：问卷星 www.sojump.com

（5）受访者在职期间的月薪范围图如图 6-16 所示（问卷调查中该题为单选题）。

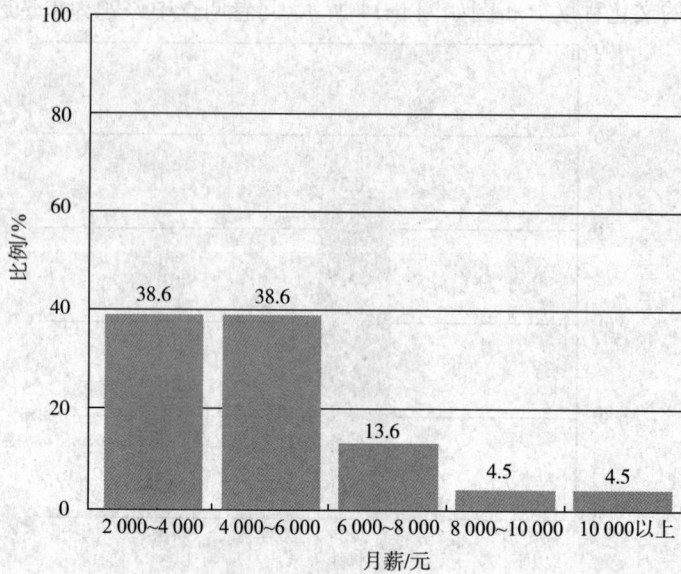

图 6-16 在职期间月薪范围图

资料来源：问卷星 www.sojump.com

（6）受访者在职期间获得的福利奖励如图 6-17 所示（问卷调查中该题为单选题）。

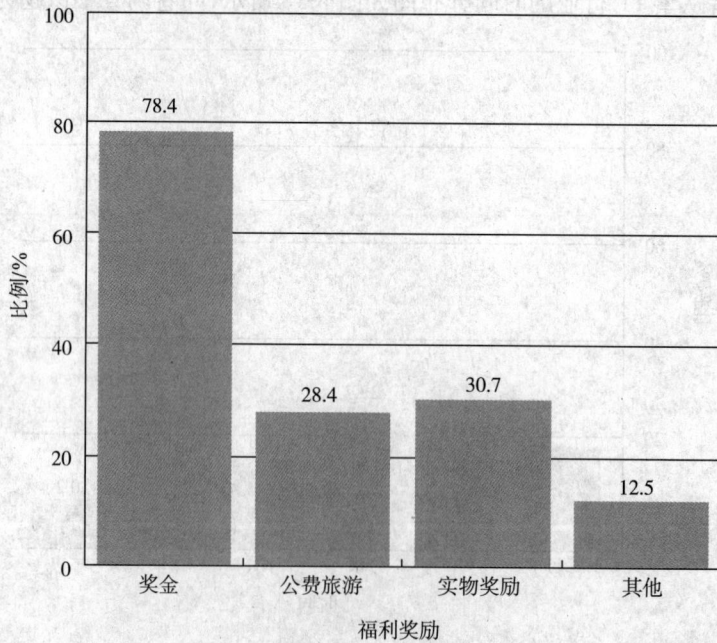

图 6-17 在职期间福利奖励图

资料来源：问卷星 www.sojump.com

（7）受访者在职期间平均每年的轮岗次数图如图 6-18 所示（问卷调查中该题为单

选题）。

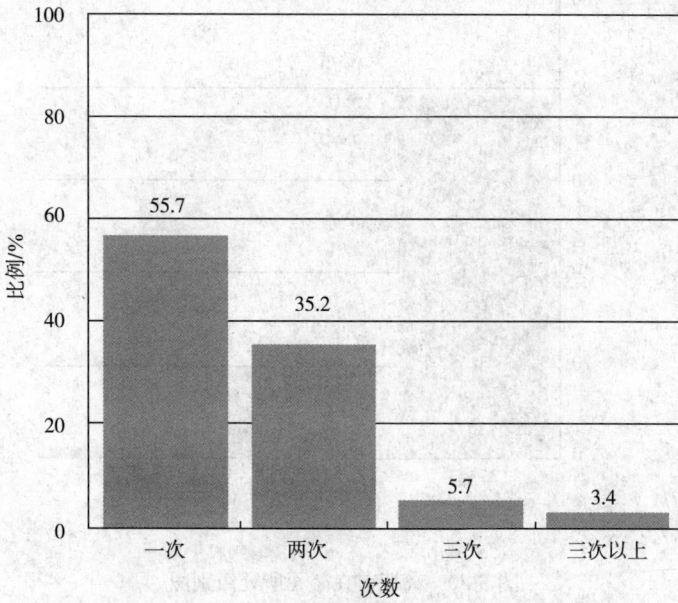

图 6-18　平均每年轮岗次数图
资料来源：问卷星 www. sojump. com

(8)受访者在职期间参加单位组织培训次数图如图 6-19 所示(问卷调查中该题为单选题)。

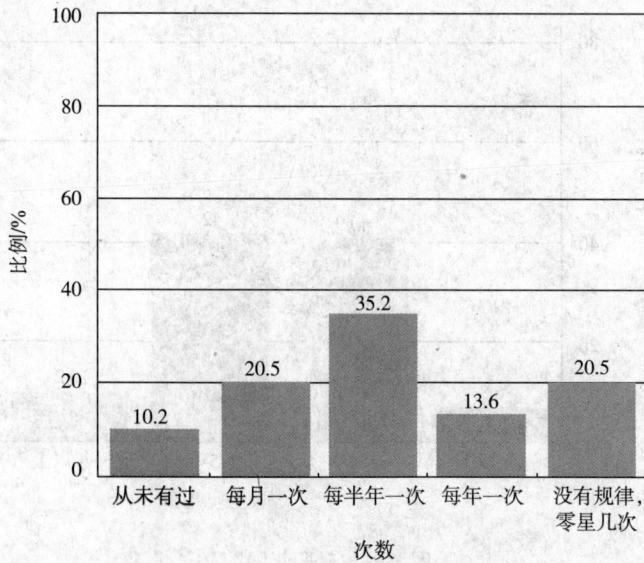

图 6-19　参加单位组织培训次数图
资料来源：问卷星 www. sojump. com

（9）受访者离职前在公司所处级别图如图 6-20 所示（问卷调查中该题为单选题）。

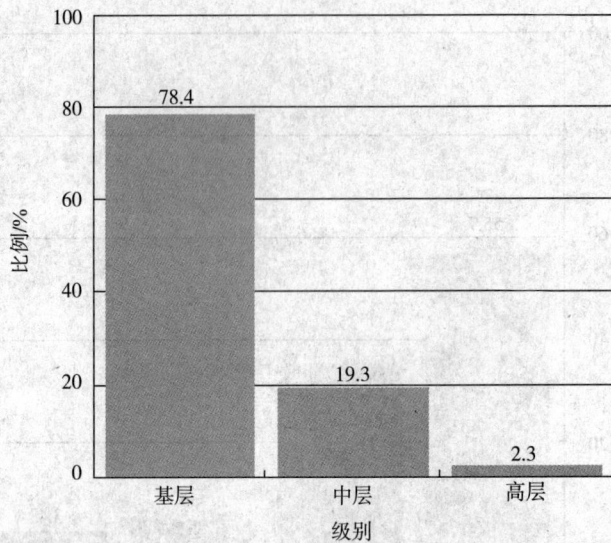

图 6-20　离职前在公司所处级别图

资料来源：问卷星 www.sojump.com

（10）受访者预计的升职至下一级别所需要的时间如图 6-21 所示（问卷调查中该题为单选题）。

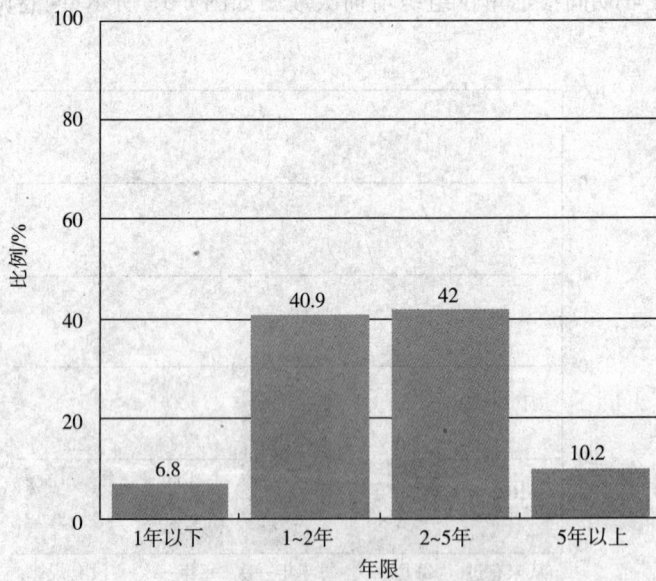

图 6-21　升职年限图

资料来源：问卷星 www.sojump.com

(11)受访者在职期间与上级领导交流的频率如图 6-22 所示(问卷调查中该题为单选题)。

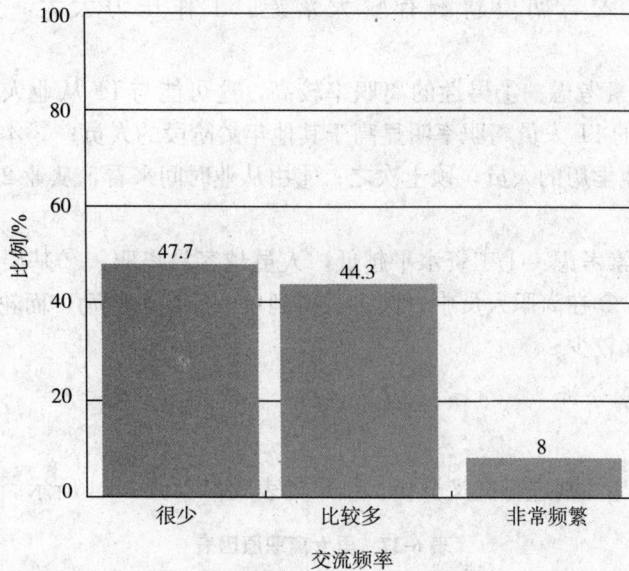

图 6-22 在职期间与领导交流频率图

资料来源：问卷星 www.sojump.com

(12)导致受访者离职的主要原因如图 6-23 所示(问卷调查中该题为多选题)。

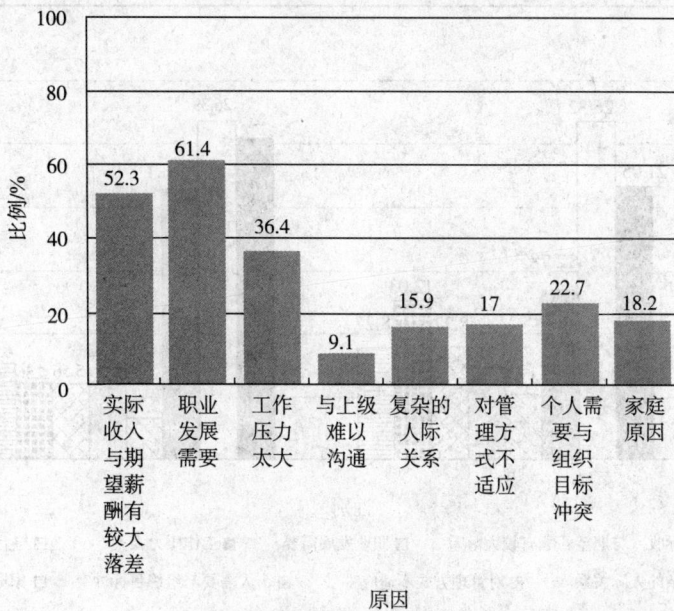

图 6-23 离职原因图

资料来源：问卷星 www.sojump.com

2. 单个因素分析结论

从上面的单个因素分析可以看出，最可能造成人员离职的三大原因分别是：职业发展需要、实际收入与期望薪酬有较大落差、工作压力太大，分别占 61.4%、52.3%、36.4%。

(1)从个人因素考虑：①男性的离职率较高，这可能与 IT 从业人员的性别比例有关；②20～30 岁的 IT 人员离职率明显高于其他年龄阶段的人员；③本科学历的人员离职率大大高于其他学历的人员，硕士次之；④由从业时间来看，从业 2 年以下的人员离职率更高。

(2)从组织因素考虑：①工资水平越低，人员越容易离职；②基层人员离职率大大高于中高层人员；③在离职人员中，大多只得到单一的现金奖励，而轮岗次数、培训次数、与上级交流都较少。

(二)交叉因素分析

1. 数 据

(1)将各因素与性别进行交叉分析，结果如表 6-37、图 6-24 所示。

表 6-37　男女离职原因表

Y / X	实际收入与期望薪酬有较大落差	职业发展需要	工作压力太大	与上级难以沟通	复杂的人际关系	对管理方式不适应	个人需要与组织目标冲突	家庭原因	小计
男	28(21.05%)	35(26.32%)	17(12.78%)	6(4.51%)	9(6.77%)	11(8.27%)	16(12.03%)	11(8.27%)	133
女	18(25%)	19(26.39%)	15(20.83%)	2(2.78%)	5(6.94%)	4(5.56%)	4(5.56%)	5(6.94%)	72

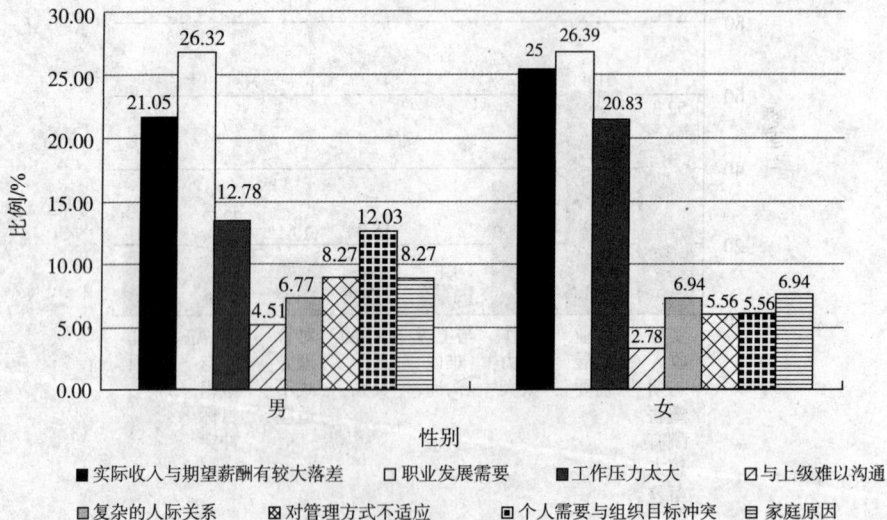

图 6-24　离职原因图

资料来源：问卷星 www.sojump.com

(2)将各因素与年龄进行交叉分析，结果如表6-38、图6-25所示。

表6-38　离职原因年龄分布表

X＼Y	实际收入与期望薪酬有较大落差	职业发展需要	工作压力太大	与上级难以沟通	复杂的人际关系	对管理方式不适应	个人需要与组织目标冲突	家庭原因	小计
20岁以下	0(0%)	0(0%)	0(0%)	0(0%)	0(0%)	0(0%)	0(0%)	0(0%)	0
20~30岁	46(24.6%)	46(24.6%)	31(16.58%)	8(4.28%)	13(6.95%)	15(8.02%)	16(8.56%)	12(6.42%)	187
30~40岁	0(0%)	7(43.75%)	1(6.25%)	0(0%)	1(6.25%)	0(0%)	4(25%)	3(18.75%)	16
40~50岁	0(0%)	1(50%)	0(0%)	0(0%)	0(0%)	0(0%)	0(0%)	1(50%)	2
50岁以上	0(0%)	0(0%)	0(0%)	0(0%)	0(0%)	0(0%)	0(0%)	0(0%)	0

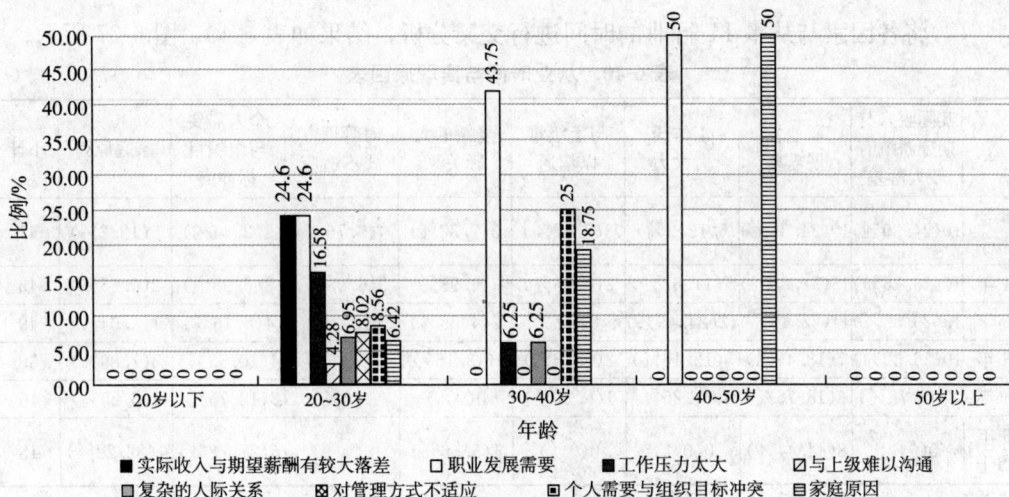

图6-25　离职原因年龄段分布图
资料来源：问卷星 www.sojump.com

(3)将各因素与文化程度进行交叉分析，结果如表6-39、图6-26所示。

表6-39　离职原因文化程度分布表

X＼Y	实际收入与期望薪酬有较大落差	职业发展需要	工作压力太大	与上级难以沟通	复杂的人际关系	对管理方式不适应	个人需要与组织目标冲突	家庭原因	小计
大专	1(100%)	0(0%)	0(0%)	0(0%)	0(0%)	0(0%)	0(0%)	0(0%)	1
大学本科	37(25.52%)	39(26.9%)	26(17.93%)	5(3.45%)	10(6.9%)	8(5.52%)	12(8.28%)	8(5.52%)	145
双学士	1(50%)	0(0%)	0(0%)	0(0%)	0(0%)	0(0%)	0(0%)	1(50%)	2
硕士	7(12.96%)	13(24.07%)	6(11.11%)	3(5.56%)	4(7.41%)	7(12.96%)	8(14.81%)	6(11.11%)	54
博士	0(0%)	2(66.67%)	0(0%)	0(0%)	0(0%)	0(0%)	0(0%)	1(33.33%)	3

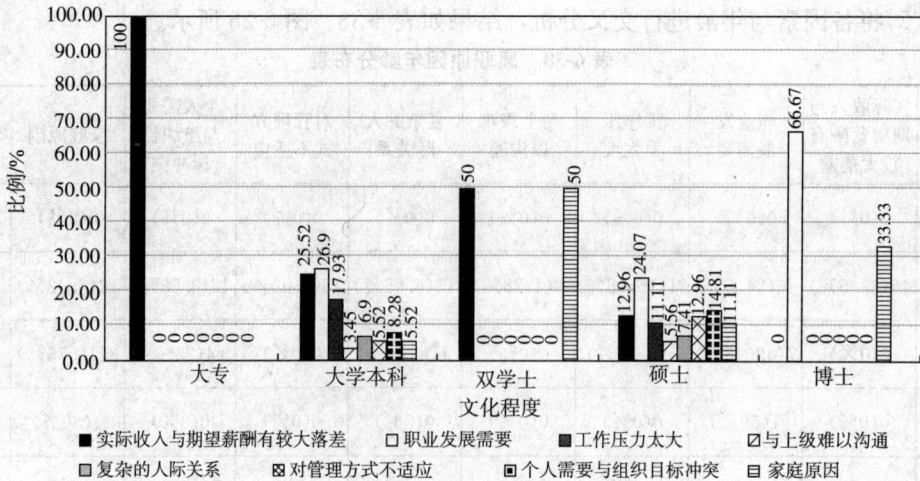

图 6-26　离职原因文化程度分布图
资料来源：问卷星 www.sojump.com

（4）将各因素与从事 IT 行业的时间进行交叉分析，结果如表 6-40、图 6-27 所示。

表 6-40　从业时间与离职原因表

X ＼ Y	实际收入与期望薪酬有较大落差	职业发展需要	工作压力太大	与上级难以沟通	复杂的人际关系	对管理方式不适应	个人需要与组织目标冲突	家庭原因	小计
半年以下	10(24.39%)	10(24.39%)	5(12.2%)	3(7.32%)	3(7.32%)	4(9.76%)	1(2.44%)	5(12.2%)	41
1 年	10(23.26%)	15(34.88%)	5(11.63%)	2(4.65%)	3(6.98%)	3(6.98%)	3(6.98%)	2(4.65%)	43
2 年	13(26.53%)	11(22.45%)	12(24.49%)	0(0%)	2(4.08%)	6(12.24%)	4(8.16%)	1(2.04%)	49
3 年	10(26.32%)	7(18.42%)	5(13.16%)	2(5.26%)	5(13.16%)	2(5.26%)	4(10.53%)	3(7.89%)	38
4 年	3(18.75%)	3(18.75%)	5(31.25%)	1(6.25%)	0(0%)	0(0%)	3(18.75%)	1(6.25%)	16
5 年以上	0(0%)	8(44.44%)	0(0%)	0(0%)	1(5.56%)	0(0%)	5(27.78%)	4(22.22%)	18

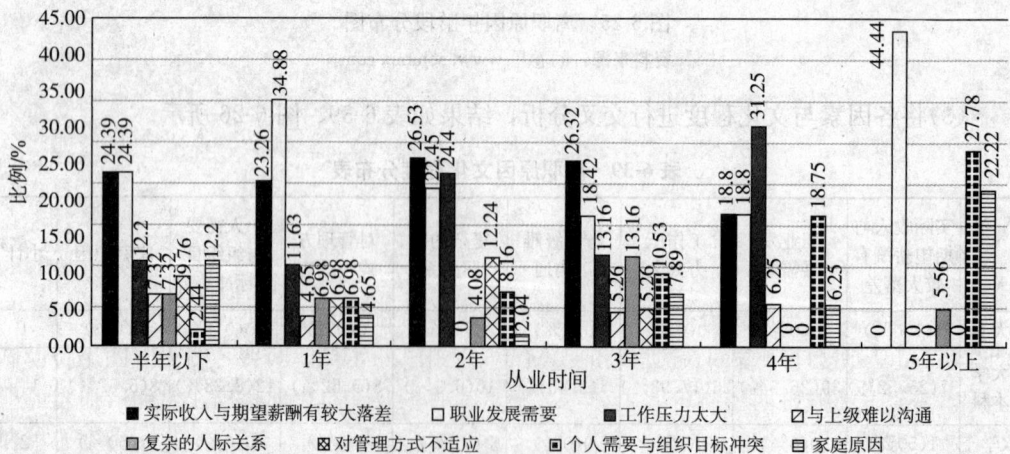

图 6-27　从业时间与离职原因图
资料来源：问卷星 www.sojump.com

（5）将各因素与薪酬水平进行交叉分析，结果如表6-41、图6-28所示。

表6-41 离职原因与薪酬水平

Y\X	实际收入与期望薪酬有较大落差	职业发展需要	工作压力太大	与上级难以沟通	复杂的人际关系	对管理方式不适应	个人需要与组织目标冲突	家庭原因	小计
2 000～4 000元	25(33.78%)	17(22.97%)	14(18.92%)	1(1.35%)	3(4.05%)	4(5.41%)	4(5.41%)	6(8.11%)	74
4 000～6 000元	17(20.73%)	21(25.61%)	13(15.85%)	5(6.1%)	7(8.54%)	8(9.76%)	7(8.54%)	4(4.88%)	82
6 000～8 000元	4(12.5%)	9(28.13%)	4(12.5%)	1(3.13%)	2(6.25%)	2(6.25%)	7(21.88%)	3(9.38%)	32
8 000～10 000元	0(0%)	3(42.86%)	1(14.29%)	0(0%)	1(14.29%)	0(0%)	1(14.29%)	1(14.29%)	7
10 000元以上	0(0%)	4(40%)	0(0%)	1(10%)	1(10%)	1(10%)	1(10%)	2(20%)	10

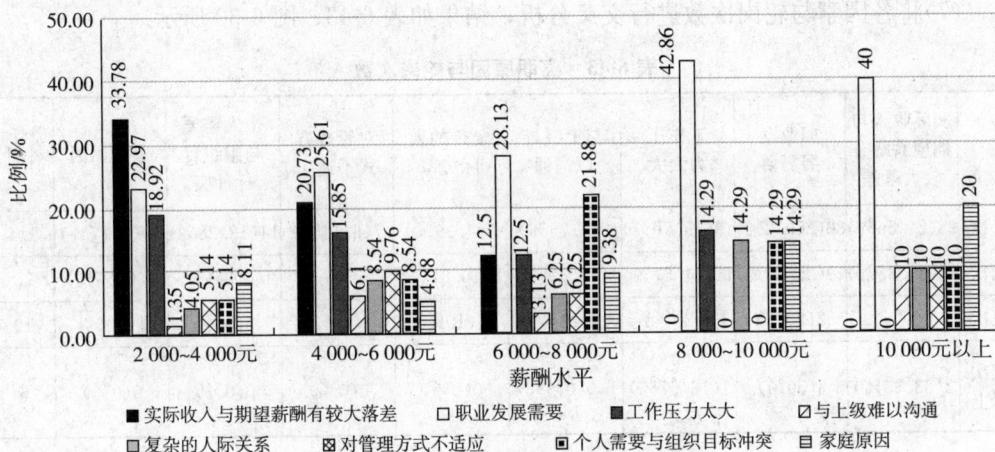

图 6-28 离职原因与薪酬水平分布图

资料来源：问卷星 www.sojump.com

（6）将各因素与任职公司的福利水平进行交叉分析，结果如表6-42、图6-29所示。

表6-42 离职原因与公司的福利水平

Y\X	实际收入与期望薪酬有较大落差	职业发展需要	工作压力太大	与上级难以沟通	复杂的人际关系	对管理方式不适应	个人需要与组织目标冲突	家庭原因	小计
奖金	32(19.75%)	43(26.54%)	28(17.28%)	6(3.7%)	10(6.17%)	10(6.17%)	18(11.11%)	15(9.26%)	162
公费旅游	9(15.52%)	18(31.03%)	9(15.52%)	2(3.45%)	4(6.9%)	3(5.17%)	8(13.79%)	5(8.62%)	58
实物奖励	15(20.83%)	19(26.39%)	9(12.5%)	4(5.56%)	8(11.11%)	7(9.72%)	4(5.56%)	6(8.33%)	72
其他	8(25.81%)	9(29.03%)	3(9.68%)	1(3.23%)	3(9.68%)	2(6.45%)	2(6.45%)	3(9.68%)	31

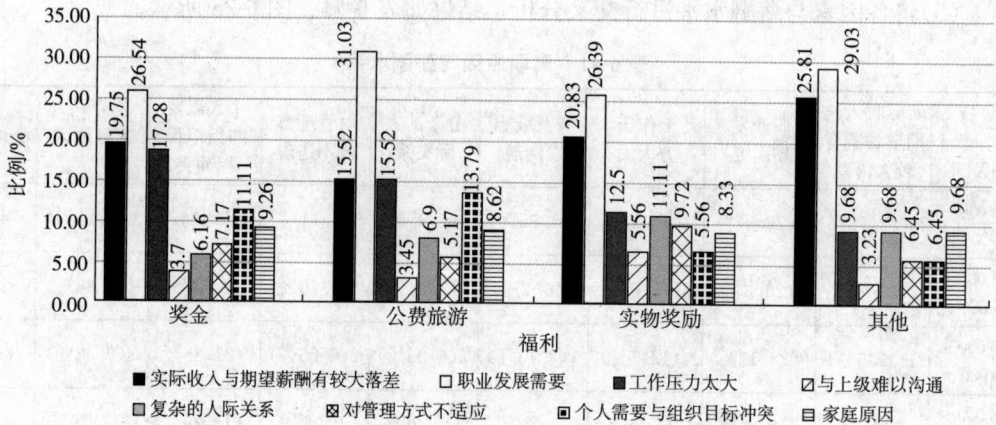

图 6-29　离职原因与公司福利水平分布图

资料来源：问卷星 www.sojump.com

(7)将各因素与轮岗次数进行交叉分析，结果如表 6-43、图 6-30 所示。

表 6-43　离职原因与轮岗次数

X＼Y	实际收入与期望薪酬有较大落差	职业发展需要	工作压力太大	与上级难以沟通	复杂的人际关系	对管理方式不适应	个人需要与组织目标冲突	家庭原因	小计
一次	28(24.56％)	30(26.32％)	18(15.79％)	2(1.75％)	5(4.39％)	7(6.14％)	14(12.28％)	10(8.77％)	114
两次	16(21.33％)	19(25.33％)	11(14.67％)	4(5.33％)	8(10.67％)	6(8％)	6(8％)	5(6.67％)	75
三次	0(0％)	2(20％)	2(20％)	2(20％)	1(10％)	2(20％)	0(0％)	1(10％)	10
三次以上	2(33.33％)	3(50％)	1(16.67％)	0(0％)	0(0％)	0(0％)	0(0％)	0(0％)	6

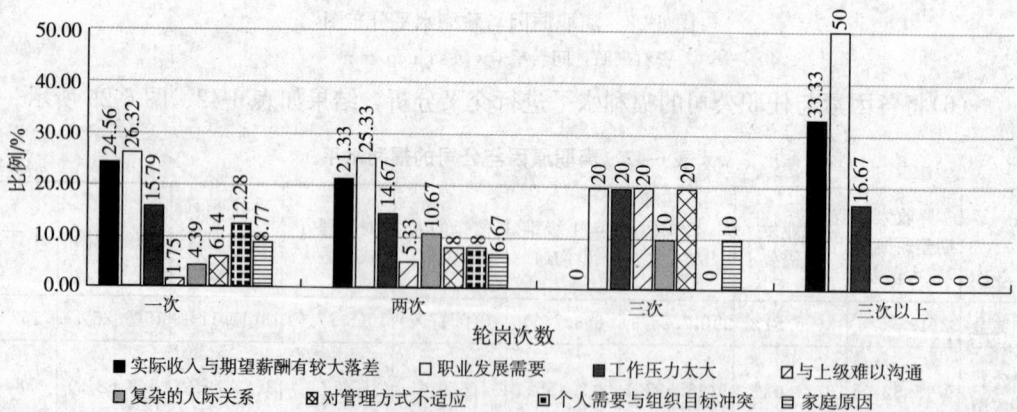

图 6-30　离职原因与轮岗次数分布图

资料来源：问卷星 www.sojump.com

(8)将各因素与单位组织培训次数进行交叉分析，结果如表 6-44、图 6-31 所示。

表 6-44 离职原因与单位组织培训次数

Y / X	实际收入与期望薪酬有较大落差	职业发展需要	工作压力太大	与上级难以沟通	复杂的人际关系	对管理方式不适应	个人需要与组织目标冲突	家庭原因	小计
从未有过	9(34.62%)	7(26.92%)	3(11.54%)	1(3.85%)	2(7.69%)	2(7.69%)	0(0%)	2(7.69%)	26
每月一次	11(22.45%)	14(28.57%)	6(12.24%)	3(6.12%)	4(8.16%)	5(10.2%)	4(8.16%)	2(4.08%)	4
每半年一次	14(19.72%)	21(29.58%)	13(18.31%)	2(2.82%)	4(5.63%)	4(5.63%)	8(11.27%)	5(7.04%)	71
每年一次	3(13.04%)	5(21.74%)	5(21.74%)	1(4.35%)	2(8.7%)	0(0%)	4(17.39%)	3(13.04%)	23
没有规律，零星几次	9(25%)	7(19.44%)	5(13.89%)	1(2.78%)	2(5.56%)	4(11.11%)	4(11.11%)	4(11.11)	36

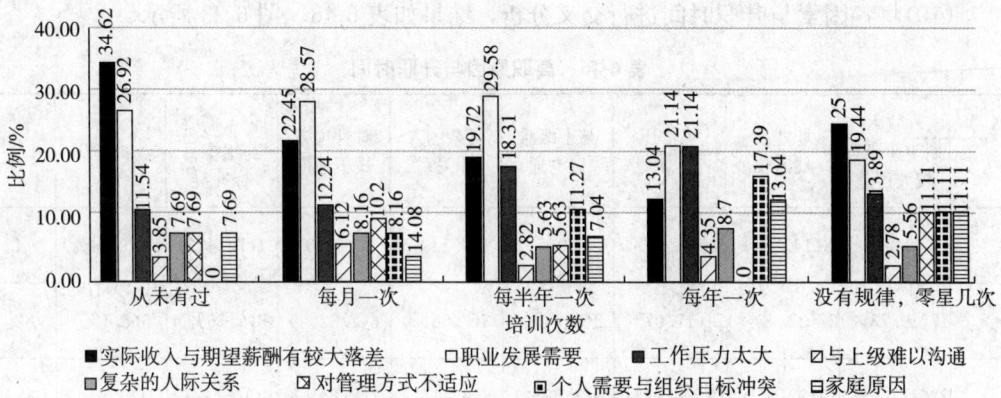

图 6-31 离职原因与单位组织培训次数分布图

资料来源：问卷星 www.sojump.com

(9)将各因素与岗位级别进行交叉分析，结果如表 6-45、图 6-32 所示。

表 6-45 离职原因与岗位级别

Y / X	实际收入与期望薪酬有较大落差	职业发展需要	工作压力太大	与上级难以沟通	复杂的人际关系	对管理方式不适应	个人需要与组织目标冲突	家庭原因	小计
基层	41(25.15%)	40(24.54%)	30(18.4%)	7(4.29%)	10(6.13%)	14(8.59%)	11(6.75%)	10(6.13%)	163
中层	5(13.51%)	12(32.43%)	2(5.41%)	1(2.7%)	4(10.81%)	1(2.7%)	8(21.62%)	4(10.81%)	37
高层	0(0%)	2(40%)	0(0%)	0(0%)	0(0%)	0(0%)	1(20%)	2(40%)	5

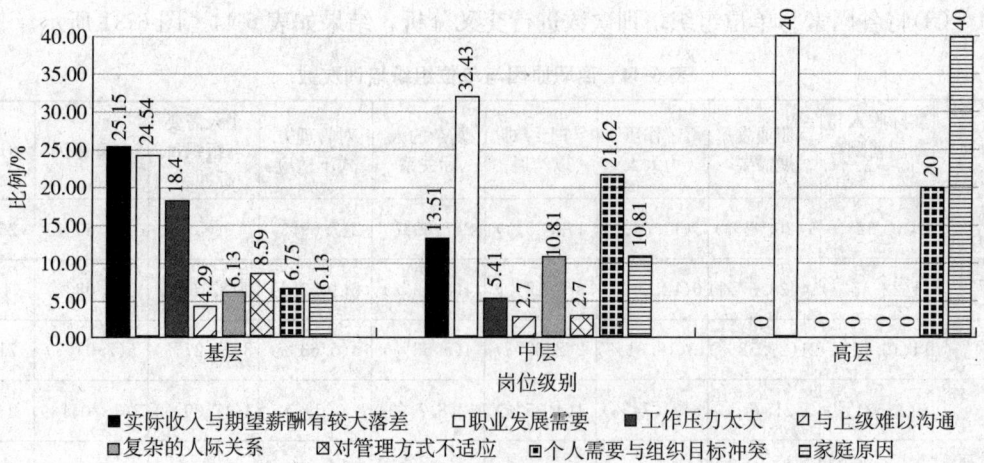

图 6-32　离职原因与岗位级别分布图

资料来源：问卷星 www.sojump.com

（10）将各因素与升职时间进行交叉分析，结果如表 6-46、图 6-33 所示。

表 6-46　离职原因与升职时间

Y ＼ X	实际收入与期望薪酬有较大落差	职业发展需要	工作压力太大	与上级难以沟通	复杂的人际关系	对管理方式不适应	个人需要与组织目标冲突	家庭原因	小计
1年以下	4(28.57%)	2(14.29%)	3(21.43%)	0(0%)	1(7.14%)	0(0%)	1(7.14%)	3(21.43%)	14
1～2年	17(20.73%)	27(32.93%)	14(17.07%)	2(2.44%)	3(3.66%)	6(7.32%)	8(9.76%)	5(6.1%)	82
2～5年	23(27.06%)	19(22.35%)	12(14.12%)	3(3.53%)	8(9.41%)	7(8.24%)	9(10.59%)	4(4.71%)	85
5年以上	2(8.33%)	6(25%)	3(12.5%)	3(12.5%)	2(8.33%)	2(8.33%)	2(8.33%)	4(16.67%)	24

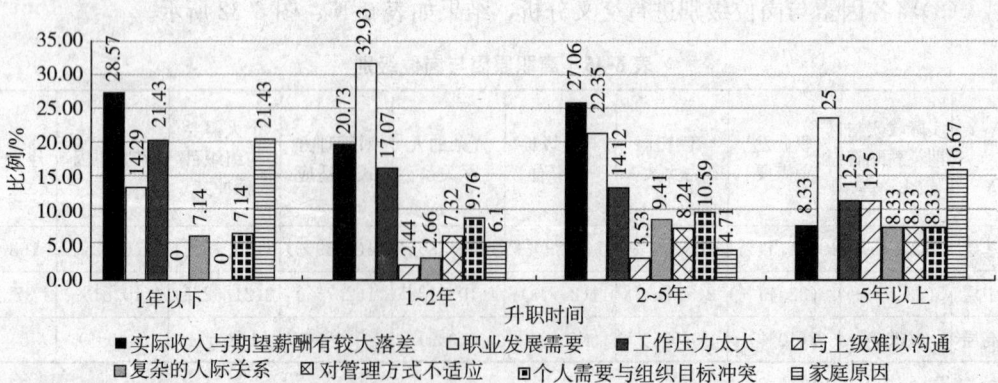

图 6-33　离职原因与升职时间分布图

资料来源：问卷星 www.sojump.com

(11)将各因素与上级领导交流次数进行交叉分析，结果如表6-47、图6-34所示。

表6-47　离职原因与领导交流次数

X＼Y	实际收入与期望薪酬有较大落差	职业发展需要	工作压力太大	与上级难以沟通	复杂的人际关系	对管理方式不适应	个人需要与组织目标冲突	家庭原因	小计
很少	23(24.21%)	19(20%)	15(15.79%)	6(6.32%)	7(7.37%)	10(10.53%)	8(8.42%)	7(7.37%)	95
比较多	22(22.45%)	30(30.61%)	16(16.33%)	2(2.04%)	7(7.14%)	5(5.1%)	10(10.2%)	6(6.12%)	98
非常频繁	1(8.33%)	5(41.67%)	1(8.33%)	0(0%)	0(0%)	0(0%)	2(16.67%)	3(25%)	12

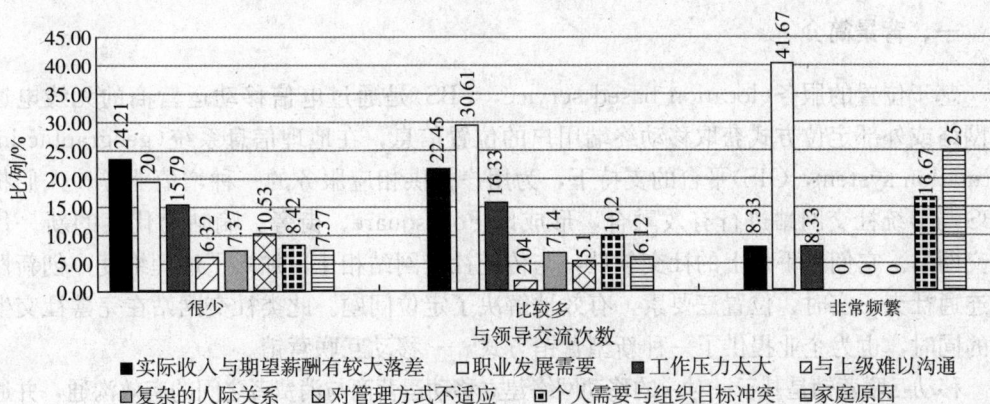

图6-34　离职原因与领导交流次数分布图

资料来源：问卷星 www.sojump.com

2. 交叉因素分析结论

"职业发展需要"、"实际收入与期望薪酬有较大落差"、"工作压力太大"在离职原因中所占比重较大，且女性比男性更容易因为工作压力太大而离职。

随着年龄的增大，或者教育学历的提升，以及职位的升高，人员更注重职业发展，更可能因为个人职业发展的需要而离职。同时，轮岗次数越多，人员接触的领域越多，更容易表现出对职业发展的关注。

随着从业时间的增加，人员的个人需要与组织目标冲突在离职原因中体现的较为突出。"与上级交流次数越频繁"离职率越低，相反"员工与上级难沟通"、"对管理方式的不适应"、"复杂的人际关系"等因素将会导致较高的离职率。

离职原因与人员的工资水平和福利方式、单位培训次数没有表现出明显的相关性。

四、人力资源管理建议

通过对问卷各项因素的单因素分析和交叉因素分析，得出以下对IT企业的人力资源管理建议。

(1)更加注重员工的职业发展，可以开展一些职业发展的相关培训和讲座，并帮助他们制定和实行自己的职业规划。

(2)关注员工的精神压力和生活压力，注重员工薪酬的公平性和合理性，可以考虑通过问卷或访谈的方式了解员工的压力来源和期望回报。

（3）更关注年轻员工的管理，通过为他们提供具有吸引力的发展机会和薪酬，以及轻松的企业文化氛围来留住人才。

（4）管理人员要加强与下属的沟通，及时了解下属的想法和期望，让员工产生更高的忠诚度和归属感。

第八节　移动互联营销适用商户特征管理实验

一、背景简介

基于位置的服务（location based service，LBS）是通过电信移动运营商的无线电通信网络或外部定位方式获取移动终端用户的位置信息，在地理信息系统（geographic information system，GIS）平台的支持下，为用户提供相应服务的一种增值业务。人们将LBS与传统社交网站进行有效融合，形成以 Foursquare、街旁、嘀咕为代表的新一代社交网站。它们是手机上的社交软件，与传统社交网站相比，加入了地理维度，创新性地连通社交、实时、位置三要素，有效地解决了定位问题。此类社交网站在完善社交生活的同时，也为企业提供了一种新型营销方式——移动互联营销。

移动互联营销是基于一对一的移动网络建立移动运营商与消费者之间的有效沟通，并通过代表企业品牌的、基于手机的网站积累来增强企业与客户的互动。移动互联营销的优势，在于其低廉的成本，广泛的移动终端用户规模，不受地域、时间的限制，较高的覆盖面。

Foursquare 是基于用户地理位置信息的手机服务网站。Foursquare 的用户界面主要针对手机设计，以方便手机用户使用。Foursquare 模式中，50%是地理信息记录的工具，30%是社交分享的工具，20%是游戏工具。

街旁网是基于地理位置的移动社交服务提供网站。在传统的社交服务的时间、人物、事件维度之外，街旁网成功地引入了第四个维度——地点，更紧密地结合了用户的网络生活和真实生活。用户可以使用街旁网来"签到"自己所处的地点，用创新有趣的数字化方式记录足迹，和朋友分享心情。

二、设计思路

本实验意在通过深入研究 LBS 网站及其客户群体，利用实验的方法，获取适合移动互联营销模式的商户特征，即哪类商户更适合移动互联营销方式。

利用问卷调查的方式获取 LBS 网站及其客户群体特征，通过数据分析得出适用移动互联营销商户特征的假设。设计实验，选取实验组和控制组分别进行实验，通过问卷形式对两组用户进行综合测评。比较分析两组测评结果，验证假设是否成立。

三、实验内容

【实验目的】

确定移动互联营销适用商户的特征，即具备哪些特征的商户适合移动互联营销方式。

【实验原理】

(1)基于对街旁、Foursquare 等 LBS 网站的分析，设计调查问卷，获取用户的群体特征、消费倾向等信息。

(2)对有效调查问卷进行分析，提出适用移动互联营销方式的商户特征的相关假设。

(3)采用移动互联营销方法，选取与假设特征匹配的商户作为实验组；选取与假设特征不匹配的商户作为控制组。

(4)设计移动互联营销适用商户特征综合测评问卷，对实验组和控制组进行综合测评。

(5)对有效测评结果进行分析，并对比两组商户综合测评分数。

(6)将实验结果结合理论进行深入分析，得出实验结论。

【实验范围】

手机网络用户。

【实验方案设计】

(1)通过对手机网络用户发放街旁、Foursquare 等 LBS 网站相关信息的调查问卷，获取这类网站用户的群体特征、消费倾向等，通过分析提出适用移动互联营销商户特征的假设。

(2)选取实验组，即符合假设的商户；选取控制组，即不符合假设的商户。基于之前的分析结论，设计商户特征综合测评问卷，选取街旁用户分别对两组进行测评，以验证假设。

(3)比较两组的测评结果，如果实验组分数明显高于控制组，则说明假设成立；反之，假设不成立。将实验结果结合理论进行分析，最终得出适用移动互联营销商户的特征。

【实验步骤】

步骤一：根据对街旁等 LBS 网站的背景分析设计调查问卷，获取有效用户的群体特征、消费倾向等信息。

移动互联营销正在蓬勃发展，是否所有的商户都适合选择这种新型的营销方式，还是只有具备某一类共同特征的商户才适合采用这种营销方式？在基于前期大量准备工作的基础之上，本实验设计了一份关于街旁、嘀咕、Foursquare 等 LBS 网站的调查问卷。问卷主要涉及参与者的性别、年龄、对 LBS 网站的了解及感兴趣程度、消费倾向等，具体问卷参见附录 A。

步骤二：我们将问卷发布在了问卷星网站上，并获得了 270 份有效调查问卷，之后我们对调查问卷结果进行了深入分析，在此选出比较重要的几项结果进行分析。

(1)问题：您对这类 LBS 网站感兴趣吗？（单选题）

调查结果如图 6-35 所示。

从调查结果来看，LBS 类社交网站在中国的发展不到一年，却有 16.8% 的人"了解并感兴趣"，还有 42.2% 的人"不了解但想尝试"，而"了解但不感兴趣"的人只占到 3%，说明明 LBS 类社交网站拥有很大的潜在客户群，中国 LBS 类社交网站有很大的发展空间，相应的移动互联营销同样有较好的发展前景。

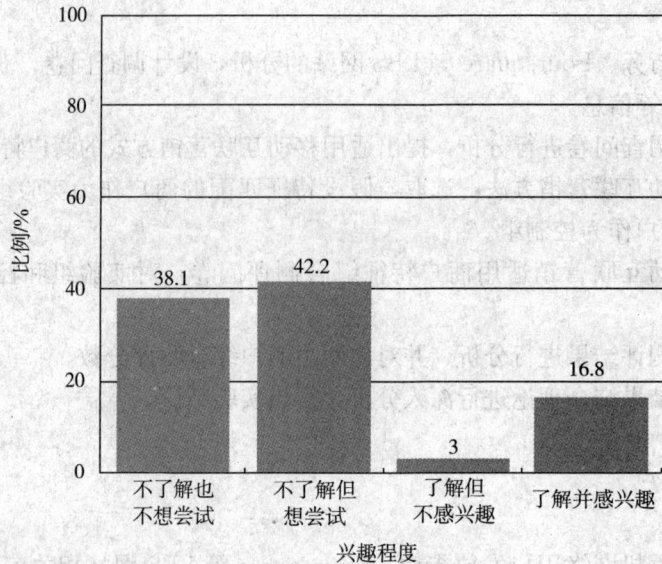

图 6-35　LBS 兴趣分布图

资料来源：问卷星 www. sojump. com

(2)问题：您希望街旁等这一类的 LBS 网站与哪些商户或品牌合作搞活动？(多选题)调查结果如图 6-36 所示。

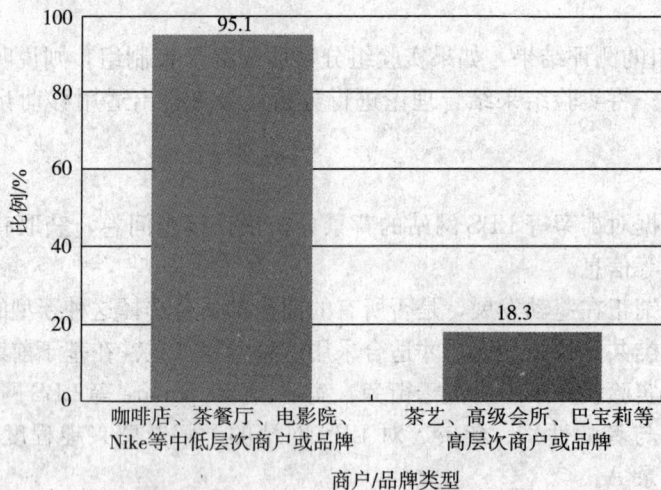

图 6-36　LBS 合作活动分布图

资料来源：问卷星 www. sojump. com

这是一个多选题，数据结果显示，高达 95.1％的人都希望街旁与咖啡店、茶餐厅、电影院、Nike 等中低层次商户或品牌合作搞活动，说明用户偏好的商户或品牌具有适合年轻人、处于中低层次消费水平等特征。

(3)问题：如果街旁告诉您有一个活动，您正好在活动附近签到(check in)了，您会过去看看吗？(单选题)

调查结果如图 6-37 所示。

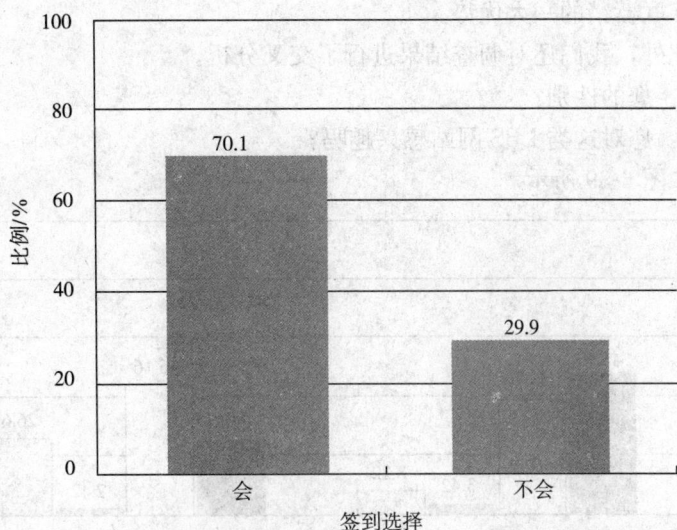

图 6-37 LBS 活动签到分布图

资料来源：问卷星 www.sojump.com

数据结果显示，超过 70％的人都会参与到自己签到位置附近的街旁和商户合作的活动中去，这说明以 LBS 网站作为营销的方式是很有效的，其具有大量的受众群体。

(4)问题：徽章、抢地主、店家优惠这些活动哪个比较吸引您？（多选题）

调查结果如图 6-38 所示。

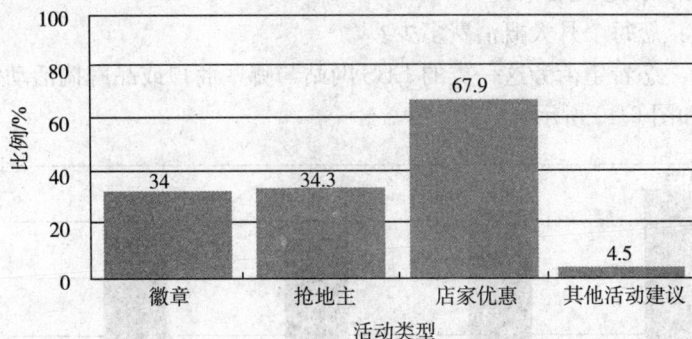

图 6-38 LBS 活动吸引度分布图

注：徽章：当你签到了一些有趣的地点之后，街旁会送给你一个徽章作为纪念碑；
抢地主：签到某地点次数最多的人成为该地点地主；店家优惠：街旁有遍布全国的
合作商户，为用户提供有吸引力的优惠与折扣，如 5 折自助餐、免费音乐会等。
不同商户提交供优惠与折扣的方式各不相同
资料来源：问卷星 www.sojump.com

调查结果显示，大部分人都对店家优惠活动更感兴趣，这也正为那些与街旁合作的商户和品牌提供了一个很好的契机——通过在街旁发布打折等优惠信息来吸引更多的客户。同时，由于经常使用街旁的用户往往是年轻人，而年轻人对于品牌归属感很强，且易受群体效应的影响，因此商户和品牌可借此将这些用户培养成品牌的忠实客户，这一点也正是移动互联营销的一大优势。

步骤三：此外，我们还对调查结果进行了交叉分析。

（1）自变量：您的性别？

因变量：您对这类 LBS 网站感兴趣吗？

分析结果如图 6-39 所示。

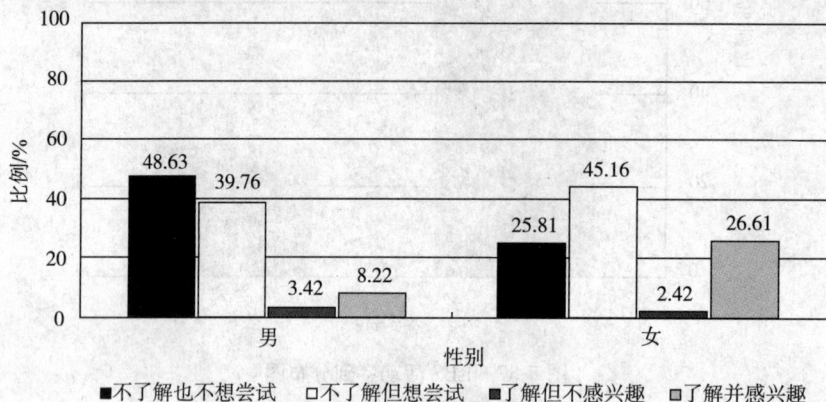

图 6-39　LBS 性别兴趣度分布图

资料来源：问卷星 www.sojump.com

从该交叉分析数据结果可以看出，女性比男性更愿意尝试这一类 LBS 网站，从商户的角度出发，专为女性量身定制一些活动与优惠，争取更多的女性客户，博得她们的好感，并将其培养成忠诚客户。

（2）自变量：您每个月大概消费多少？

因变量：您希望街旁这一类的 LBS 网站与哪些商户或品牌搞活动？

分析结果如图 6-40 所示。

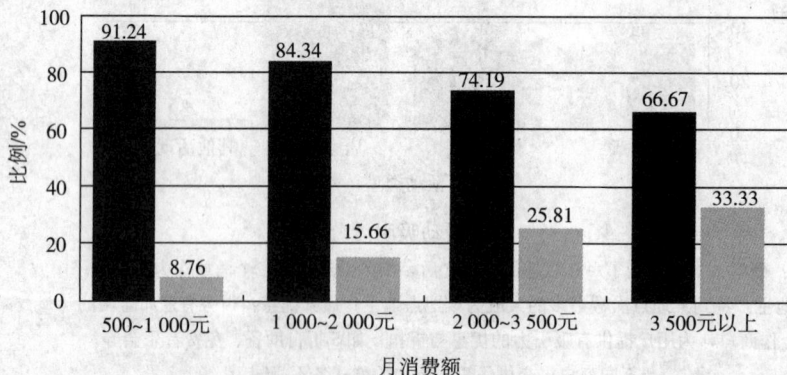

图 6-40　LBS 消费层次与活动分布图

资料来源：问卷星 www.sojump.com

从该交叉分析数据结果可以看出，随着消费者消费层次（如收入等）的提高，他们对于希望与 LBS 网站合作的商户的档次也在提高，但是，大多数 LBS 网站的用户都是大学生或者工作 1～2 年的年轻人，他们还不具有很高的收入和消费水平，所以，街旁更适合和一些中低层次的商户或品牌合作。

（3）自变量：您的年龄？

　　因变量：徽章、抢地主、店家优惠这些活动哪个比较吸引您？

分析结果如图 6-41 所示。

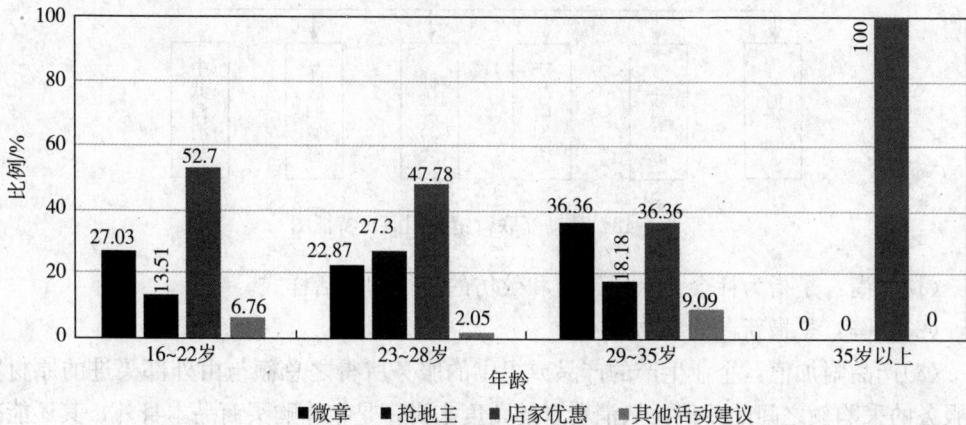

图 6-41　LBS 年龄与活动分布图

资料来源：问卷星 www. sojump. com

从该交叉分析数据结果可以看出，店家优惠是最具吸引力的活动，说明商户可利用优惠来吸引更多街旁用户的眼球，将他们作为潜在客户群来培养。另外，分析结果显示，年龄介于 23～28 岁的人较其他年龄段更喜欢抢地主这项活动，这说明了街旁年轻客户群的另一个特征——喜欢寻求新鲜感，追求归属感。

步骤四：在对第一阶段问卷结果的分析之上，我们提出假设。

适用移动互联营销的商户具有以下特征：中低档消费；适合年轻人；具有很强的时尚感、新鲜感；较高的附加值；能让客户获得较高的品牌归属感；具有群体效应。

步骤五：根据我们提出的假设，设计了一份移动互联营销适用商户特征综合测评问卷。

问卷大致涉及时尚感、新鲜感、品牌归属感、附加值、群体效应等方面的因素评分，具体问卷请参见附录 A。我们选取适合采用移动互联营销方法，即满足我们假设特征的商户作为实验组，如星巴克；选取与我们假设特征不匹配的商户作为控制组，如大可堂普洱会所。

步骤六：我们将测评发布在了问卷星上，邀请街旁用户分别对实验组星巴克和控制组大可堂普洱会所进行综合测评。

我们获取了 510 份有效测评结果，并对其进行分析，对比两组商户综合测评分数，其中实验组星巴克的综合测评分数为 33.5，而控制组大可堂普洱会所的综合测评分数为 25.7，符合假设特征的实验组星巴克分数更高，证明我们先前的假设成立。

步骤七：将实验结果结合理论进行深入分析，得出实验结论。

【实验结论】

通过第一阶段问卷调查的分析，提出假设，通过第二阶段问卷测评验证假设成立，将实验结果结合理论进一步深入分析，得出适用移动互联营销方式的商户特征，如图6-42所示。

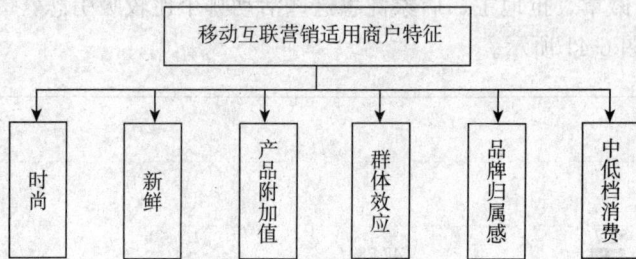

图 6-42　移动互联营销适用商户特征图

(1)时尚：是指为社会大众所崇尚和效仿的流行的生活样式。

(2)新鲜：是指新奇的事物。

(3)产品附加值：企业生产的产品或提供的服务所得之总额与由外部买进的原材料或服务的采购额之间的差值，从消费者的角度来讲，是指除购买商品本身外，其还能获得的其他方面的价值，如环境舒适度、满足感等。

(4)群体效应：是同一群体内的各个个体间的相互感染及某一个(或一些)影响力较大的个体的辐射性感染作用，能激发或强化这个群体的某些积极或消极的因素，从而使该群体呈现出一些共同的特性和倾向。能够引起用户共鸣并激发他们主动传播以产生群体效应的商户更适合采用移动互联营销。

(5)品牌归属感：企业文化概念很突出、强烈，能够让用户对该品牌产品产生强烈的认可度和忠诚度，对其有归属感。

(6)中低档消费：中低消费层次的商户以及经常促销打折的商户更能吸引街旁用户的眼球。

综上所述，街旁等LBS网站的用户一般都是大学生或者刚工作的年轻人，他们的消费水平有限，喜欢追求时尚、刺激、新鲜感，期望能够带给他们更多的产品附加值，而且容易产生很强的品牌归属感和忠诚度，利用街旁这个平台，他们可以主动向其好友展示并推荐喜欢的商户，并引发群体效应。因此具备上述特征的商户更适合采用移动互联营销这种方式。

第九节　网络软文化广告最优投放方式实验

一、背景简介

软性营销是一种无需进行特别强调的网络广告方式，即在电视、电影、演讲、论坛等活动进行过程中无形插播的广告，使观众在不经意间接收广告信息且反感度较低。例如，通用汽车是网络广告投放力度最大的广告主之一，通用汽车希望可以为其品牌旗下的别克等系列的汽车做一个宣传。东方财富网采用软性营销方法，在访谈节目中邀请通用汽车的管理人员作为嘉宾与投资者进行交流，在不经意之间达到了为通用汽车做宣传的目的。后台的统计结果显示此次收视效果远好于传统广告。

截至 2010 年，网络广告的规模较初期增长了近 50 倍，发展势头迅猛。虽然网络广告的市场潜力大，但在发展进程中同样遭遇瓶颈——网络广告无法较好地适应日益高速发展、竞争激烈的电子信息化环境，如网络广告的实际点击率较低，网民对于铺天盖地的广告已不再感兴趣。因此挖掘市场新的增长点已成为亟待解决的问题。

鉴于网络广告现状，有效的网络广告投放方式成为研究的焦点。本实验通过调查问卷获取实验所需的广告投放网站类型，针对软文网络广告，设计一组对照实验，利用统计软件分析软文化广告在不同类型网站的投放效果，得出低成本、高效益的网络软文化广告投放方式。

二、设计思路

本实验分为两个阶段。

第一阶段：问卷调查，其内容是关于网络广告的消费者态度，目的是获取"消费者对广告的态度""消费者集中浏览网站的类型"以及"消费者最关注的信息"三方面数据，并为下一步的实验提供研究方向。

第二阶段：设计一组对照实验，研究两个不同网站（金融专业类网站和门户网站）的金融类软文广告（简称金融类软文）的投放效果。监测网络并获取数据，基于 AIDA 模型，利用 SPSS 分析软件的因子分析对数据进行分析，得到金融类软文的投放效果。

三、实验内容

【实验目的】

(1)选择性的网络软文化广告投放效果优于广义上的网络广告投放效果。

(2)寻找一种低成本、高效率的最优网络软文化广告投放方式。

【实验原理】

1. AIDA 模型

刘易斯（Lewis）把广告作用于消费者的心理历程描绘为：注意（attention）—兴趣（interest）—欲望（desire）—行动（action），即 AIDA 模型，如图 6-43 所示。

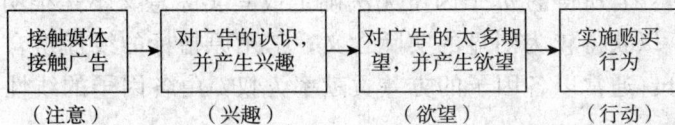

图 6-43　AIDA 模型

广告的发布本质上是一种信息传播的过程，可以分成四个阶段来看，即注意、兴趣、欲望、行动。广告首先是引人注意，即使人的注意力指向和集中于特定广告，其次使人对该广告发生兴趣,再次是使人产生占有广告产品的愿望,最后使人产生购买的愿望,购买该广告所诉求的行动。

网络广告本质上仍是广告,因此"AIDA模型"仍然适用。网民浏览网络广告的过程和AIDA对应阶段的表现相符,其对应关系可表示为:网民浏览广告的过程对应网络广告引起其注意的过程;点击广告的过程对应广告引起其兴趣;与广告主进行信息交流对应网络广告激发其某种欲望,购买过程对应网民将欲望转化为行动的过程。

基于网络广告的特点,本实验重新设计了AIDA的参数指标(图6-44)。

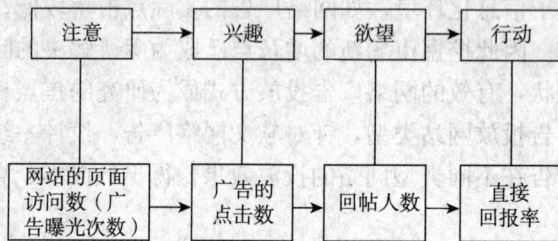

图 6-44 AIDA 参数指标

AIDA 模型与网络广告效果评价体系的对应框架如表6-48所示。

表 6-48 AIDA 模型与网络广告效果评价体系的对应框架

广告 AIDA(评价内容)		网络广告效果评价指标体系
注意	媒体效果	网站的页面访问数等
兴趣		网页阅读次数、回帖人数、点击注册率等
欲望		
行动	经济效果	直接回报率

2. SPSS 的因子分析

因子分析是指在尽可能不损失信息或者少损失信息的情况下,将多个变量减少为少数几个因子的方法,新因子能够高度概括大量数据中的信息,这样既减少了变量个数,又能再现变量之间的内在联系。

因子分析的步骤:①将原始数据标准化,以消除变量间在数量级和量纲上的不同;②求标准化数据的相关矩阵;③求相关矩阵的特征值和特征向量;④计算方差贡献率和累计方差贡献率;⑤确定因子:设 F_1,F_2,…,F_p 为 p 个因子,其中前 m 个因子包含的数据信息总量(即累计贡献率)不低于 85% 时,可取前 m 个因子来反映原评价指标;⑥因子旋转:若所得的 m 个因子无法确定或其实际意义不是很明显,这时需将因子进行旋转,以获得较为明显的实际含义;⑦用原指标的线性组合来求各因子得分;⑧综合得分:通常以各因子的方差贡献率为权,由各因子的线性组合得到综合评价指标函数。

【实验范围】

(1)目标群体为18~35岁的网民群体,这类网民群体的消费能力强,理解能力出众,能很好地反映广告的效果。

(2)实验实施于互联网(特别是 BBS 和门户网站),通过对网络数据的监测,得到所需的信息。

【实验方案设计】

(1)设计问卷调查,其内容是关于网络广告的消费者态度,目的是为了获得消费者对网络广告的态度,消费者集中浏览网站的类型以及消费者最关注的信息三方面数据,并为下一步的实验寻找研究方向。

(2)设计一组对照实验,研究两个不同网站(金融专业类网站和门户网站)的金融类软文的投放效果。持续监测网站并获取相关数据,基于 AIDA 模型,利用 SPSS 分析软件的因子分析对数据进行分析,最终得到金融类软文的投放效果。

【实验步骤】

实验一:设计一份关于网络广告消费者态度的调查问卷。

本次研究的研究对象绝大多数都在 18~35 岁,因为网民中年轻人的比例较高。一共发放 200 份调查问卷,回收 156 份有效调查问卷。

调查问卷的发放及回收主要采用 QQ、Email 等通讯工具。利用 Excel 软件对调查数据进行整理分析,得到下一步实验所需的研究方向。

分析与总结,在调查中发现网民对于硬性的网络广告反感度较大,而对于软文类广告的倾向度较大,因此设计了一组对照实验,分别在专业类和非专业类网站(选取门户类网站)投放金融类软文。

实验二分为两个部分。

第一部分:在专业类网站上投放软文化广告,通过实验了解投放效果的好坏。

选取了 20 个金融类网站,对其进行金融类软文的投放测试。搜索排名前 20 的金融类 BBS 网站,注册会员并发帖投放金融类软文。

对软文化广告的投放效果进行两周不间断的监测(图 6-45)。(为确保数据的有效性,每隔三天对数据进行比较,当数据不再发生明显变化时才进行采集。)

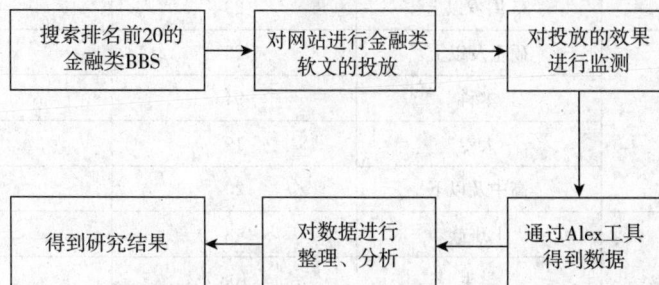

图 6-45 软文化广告投放效果监测流程图(一)

第二部分:在门户网站上投放软文化广告,通过实验了解投放效果的好坏。

选取了 10 个门户网站,对其进行金融类软文的投放测试。搜索排名选择出前 10 的门户网站,注册会员并且在各门户网站上进行金融类软文的投放测试。

对软文化广告的投放效果进行两周不间断的监测(图 6-46)。(为确保数据的有效性,每隔三天对数据进行比较,当数据不再发生明显变化时才进行采集。)

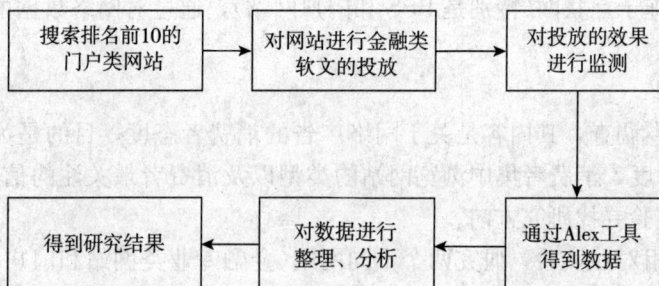

图 6-46 软文化广告投放效果监测流程图(二)

【实验结论】

实验一的数据分析如下。

本次调查共有 156 个有效样本,在被调查者中,男性为 80 人,占 51.28%,女性为 76 人,占 48.72%。年龄段分布为:18 周岁以下的有 12 人,占 7.69%;18~35 周岁的有 121 人,占 77.56%;35 周岁以上的有 23 人,占 14.74%。从年龄段分布来看,年轻人占到多数。最高学历为硕士及以上的占 14.74%,本科占 60.26%。所从事的职业为学生的有 108 人,占 69.23%(表 6-49)。学生族是网络的主要人群,具有普遍代表性。

表 6-49 被调查者分类表

特征	变量	人数	占比[1]/%
性别	男	80	51.28
	女	76	48.72
年龄	18 周岁以下	12	7.69
	18~35 周岁	121	77.56
	35 周岁以上	23	14.74
学历	硕士及以上	23	14.74
	本科	94	60.26
	大专	19	12.18
	高中及以下	20	12.82
职业	上班族	48	30.77
	学生	108	69.23

1)由于累积四舍五入误差,各项数据之和可能与 100 略有出入

调查结果显示,网民对于网络广告"讨厌"和"非常讨厌"的比例高达 61%,"喜欢"的比例只有 20%,没有人选择"非常喜欢"(图 6-47)。

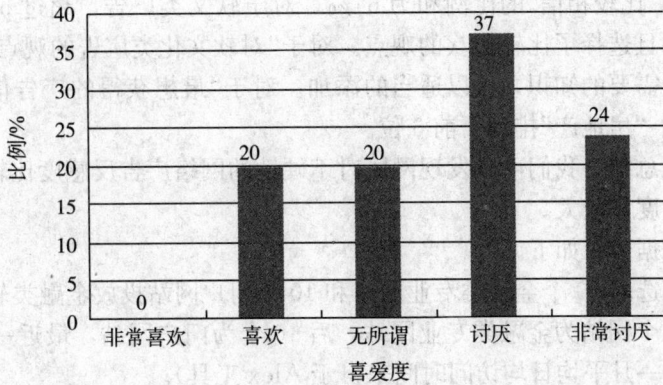

图 6-47　网络广告喜爱度分布图

　　调查结果显示，网民最信任的广告类型是电视广告，其比例为 51％，而网络广告只有 19％（图 6-48）。几乎绝大多数的网民选择了很少浏览网络广告。

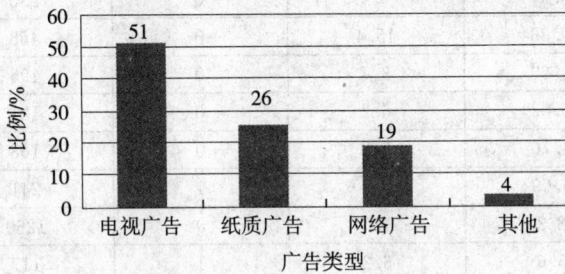

图 6-48　最信任的广告类型

　　网络广告中"干扰程度较大"的是弹出式广告（43％）和对联式广告（36％）。但是调查结果却显示，网民对于专业类网站和门户网站介绍的广告的浏览比例高达 54％ 和 24％（图 6-49）。

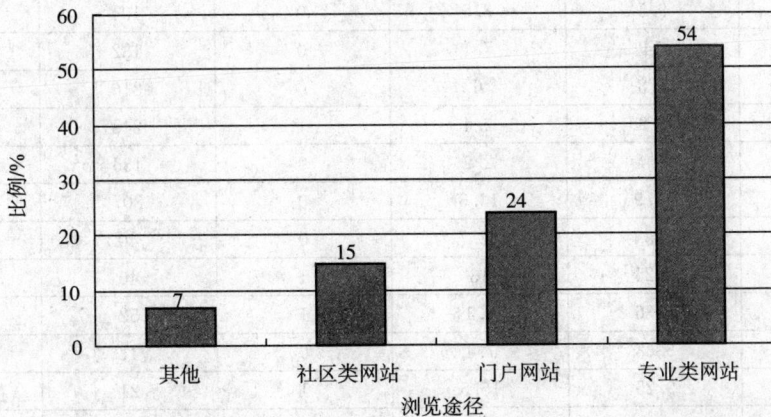

图 6-49　网络广告浏览途径分类

　　数据显示，网络广告的"选择性浏览的程度"非常的大。对于专业类网站的广告，网民选择"相信"和"比较相信"的比例和为 64％，对于软文类广告，超过 50％的调查者选择了阅读过，并且选择了比较喜欢的观点。对于"对软文化类广告的观点"，48％的调查者认为可以获得需要的知识，可以适当的添加。对于"最想获得的广告信息"，"金融理财"、"日用品"、"房地产"排到了前 3 位。

通过分析与总结，我们可以发现网民对于硬性的网络广告反感度比较大，而对于软文类广告的倾向度比较大。

实验二的数据分析如下。

本次实验共选取 20 个金融类专业网站和 10 个门户网站投放金融类软文，数据如表 6-50 所示(前 20 个网站为金融类专业网站，后 10 个为门户网站，最近一月平均人均页面访问量和最近一月平均日均访问时间来自于 Alex 工具)。

表 6-50　网站软文化广告投放

网站名称	最近一月平均人均页面访问量/次	最近一月平均日均访问时间/分钟	是否被删帖	帖子浏览人数/人	帖子回复人数/人
和讯	6.01	6.4	0	230	16
东方财富网	9.33	15.4	0	455	24
财智金融	3.99	3.7	0	195	14
金融界	6.03	6.2	0	121	14
同花顺	4.76	6.8	0	168	16
中金	5.09	5.5	1	241	22
全景	8.2	4.6	0	1260	86
macd	5.6	6.2	1	117	14
股天下	3.5	3.9	0	1153	77
股城	2.01	1.6	1	127	13
老钱庄股票	7.8	9.4	0	750	38
至诚财经论坛	6.1	8.3	0	186	17
鼎砥	6.8	8.1	0	173	16
财富赢家	9.5	8.5	0	194	14
博瑞金融	14	7.1	0	182	16
股市在线	4.8	6	0	816	65
天易投资	2.9	2.4	1	248	19
财华论坛	2.4	2.9	0	135	11
金库网社区	16.9	10.3	0	807	63
股票吧	23	22.7	0	40	1
新浪	9.25	13	1	40	2
搜狐	7.36	8.1	1	52	3
网易	6.68	7.1	0	17	0
腾讯	9.25	15.5	1	21	1
TOM	11.3	6.9	0	23	2
北青网	16	8.5	0	26	1
21CN	3.6	3.8	1	30	2

续表

网站名称	最近一月平均人均页面访问量/次	最近一月平均日均访问时间/分钟	是否被删帖	帖子浏览人数/人	帖子回复人数/人
中华网	13.49	10.5	0	27	0
互联星空	1.63	1.2	0	30	2
MSN 中国	6.08	6	0	27	0

再对这些数据进行标准化，得到表 6-51。

表 6-51　网站软文化广告投放详细表

网站名称	最近一月平均人均页面访问量	最近一月平均日均访问时间	是否被删帖	帖子浏览人数	帖子回复人数
和讯	0.205 0	0.241 9	1.000 0	0.171 4	0.186 0
东方财富网	0.360 3	0.660 5	1.000 0	0.352 4	0.279 1
财智金融	0.110 4	0.116 3	1.000 0	0.143 2	0.162 8
金融界	0.205 9	0.232 6	1.000 0	0.083 7	0.162 8
同花顺	0.146 5	0.260 5	1.000 0	0.121 5	0.186 0
中金	0.161 9	0.200 0	0.000 0	0.180 0	0.255 8
全景	0.307 4	0.158 1	1.000 0	1.000 0	1.000 0
macd	0.185 8	0.232 6	0.000 0	0.080 5	0.162 8
股天下	0.087 5	0.125 6	1.000 0	0.913 9	0.895 3
股城	0.017 8	0.018 6	0.000 0	0.088 5	0.151 2
老钱庄股票	0.288 7	0.381 4	1.000 0	0.589 7	0.441 9
至诚财经论坛	0.209 2	0.330 2	1.000 0	0.136 0	0.197 7
鼎砥	0.241 9	0.320 9	1.000 0	0.125 5	0.186 0
财富赢家	0.368 3	0.339 5	1.000 0	0.142 4	0.162 8
博瑞金融	0.578 8	0.274 4	1.000 0	0.132 7	0.186 0
股市在线	0.148 3	0.223 3	1.000 0	0.642 8	0.755 8
天易投资	0.059 4	0.055 8	1.000 0	0.185 8	0.220 9
财华论坛	0.036 0	0.079 1	1.000 0	0.094 9	0.127 9
金库网社区	0.714 6	0.423 3	1.000 0	0.635 6	0.732 6
股票吧	1.000 0	1.000 0	1.000 0	0.018 5	0.011 6
新浪	0.356 6	0.548 8	0.000 0	0.018 5	0.023 3
搜狐	0.268 1	0.320 9	0.000 0	0.028 2	0.034 9
网易	0.236 3	0.274 4	1.000 0	0.000 0	0.000 0
腾讯	0.356 6	0.665 1	0.000 0	0.003 2	0.011 6
TOM	0.452 5	0.265 1	1.000 0	0.004 8	0.023 3
北青网	0.672 4	0.339 5	1.000 0	0.007 2	0.011 6
21CN	0.092 2	0.120 9	0.000 0	0.010 5	0.023 3
中华网	0.555 0	0.432 6	1.000 0	0.008 0	0.000 0
互联星空	0.000 0	0.000 0	1.000 0	0.010 5	0.023 3
MSN 中国	0.208 2	0.223 3	1.000 0	0.008 0	0.000 0

将这些数据导入到 SPSS 软件中，对这 5 组数据进行因子分析，结果如表 6-52～表 6-54，图 6-50、表 6-55 和表 6-56 所示。

表 6-52　描述统计量

描述统计量	均值	标准差	分析 N
最近一月平均人均页面访问量	0. 287 724 22	0. 228 950 097	30
最近一月平均日均访问时间	0. 295 503 88	0. 211 006 988	30
是否被删帖	0.73	0.450	30
帖子浏览人数	0. 197 935 10	0. 274 486 501	30
帖子回复人数	0. 220 542 64	0. 273 185 139	30

表 6-53　公因子方差

公因子方差	初始	提取
最近一月平均人均页面访问量	1. 000	0. 890
最近一月平均日均访问时间	1. 000	0. 826
是否被删帖	1. 000	0. 376
帖子浏览人数	1. 000	0. 946
帖子回复人数	1. 000	0. 944

注：提取方法：主成分分析

表 6-54　解释的总方差

成分	初始特征值			提取平方和载入			旋转平方和载入		
	合计	方差贡献率/%	累积贡献率/%	合计	方差贡献率/%	累积贡献率/%	合计	方差贡献率/%	累积/%
1	2. 164	43. 279	43. 279	2. 164	43. 279	43. 279	2. 118	42. 368	42. 368
2	1. 818	36. 351	79. 630	1. 818	36. 351	79. 630	1. 863	37. 262	79. 630
3	0. 801	16. 017	95. 647						
4	0. 203	4. 060	99. 707						
5	0. 015	0. 293	100. 000						

注：提取方法：主成分分析

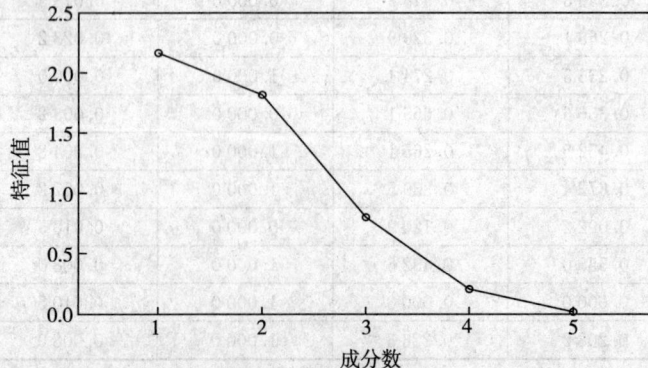

图 6-50　因素陡坡图

表 6-55　成分矩阵[1]

成分	1	2
帖子回复人数	0.946	0.223
帖子浏览人数	0.935	0.269
最近一月平均人均页面访问量	−0.318	0.888
最近一月平均日均访问时间	−0.437	0.797
是否被删贴	0.322	0.522

[1]已提取了 2 个成分

注：提取方法：主成分分析法

表 6-56　旋转成分矩阵[1]

成分	1	2
帖子浏览人数	0.969	−0.088
帖子回复人数	0.962	−0.135
是否被删除	0.489	0.370
最近一月平均人均页面访问量	0.026	0.943
最近一月平均日访问时间	−0.118	0.901

[1]旋转在 3 次迭代后收敛

注：提取方法：主成分分析法；旋转法：具有 Kaiser 标准化的正交旋转法

在经过因子分析后，原来的 5 组数据被综合成两个因子 y_1，y_2，设最近一月平均人均页面访问量为 x_1，最近一月平均日均访问时间为 x_2，是否被删帖为 x_3，帖子浏览人数为 x_4，帖子回复人数为 x_5，可以得到

$$y_1 = 0.026x_1 - 0.118x_2 + 0.489x_3 + 0.969x_4 + 0.962x_5$$

$$y_2 = 0.943x_1 + 0.901x_2 + 0.370x_3 - 0.088x_4 - 0.135x_5$$

每个网站的因子得分如表 6-57 所示。

表 6-57　网络因子得分表

网站名称	y_1	y_2
和讯	0.035 5	−0.172 3
东方财富网	0.459 6	1.101 1
财智金融	−0.049 0	−0.663 3
金融界	−0.147 3	−0.181 7
同花顺	−0.060 3	−0.256 3
中金	−0.375 5	−0.850 3
全景	2.788 9	−0.323 3
macd	−0.695 5	−0.701 2
股天下	2.438 6	−0.863 5
股城	−0.701 2	−1.561 5
老钱庄股票	1.149 5	0.262 6

续表

网站名称	y_1	y_2
至诚财经论坛	−0.015 6	0.039 4
鼎砥	−0.045 2	0.093 5
财富赢家	−0.036 0	0.419 2
博瑞金融	0.032 4	0.735 3
股市在线	1.754 3	−0.464 4
天易投资	−0.421 9	−1.401 9
财华论坛	−0.194 8	−0.904 6
金库网社区	1.775 4	1.254 2
股票吧	−0.472 6	3.363 0
新浪	−1.043 1	0.426 9
搜狐	−0.991 8	−0.292 4
网易	−0.556 1	0.013 4
腾讯	−1.103 8	0.695 3
TOM	−0.470 4	0.468 3
北青网	−0.457 3	1.128 4
21CN	−1.043 6	−1.136 7
中华网	−0.508 7	1.081 7
互联星空	−0.503 7	−1.142 5
MSN 中国	−0.540 6	−0.166 4

根据上面因子分析的结果，y_1 的方差贡献率为 42.368，y_2 的方差贡献率为 37.262，以各因子的方差贡献率为权数给两个因子赋权，最终得到这 30 个网站的综合得分以及专业网站和非专业网站综合得分的均值，如表 6-58 所示。

表 6-58 网络综合得分表

名字	综合得分	综合得分均值
和讯	−4.915 5	
东方财富网	60.500 3	
财智金融	−26.789 7	
金融界	−13.010 5	
同花顺	−12.104 5	
中金	−47.593 0	
全景	106.111 5	
macd	−55.595 0	
股天下	71.143 4	
股城	−87.892 4	
老钱庄股票	58.483 5	13.228 5
至诚财经论坛	0.805 2	
鼎砥	1.568 6	
财富赢家	14.095 8	

续表

名字	综合得分	综合得分均值
博瑞金融	28.768 8	
股市在线	57.020 0	
天易投资	−70.109 8	
财华论坛	−41.960 7	
金库网社区	121.953 5	
股票吧	105.290 6	
新浪	−28.286 6	
搜狐	−52.913 8	
网易	−23.063 7	
腾讯	−20.860 8	
TOM	−2.481 1	−26.577 0
北青网	22.671 2	
21CN	−86.571 3	
中华网	18.752 3	
互联星空	−63.913 9	
MSN 中国	−29.102 4	

表 6-58 显示，专业类网站的综合得分为 13.288 5，门户网站的综合得分为 −26.577 0，这说明专业类网站的投放效果要明显好于非专业网站，因此可认为专业类网站的软文化广告是一种低成本、高效益的网络软文化广告投放方式。

第十节　智能手机购买群体特征属性实验

一、背景简介

"智能手机"（smartphone），类似于个人电脑，具有独立的操作系统，可以由用户自行安装软件、游戏等第三方服务商提供的程序，利用此类程序不断扩充手机功能，可通过移动通信网络实现无线网络接入的一类手机总称。

自 2002 年智能手机问世以来，中国智能手机市场发展态势总体良好，增长速度相对平缓，各大操作系统之间的竞争激烈，逐渐形成以联盟阵营的方式推动智能手机普及的局面。

对于智能手机未来的市场，其用户分布如何？具有哪些特征属性的群体有更大的可能购买智能手机？研究这些问题对于预测该市场发展方向具有一定的借鉴作用。此外，该研究同样具有实践意义，通过对于购买智能手机群体特征属性的研究，可以明确智能手机生产厂商的生成目标、消费群体、营销方式、宣传渠道等，从而减少由于信息不完全、不对称而造成的成本浪费。

本实验运用管理思想，采用实验形式，对购买智能手机消费群体的属性特征予以研究，以问卷形式获取数据，利用相关软件对数据进行统计分析、数据挖掘，确定影响消费者购买智能手机的特征属性。

二、设计思路

本实验综合运用消费心理学、社会调查学领域的知识，基于假设的智能手机购买群体潜在特征属性，设计、发放、回收调查问卷，通过数据挖掘中的决策树算法（ID3 算法）分析智能手机购买群体的特征属性，利用统计分析工具进行检验，得出智能手机购买群体的特征属性，为智能手机厂商如何更有针对性地投放广告、挖掘潜在客户，从而扩大销量，提高利润，提出合理化建议与帮助。

三、实验内容

【实验目的】

(1)假设、分析并检验 18～50 岁智能手机购买群体的特征属性。

(2)预测智能手机未来市场的发展方向。

(3)指导智能手机厂商更有针对性地生产和宣传它们的产品，从而节约成本，提高利润。

【实验原理】

(1)数据库与 Excel 数据统计、操作。

(2)SPSS 相关性分析。

(3)数据挖掘中的决策树算法。

(4)计算机实验模拟。

【实验范围】

18～50 岁的消费者群体。

【实验方案设计】

(1)了解智能手机的发展历程，最新前沿，界定智能手机的概念以及实验所需的准备知识。

(2)假设智能手机购买群体潜在的特征属性，包括性别、年龄、文化程度、月消费支出、上网时间、专业（职业）、对电子新产品关注程度、受别人影响程度、智能手机使用经验、对新鲜事物敏感度等，以此为基础设计调查问卷。

(3)在试调研阶段发放 20 份问卷，回收、整理数据，修正问卷中的不合理考虑和设计。进行大规模调查，回收、整理数据，以数据库形式进行数据存储。同时从潜在的特征属性中删除一部分噪声属性。

(4)通过数据挖掘中的决策树算法分析智能手机购买群体的特征属性。

(5)以第(4)步中分析得到的特征属性为基础，重新设计调查问卷，检验之前得出的结论。

【实验步骤】

(1)选定智能手机购买群体潜在的特征属性。

(2)根据所选取的潜在特征属性设计调查问卷。

(3)试调查，发放 20 份问卷，回收并分析结果，修正问卷中的不合理考虑和设计。

（4）重新整理设计问卷，为大规模调查做准备。

（5）大规模调查，采用纸质问卷、电子版问卷相结合的方法，发放 450 份问卷，回收问卷。

（6）整理并分析数据，从潜在的特征属性中去除噪音属性，并以数据库形式存储。

（7）编程并利用数据挖掘中的决策树算法分别对剩余潜在的属性特征进行分析。区分特征属性和非特征属性。

（8）针对分析所得的特征属性设计检验问卷，进行检验调查。发放 50 份调查问卷，回收、整理数据，并进行正确率分析。

（9）得出结论。

【实验结论】

本实验综合运用消费心理学、社会调查学知识，结合自身购买经验，设定智能手机购买群体潜在的特征属性，涉及性别、年龄、文化程度、月消费支出、上网时间、专业（职业）、对电子新产品关注程度、受别人影响程度、智能手机使用经验、对新鲜事物敏感度等常见的具有代表性的属性。以此为基础，对每个属性进行离散化，分别用 0、1、2 代表其属性值（表 6-59），并根据这 10 个属性设计问卷。

表 6-59　属性值列表

属性	标号		
	0	1	2
性别	男	女	
年龄	25 岁以下	25～30 岁	30～50 岁
文化程度	硕士、博士研究生	本科	本科以下
月消费支出	1 000 元以下	1 000～3 000 元	3 000 元以上
上网时间	1 小时以下	2～3 小时	3 小时以上
专业（职业）	经常使用电脑	偶尔使用电脑	不使用
对电子新产品关注程度	很关注	比较关注	不关注
受别人影响程度	容易受影响	比较受影响	不会受影响
智能手机使用经验	有	正在使用	无
对新鲜事物敏感程度	很敏感	比较敏感	不敏感
是否购买	是	否	

本实验首先进行试调查，针对 30～50 岁的消费群体共发放 20 份问卷，全部收回。通过讨论分析，对问卷中不合理问题、选项等表述不当部分进行相应的修改。之后采用纸质问卷、电子版问卷相结合的方法，共发放问卷 430 份，实际回收 389 份（回收率为 90.5%）。结合数据库和 Excel 等工具对回收的 389 份问卷进行数据统计。最后使用因子分析法对得到的统计结果进行相关性分析（使用 SPSS17.0 软件）。

结果解释如下。

（1）首先利用初始调查的 10 个属性进行因子分析，得出下列结果。

根据 Kaiser（1974）的观点，可从取样适当性数值（Kaiser-Meyer-Olkin，KMO）大小

来判断题目间是否适合进行因素分析。本实验此项分析结果在 0.6 以上，说明可以进行因素分析。

此外，Bartlett 球形检验的近似卡方值为 336.028，自由度为 45，达到显著，代表母群体的相关矩阵间有共同因素存在，适合进行因素分析，如表 6-60 所示。

表 6-60　KMO 和 Bartlett 的检验

	取样足够度的 Kaiser-Meyer-Olkin 度量	0.638
Bartlett 的球形度检验	近似卡方	336.028
	自由度	45
	显著性	0.000

表 6-61　公因子方差

公因子方差	初始	提取
SEX	1.000	0.474
AGE	1.000	0.656
EDU	1.000	0.548
EXP/M	1.000	0.721
INT-TIME	1.000	0.378
JOB	1.000	0.734
CON-NEWE	1.000	0.651
AFFECT	1.000	0.440
EXPER	1.000	0.473
SENS	1.000	0.610

注：提取方法：主成分分析

此为各项属性的共同性，共同性越高表示该变量与其他变量可测量的共同特质越多，即重要性越大。

表 6-62　解释的总方差

成分	初始特征值			提取平方和载入	
	合计	方差贡献率/%	累积贡献率/%	合计	方差贡献率/%
1	2.097	20.966	20.966	2.097	20.966
2	1.355	13.553	34.519	1.355	13.553
3	1.166	11.657	46.176	1.166	11.657
4	1.067	10.670	56.845	1.067	10.670
5	0.902	9.016	65.861		
6	0.848	8.477	74.338		
7	0.755	7.550	81.888		
8	0.735	7.351	89.239		
9	0.645	6.454	95.693		
10	0.431	4.307	100.000		

注：提取方法：主成分分析

表 6-62 中前 4 个主成分特征值大于 1，其累积贡献率达到 56.845%。

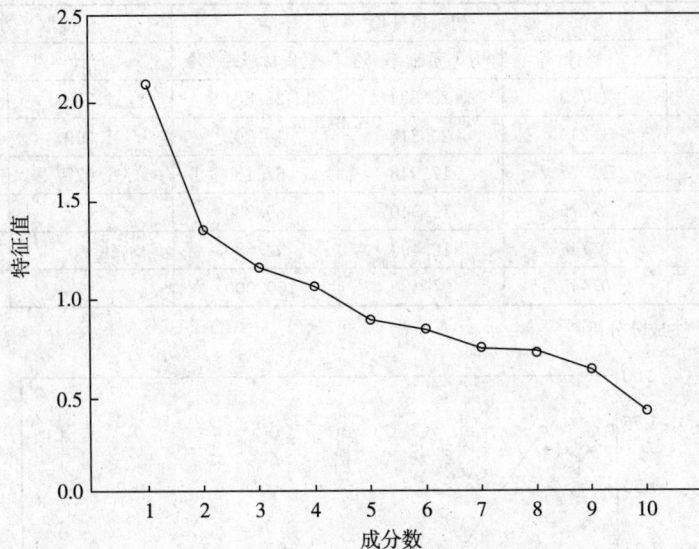

图 6-51　因素陡坡图

表 6-63　成分转换矩阵

成分	1	2	3	4
1	0.996	−0.026	−0.072	0.045
2	0.044	0.679	0.614	0.400
3	−0.044	−0.575	0.111	0.810
4	−0.063	0.456	−0.778	0.427

注：提取方法：主成分分析

（2）经过各项数据分析，应用 SPSS17.0 软件进行多次数据实验，得到如下结果：可观测数据均得到正向提高。

表 6-64　公因子方差

	初始	提取
AGE	1.000	0.658
EDU	1.000	0.631
CON-NEWE	1.000	0.717
SENS	1.000	0.718
EXP/M	1.000	0.821
EXPER	1.000	0.485

注：提取方法：主成分分析

表 6-65　解释的总方差

成分	初始特征值			提取平方和载入	
	合计	方差贡献率/%	累积贡献率/%	合计	方差贡献率/%
1	1.733	28.884	28.884	1.733	28.884
2	1.219	20.318	49.202	1.219	20.318
3	1.077	17.948	67.150	1.077	17.948
4	0.776	12.940	80.090		
5	0.749	12.490	92.580		
6	0.445	7.420	100.000		

注：提取方法：主成分分析

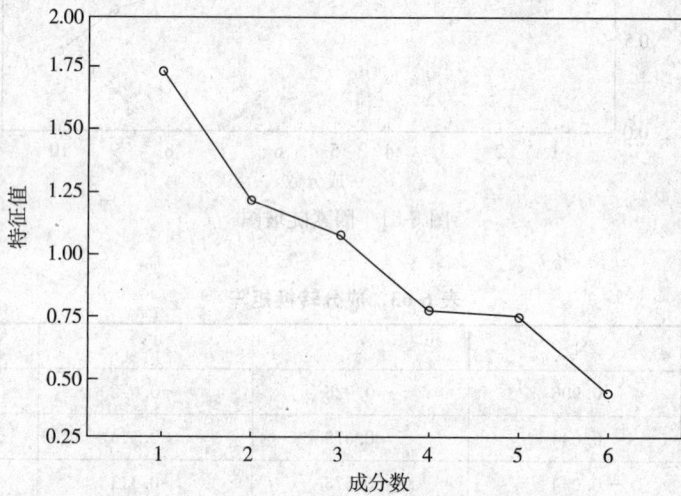

图 6-52　因素陡坡图

在进行多次实验后，决定去除专业（职业）、上网时间、性别、受别人影响程度 4 个因素；保留年龄、文化程度、对电子新产品关注程度、对新鲜事物敏感程度、月消费支出、智能手机使用经验 6 个属性。

分别将 6 个属性的统计结果画成饼状图，如图 6-53～图 6-58 所示。

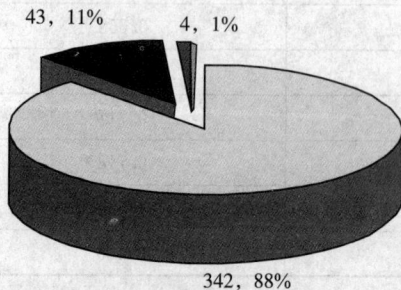

图 6-53　年龄统计

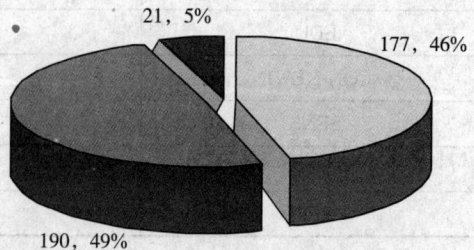

图 6-54　文化程度统计

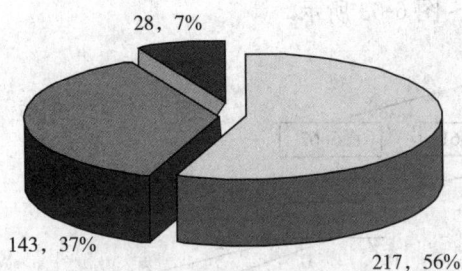

图 6-55　月消费支出统计

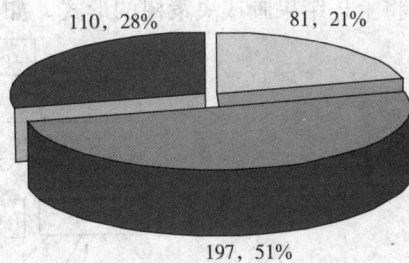

图 6-56　对电子新产品关注程度统计

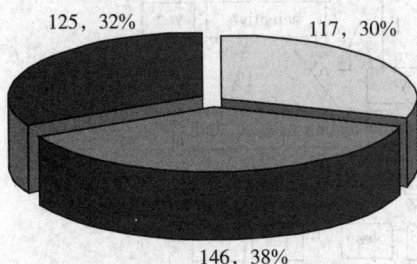

图 6-57　智能手机使用经验统计

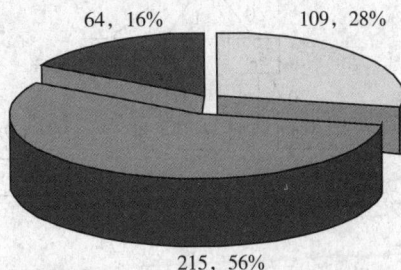

图 6-58　对新鲜事物敏感程度统计

运用数据挖掘中的决策树算法，通过编写程序对剩余潜在的属性特征进行分析。图 6-59 为决策树程序运行结果。其中，"yes"表示会购买，"no"表示不会购买，结果是空值表示当前这种情形在问卷中没有出现。

图 6-59　程序运行结果

将上述结果画成决策树的形式，如图 6-60～图 6-63 所示。

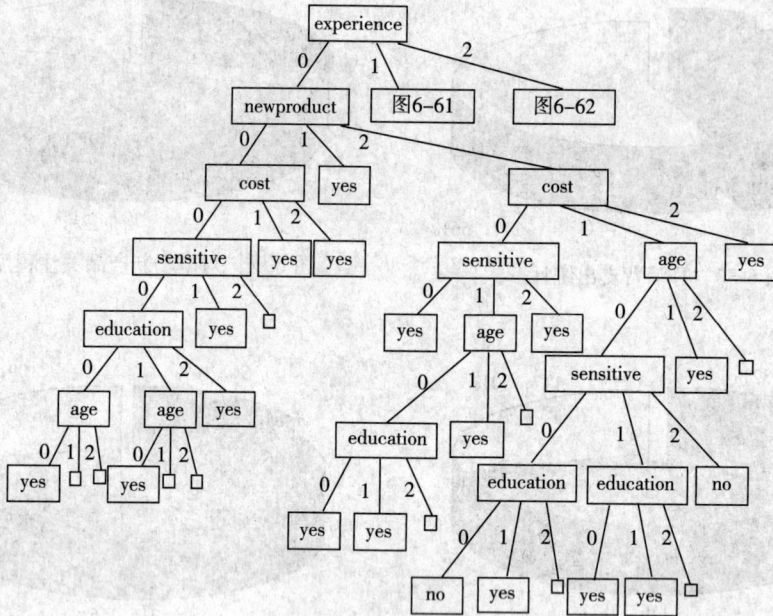

图 6-60　主决策树

注：experience：智能手机使用经验；sensitive：对新鲜事物敏感程度；cost：月消费支出；
age：年龄；education：文化程度；newproduct：对电子新产品关注程度。

yes 表示愿意购买智能手机； no 表示不会购买智能手机

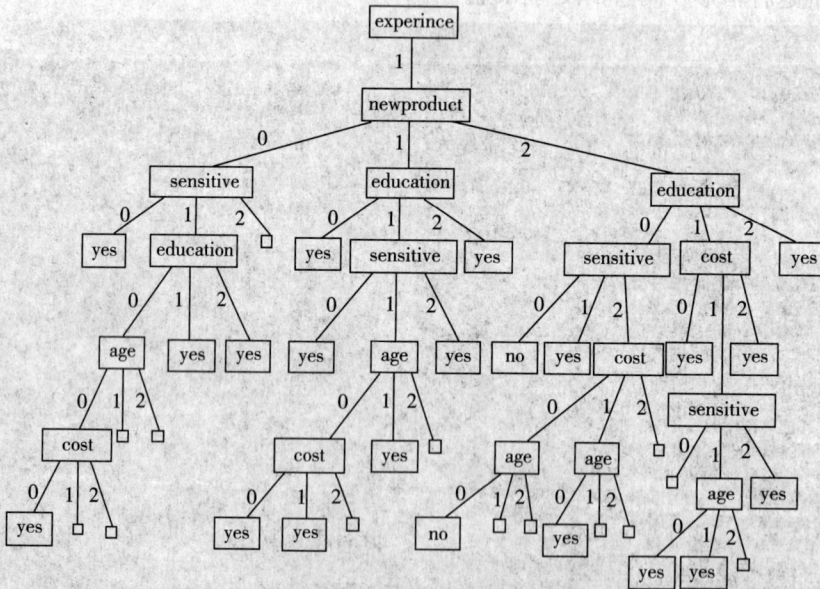

图 6-61　辅助决策树(一)

注：experience：智能手机使用经验；sensitive：对新鲜事物敏感程度；cost：月消费支出；
age：年龄；education：文化程度；newproduct：对电子新产品关注程度。

yes 表示愿意购买智能手机； no 表示不会购买智能手机

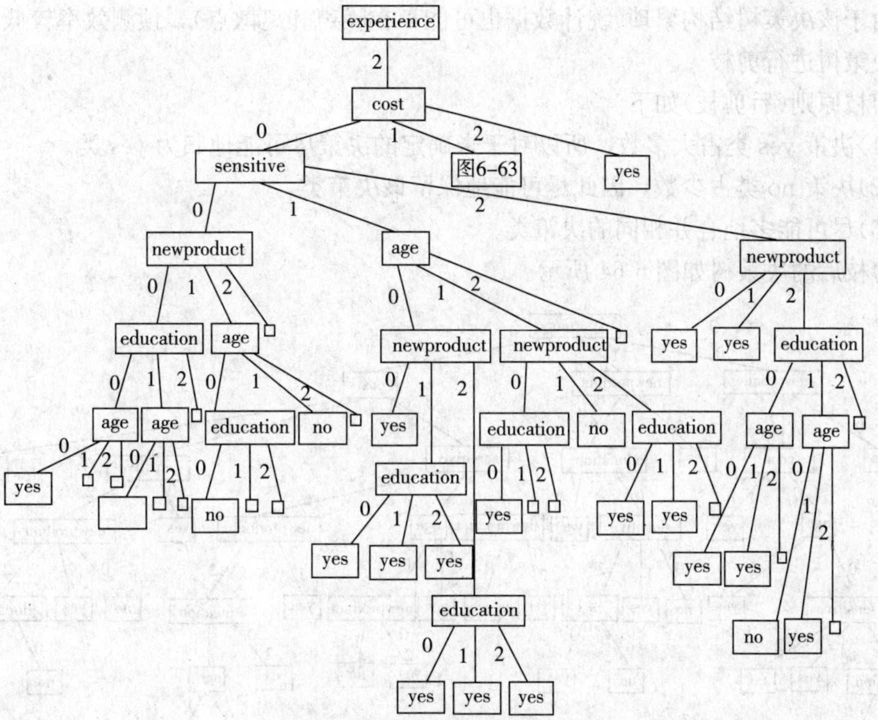

图 6-62　辅助决策树(二)

注：experience：智能手机使用经验；sensitive：对新鲜事物敏感程度；cost：月消费支出；
age：年龄；education：文化程度；newproduct：对电子新产品关注程度。

yes 表示愿意购买智能手机； no 表示不会购买智能手机

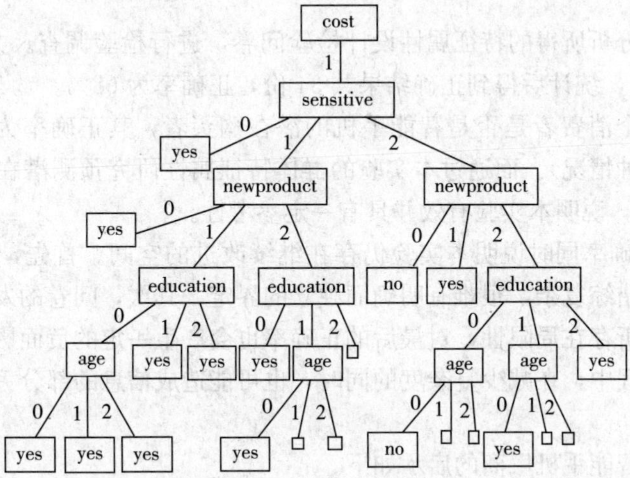

图 6-63　辅助决策树(三)

注：experience：智能手机使用经验；sensitive：对新鲜事物敏感程度；cost：月消费支出；
age：年龄；education：文化程度；newproduct：对电子新产品关注程度。

yes 表示愿意购买智能手机； no 表示不会购买智能手机

由于该决策树结构繁琐（统计数据也可能存在噪声和离散点），预测效率较低，因此对该决策树进行剪枝。

剪枝原则（后剪枝）如下。

(1)决策 yes 类占大多数，所以对于未确定的决策尽可能地归为 yes 类。

(2)决策 no 类占少数，因此尽可能地保留该决策类。

(3)尽可能多地合并相同的决策类。

剪枝后的决策树如图 6-64 所示。

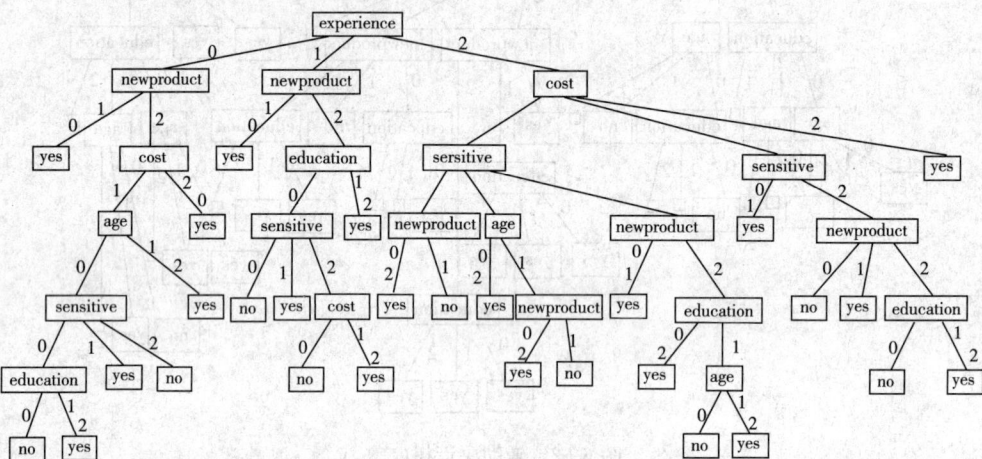

图 6-64　剪枝后的决策树

注：experience：智能手机使用经验；sensitive：对新鲜事物敏感程度；cost：月消费支出；

age：年龄；education：文化程度；newproduct：对电子新产品关注程度。

yes 表示愿意购买智能手机；no 表示不会购买智能手机

本实验针对分析所得的特征属性设计检验问卷，进行检验调查。共发放 50 份调查问卷，回收 50 份，统计后得到正确结果共 34 份，正确率为 68%。

若仅预测一个消费者是否是智能手机的潜在购买者，其正确率为 50%（假定只有"会"与"不会"两种情况）。而通过本实验的群体特征属性研究预测潜在购买者，其正确率提高将近 20%，说明本实验有效并具有一定参考性。

但 68% 的正确率同时说明本实验仍存在继续改进的空间。首先，关于购买智能手机的因素本身就错综复杂，很难有明确而独立的界定。其次，问卷的发放数量较少，致使后续的数据分析存在局限性，对最后的正确率也会产生一定的负面影响。最后，对决策树进行剪枝过程中，在减少复杂度的同时，也可能造成信息的部分丢失，从而影响实验的正确率。

实验结果对智能手机厂商的启示如下。

(1)决策树显示，"使用经验"是所有特征属性中最关键的。因此智能手机厂商可通过免费试用等策略活动，有意识地增加用户体验，从而主动地增加消费者的"使用经验"。

(2)决策树显示，在有使用经验的人群中，潜在购买者是那些对于电子新产品较关注的人群，因此建议智能手机厂商能够有针对性地向此类群体发布产品信息。

（3）每月愿意消费金额同样是影响购买智能手机的重要因素。每月消费金额越大，表明越有可能成为智能手机的潜在购买者，因此智能手机厂商需要合理定位产品价格。

（4）决策树显示，"年龄"和"文化程度"属性处于决策树最底层，说明这些属性的重要性低，对判断一个人是不是智能手机的潜在购买者没有较大的影响，因此在智能手机产品推广的过程中，无需特别关注消费者的年龄和文化程度。

参考文献

阿·尼·格拉德舍夫斯基.1959. 古代东方史[M]. 吉林师范大学历史系翻译室译. 北京：高等教育出版社

班克斯 J.2007. 离散事件系统仿真（第 4 版）[M]. 肖田元，范文慧译. 北京：机械工业出版社

卞华舵，吴云海.2006. 大思维：中国企业向谁学习[M]. 北京：华夏出版社

陈衡.1991. 科学技术研究方法学导论[M]. 石家庄：河北教育出版社

陈永奎.2006. 管理理论评述及研究趋势展望[J]. 商业时代，(19)：39～40

陈忠卫.2006. 管理性质的反思及管理理论发展的脉络分析[J]. 科技与管理，(2)：48～51

代宏坤，徐玖平.2007. 含学习效应技术采纳时间的优化模型及模拟[J]. 管理科学学报，10(5)：21～27

董华.2002. 成人教育理论与实践(3)：终身教育概论[M]. 北京：中国社会科学出版社

方晓平.2007. 管理学理论与方法[M]. 北京：中国铁道出版社

冯兴元.2001. 中国辖区内政府间竞争理论分析框架. 天则内部文稿系列

冯允成.1998. 离散系统仿真[M]. 北京：机械工业出版社

甘华鸣.2002. 情景案例（上、下册）[M]. 北京：中国国际广播出版社

高宝俊，徐绪松，李璐，等.2008. 连续竞价市场中格式化特征形成机理的仿真研究[J]. 系统仿真学报，20(7)：1864～1868

顾智敏.2003. 管理学基础[M]. 上海：立信会计出版社

禾村.1988. 现代管理科学的形成和发展（Ⅰ）[J]. 数量经济技术经济研究，(3)：59～64

何梦笔.1999. 中国辖区竞争、地方公共品的融资与政府的作用项目分析框架[Z]. 陈凌译

贺强，张燕生，朱永杰.1993. 西方管理思想宝库[M]. 北京：中国广播电视出版社：1270～1271

胡克瑾.2004. 信息资源管理[M]. 上海：同济大学出版社：140

黄春松.2005. 经济学的实验方法与演化模拟分析[J]. 经济社会体制比较，(4)：141～143

蒋景华.2001. 科学实验与管理科学[J]. 实验室研究与探索，20(3)：1～3

瞿宝忠.1989. 管理实验启示录[M]. 上海：上海科学技术出版社

柯武刚，史漫飞.2000. 制度经济学：社会秩序与公共政策[M]. 北京：商务印书馆

李鼎新，李海峰.2004. 简明管理学教程[M]. 北京：科学出版社

李怀祖.2000. 管理研究方法论[M]. 西安：西安交通大学出版社

李锦，弓志刚.2005.21 世纪管理理论的发展趋势[J]. 财政研究，(5)：35～36

李军鹏.2001. 论新制度经济学中的政区竞争理论[J]. 唯实，(4)：36～43

刘素霞，杨道建，奚永忠.2007. 长江三角洲地区城市竞争力评价指标体系的构建[J]. 江苏商论，(6)：145～147

齐格勒 B P.1984. 建模与仿真理论[M]. 李育才译. 北京：机械工业出版社

邱燕，何斌.2006. 管理实验与经济实验的比较[J]. 经济管理，(19)：33～36

史璞.2006. 管理学哲学——系统、愿景、人本和权变的管理[M]. 北京：机械工业出版社

斯密 A.1972. 国民财富的性质和原因的分析[M]. 郭大利，王亚南译. 北京：商务印书馆

斯普里特 J A.1991. 计算机辅助建模与仿真[M]. 王正中译. 北京：科学出版社

孙国强.2007. 管理研究方法[M]. 上海：上海人民出版社

覃正.2005. 距离管理[M]. 西安：西安交通大学出版社

唐幼纯，胡建鹏.2008. 上海旅游服务系统的顾客满意度仿真研究[J]. 系统仿真学报，20(7)：

1909～1911

万迪昉，谢刚，乔志林．2003．管理学新视角：实验管理学[J]．科学学研究，21(2)：131～136

王红卫．2002．建模与仿真[M]．北京：科学出版社

王维平，等．1997．离散事件系统建模与仿真[M]．长沙：国防科技大学出版社

王雄伟．2006．现代管理学[M]．北京：中国人民大学出版社

谢刚，万迪昉．2003．管理实验——管理研究的重要方法[J]．管理科学，16(2)：2～6

谢秀丽．2000．幼儿园工作管理[M]．广州：广东高等教育出版社

熊光楞，肖田元，张燕云．1991．连续系统仿真与离散事件系统仿真[M]．北京：清华大学出版社

杨丹．2006．中西管理思想的碰撞——记"解读大师论坛"[J]．国外社会科学，(4)：84～85

杨舸，田澎．2008．分红寿险退保率的最小二乘蒙特卡罗模拟研究[J]．管理科学学报，11(1)：95～98

杨嵘．2002．论管理科学的形成及发展[J]．河南石油，(3)：62～65

余秀江，张光辉．2004．管理学原理[M]．北京：中国人民大学出版社

张金昌．2001．波特的国家竞争优势理论剖析[J]．中国工业经济，(9)：53～58

赵文明．2005．企业管理者必知的 48 种管理思想[M]．北京：企业管理出版社

钟彼得．2000．管理科学(运筹学)——战略角度的审视[M]．北京：机械工业出版社

Hodgetts R M. 1981. 企业管理：理论·程序·实务[M]. 许是祥译. 台北：中华企业管理发展中心出版社

Bazerman M H，Samuelson W F. 1983. I won the auction but don't want the prize[J]. The Journal of Conflict Resolution，27(4)：618～634

Bucovetsky S. 1991. Asymmetric tax competition[J]. Journal of Urban Economics，30：167～181

Case J H. 1979. Economics and the Competitive Process[M]. New York：New York University Press

Cassing J，Douglas R W. 1980. Implication of the auction mechanism in baseball's free agent draft[J]. Southern Journal of Economics，47：110～121

Chowdhury M，Paul H，Das A. 2007. The impact of top management commitment on total quality management practice：an exploratory study in the Thai garment industry[J]. Global Journal of Flexible Systems Management，8(1/2)：17～29

Davidovitch L，Shtub A，Parush A. 2007. Project management simulation-based learning for systems engineering students[C]. Proceedings of the 2007 International Conference on Systems Engineering and Modeling，17～23

Dessauer J R. 1981. Book Publishing[M]. New York：Bowker

Jones C，Hesterly W S，Borgatti S P. 1997. A general theory of network governance：exchange conditions and social mechanisms[J]. Academy of Management Journal，22(4)，911～945

Kaiser H F. 1974. A index of factorial simplicity[J]. Psychometrika，(39)：31～36

Karimi Y. 2006. The impact of organizational culture on the successful implementation of total quality management[J]. TQM Magazine，8(6)：606～625

Meyer D J. 1988. Competition and bidding behavior：some evidence from the rice market[J]. Economic Inquiry，26(1)：123～132

Milgram S. 1974. Obedience to Authority：An Experimental View[M]. London：Tavistock

Mueller D C. 1977. The effects of conglomerate mergers[J]. Journal of Banking and Finance，1(4)：315～347

Neelamkavil F. 1987. Computer Simulation and Modeling[M]. New York：John Wiley & Sons.

Porter M E. 1990. The Competitive Advantage of Nation[M]. London：Macmillan Press Ltd.

Roll R. 1986. The hubris hypothesis of corporate takeovers[J]. Journal of Business, 59(2): 197~216

Rothkopf M H, Winkler R L, Brooks D G. 1980. On multiplicative bidding strategies[J]. Operations Research, 28: 570~575

Samuelson P A. 1954. The pure theory of public expenditure[J]. Review of Economics and Statistics, (36): 387~389

Spender J C. 2008. Organizational learning and knowledge management: whence and whither[J]? Management Learning, 39(2): 159~176

Steward D, Wan T T H. 2007. The role of simulation and modeling in disaster management[J]. Journal of Medical Systems, 31(2): 125~130

Thaler R H. 1988. Anomalies: the winner's curse[J]. The Journal of Economic Perspectives, 2(1): 191~202

Tiebout C M. 1961. An economic theory of fiscal decentralization[A]. In: National Bureau of Economic Research. Public Finance: Needs, Sources and Utilization[C]. Princeton: Princeton University Press: 79~98

Toyli J, Hansen S O, Smeds R. 2006. Plan for profit and achieve profit: lessons learnt from a business management simulation[J]. Production Planning and Control, 17(6): 584~595

Walters C J, Holling C S. 1990. Large-scale management experiments and learning by doing[J]. Ecology, 71(6): 2060~2068

Wicksell K. 1896. Finanz theoret ische Untersuchu ngen nebst Darstel lungund Kritik des Steuerwesens Schwedens , Jena , Fischer

Wildasin D E. 1988. Nash equilibria in models of fiscal competition[J]. Journal of Public Economics, 35: 229~240

Yang C C. 2006. The impact of human resource management practices on the implementation of total quality management: an empirical study on high-tech firms[J]. TQM Magazine, 18(2): 162~173

Zodrow G R, Mieszkowski P. 1986. Pigou, tiebout, property taxation, and the underprovision of local public goods[J]. Journal of Urban Economics, (19): 356~370

附录 A　相关补充材料和问卷调查

第五节　附　　录

【附录一】
C2C 型网络销售个体实施电子商务风险实验
——风险因素分析

卖方风险
客观因素

买方欺诈的风险：恶意购买行为。

竞争对手恶性竞争的风险：①利益损失风险；②名誉损失风险。

货物损坏丢失的风险：①库存货物损坏风险；②运输过程货物损坏风险；③运输过程货物丢失风险。

交易成本增加风险：①国家实施电子商务征税行为可能造成的潜在交易成本的增加；②电费、宽带费、电话费等必需成本的增加；③退货会产生退货成本。

网络安全风险：①账户、密码被恶意窃取；②卖方的财务信息被窃取；③病毒、木马导致网站无法正常运营。

主观因素

产品管理风险：①产品介绍的真实性和详细度；②产品图像的清晰度和准确度；③产品价格的合理性；④保证产品质量；⑤产品更新速度；⑥定期促销活动。

供应商缺货风险：①定单生成之前的缺货造成的经济损失；②定单生成后缺货造成的经济损失；③定单生成后缺货造成的名誉损失。

服务风险：①服务有效性(及时友善回答买家问题、对老客户进行定期回访、新产品上架通知买方、售后服务的态度)；②服务纠纷(退换货的范围、退换货的费用问题)；③网店的宣传和推广(方式：广告、搜索引擎、论坛、主动、店铺自身)。

客户流失风险：①顾客利益受损；②店铺缺乏创新；③没有建立良好的客户关系。

【附录二】调查问卷
C2C 型网络销售个体实施电子商务风险实验
——调查问卷

您好！感谢您填写这份调查问卷。此问卷是为了解国内 C2C 型网络销售个体实施电子商务风险因素而设计的。请您仔细阅读此调查问卷，并在合适的位置填√，或在

_____处留下您所掌握或了解的信息。在此，我们将对您给予这一调研工作的帮助表示诚挚的感谢。谢谢！

1. 您的年龄
A. 10～20　　　　　B. 20～30　　　　　C. 30～40　　　　　D. 40 以上

2. 您了解网上购物吗？
A. 完全了解　　　　　　　　B. 基本了解
C. 只是听说过　　　　　　　D. 从没听说过

3. 您有过在网上（如淘宝，拍拍）开店的经历吗？
A. 正在尝试　　　　　　　　B. 尝试过但失败了
C. 从来没有尝试过

4. 在经营一家网络店铺时，您认为以下产品管理方面的因素会对您的经营产生影响吗？

	绝对会	可能会	不会	不知道
A. 产品介绍的真实性和详细度				
B. 产品图像的清晰度和准确度				
C. 产品价格的合理性				
D. 产品质量的一致性				
E. 产品更新速度				
F. 定期促销活动				

5. 在经营一家网络店铺时，您认为由于供应商缺货所引起的以下问题会对您的经营产生影响吗？

	绝对会	可能会	不会	不知道
A. 顾客定单生成之前的缺货造成的经济损失				
B. 顾客定单生成之后的缺货造成的经济损失				
C. 顾客定单生成之后的缺货造成的名誉损失				

6. 在经营一家网络店铺时，您认为以下服务方面的因素会对您的经营产生影响吗？

	绝对会	可能会	不会	不知道
A. 服务有效性（如是否及时友善回答买家问题、售后服务的态度等）				
B. 服务纠纷（退换货的范围、退换货的费用问题等）				
C. 网店的宣传和推广				

7. 在经营一家网络店铺时，您认为由以下因素引起的客户流失会对您的经营产生影响吗？

	绝对会	可能会	不会	不知道
A. 顾客利益受损				
B. 店铺缺乏创新				
C. 没有建立良好的客户关系				

8. 在经营一家网络店铺时，您认为买方恶意购买行为会对您的经营造成风险吗？

A. 绝对会　　　　B. 可能会　　　　C. 不会　　　　D. 不知道

9. 在经营一家网络店铺时，您认为竞争对手的恶性竞争所导致的以下问题会对您的经营产生影响吗？

	绝对会	可能会	不会	不知道
A. 利益损失风险				
B. 名誉损失风险（恶意竞争对手对您店铺的恶意打击）				

10. 在经营一家网络店铺时，您认为货物损坏丢失等因素会对您的经营产生影响吗？

	绝对会	可能会	不会	不知道
A. 库存货物损坏风险				
B. 运输过程货物损坏风险				
C. 运输过程货物丢失风险				

11. 在经营一家网络店铺时，您认为由以下因素所引起的交易成本增加会对您的经营产生影响吗？

	绝对会	可能会	不会	不知道
A. 国家实施电子商务征税行为可能造成的潜在交易成本的增加				
B. 电费、宽带费、电话费等必需成本的增加				
C. 退货会产生退货成本				

12. 在经营一家网络店铺时，您认为网络安全因素会对您的经营产生影响吗？

	绝对会	可能会	不会	不知道
A. 账户、密码被恶意窃取				
B. 卖方的财务信息被窃取				
C. 病毒、木马导致网站无法正常运营				

13. 您在经营网络店铺的过程中是否存在由于上述风险因素所造成的经营损失？

A. 有　　　　　　　　B. 没有

14. 您认为在个体实施电子商务的过程中还应该注意哪些方面的因素？请留下您的宝贵意见（可以结合您已有的开办网络店铺的经验，简单谈一谈）。

15. 对于如何解决这些风险因素，您有什么好的意见吗？请简要谈一谈。

【附录三】

C2C 型网络销售个体实施电子商务风险实验
——数据模型、结果分析

1. 定量数据分析方法：数据挖掘中的决策树算法（ID3 算法）。

2. ID3 算法原理

ID3 算法是 Quinlan 于 1986 年提出的一个著名的决策树生成方法。树中的每一个内部结点对应着一个非类别属性，树枝表示这个属性的值。每一个叶子结点代表从根结点到叶结点之间的路径对应的记录所属的类别属性值。采用信息增益方法来选择能够最好地将样本分类的属性。信息增益基于信息论中熵的概念，熵是对事件对应的属性的不确定性的度量，一个属性的熵越大，它蕴涵的不确定信息越大，越有利于数据的分类。ID3 算法总是选择具有最高信息增益的属性作为当前结点的测试属性。这种方法使得对一个样本分类所需的测试数目达到最小。ID3 算法的基本原理如下：

设 S 为一个包含 s 个数据样本的集合，类别属性可以取 m 个不同的值，对应于 m 个不同的类别 $C_i(i \in \{1, 2, 3, \cdots, m\})$。假设 s_i 为 C_i 中的样本个数，那么要对一个给定数据对象进行分类所需要的信息量为

$$I(s_1, s_2, \cdots, s_m) = -\sum_{i=1}^{m} p_i \mathrm{lb}(p_i)$$

其中，p_i 是任意样本属于 C_i 的概率，一般用 s_i/s 来估计，$\mathrm{lb}(p_i)$ 是以 2 为底的对数函数。

设一个属性 A 取 v 个不同的值 $\{a_1, a_2, \cdots, a_v\}$。利用属性 A 可以将集合 S 划分为 v 个子集 $\{S_1, S_2, \cdots, S_v\}$，其中 S_j 包含了 S 集合中属性 A 取 a_j 值的数据样本。若属性 A 被选为测试属性（用于对当前样本进行划分），设 S_{ij} 为子集 S_j 中属于 C_i 类别的样本数，那么利用属性 A 划分当前样本集合所需要的信息（熵）可以计算如下：

$$E(A) = \sum_{j=1}^{v} \frac{s_{1j} + s_{2j} + \cdots + s_{mj}}{s} I(s_{1j}, \cdots, s_{mj})$$

对于给定的子集 S_j，其期望信息可以由下式计算：

$$I(s_{1j}, s_{2j}, \cdots, s_{mj}) = -\sum_{i=1}^{m} p_{ij} \mathrm{lb}(p_i)$$

其中，$p_{ij} = \dfrac{s_{ij}}{|s_j|}$ 是 S_j 中的样本属于 C_i 的概率。

由期望信息与熵值可以得到对应的信息增益值。对于在 A 上分支将获得的信息增益可以由下面的公式得到：

$$\mathrm{Gain}(A) = I(s_1, s_2, \cdots, s_m) - E(A)$$

用 ID3 算法计算出每个属性的信息增益值，选取具有最高值的属性作为给定集合 S 的测试属性。对于这个被选取的测试属性创建一个结点，并以该属性标记，对该属性的每个值创建一个分支，并据此来划分样本。

3. 数据属性

编号、年龄、程度、进度、产品、服务、客户、竞争、货物、交易、网络，损失。其中，产品、服务、客户、竞争、货物、交易、网络，损失应用于模型的建立，前 7 个属性为测试属性，最后 1 个属性为类别属性。对各个属性进行离散化，分别用 0，1，2 代表其属性值，如下表所示：

属性	标号		
	0	1	2
年龄	10～20 岁	20～30 岁	30～40 岁
程度	完全了解	基本了解	
进度	正在尝试	尝试过但失败了	
产品	绝对会	可能会	不会
服务	绝对会	可能会	不会
客户	绝对会	可能会	不会
竞争	绝对会	可能会	不会
货物	绝对会	可能会	不会
交易	绝对会	可能会	不会
网络	绝对会	可能会	不会
损失	有	无	

4. 模型分析

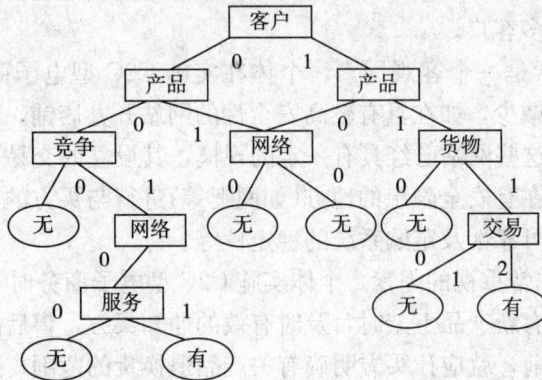

(1) 从决策树模型中我们可以看出，"客户"因素相对于其他几个影响因素来说处于最重要的位置，"产品"处于相对次要的位置，这对应于现代客户关系管理中战略方式的转换即从传统的以"产品"为中心转移到以"客户"为中心。应以客户为核心，关注战略性重要客户，提高客户满意度。

(2) "产品"因素仍然具有较高的重要程度。客户在线购买所需物品时，很大程度上关注于产品的质量和性价比以及产品的款式和更新。

(3) "网络"即双方交易环境的安全性在 C2C 型电子商务中日益重要，也成为电子商务实施过程中关注的焦点问题。保护交易双方的个人隐私信息、交易信息，以及保障网站运行的安全性仍然是目前需要着重解决的问题。

(4)同行之间的恶性"竞争"所带来的危害性日益加重，不仅会给卖家带来利益上的损失还会产生名誉上的侮辱，这也是一个容易被忽略的因素，在近期的网络买卖过程中，卖家也开始意识到这一因素的重要性。

(5)"服务"因素是被网络卖家实施 C2C 电子商务中所轻视的因素。不能及时回答客户的疑问或者其不完善的售后服务以及因为退换货问题产生的纠纷，这些都会造成潜在客户的流失，并且难以带来持久的客户忠诚度。

(6)有关"货物"因素的相关问题(如货物的损坏、丢失)没有受到卖家的极大关注，因此会造成一些经营方面的损失。

(7)对实施电子商务所征收的税费与其他经营费用以及双方交易过程中产生的"交易成本"也会带来部分的经营损失，但卖家对其影响程度没有强烈的意识。

5. 风险管理策略

(1)将客户作为首要考虑对象，建立良好的客户关系，做到及时友善回答买家问题；店铺要不断推陈出新，建立对客户友好的网络界面，方便客户及时、准确的寻找到所要购买的物品及相关信息；建立良好的诚信机制，认真对待客户的退换货行为，做到"顾客至上"原则，一切都以顾客利益为主。

实施会员制，对于不同等级的会员，实施相应的优惠政策，从而做到有效的挽留客户。

(2)产品是第二考虑要素，为了降低个体实施 C2C 型电子商务风险，店铺中的产品要做到产品介绍要具有高的真实性和详细度；产品图像也应确保清晰，准确；价格要设置合理；同时应该保障店铺的产品的质量，加快产品的更新速度；还可以考虑定期实施促销活动，以吸引更多客户。

(3)网络风险要素是一个客观因素，个体在实施 C2C 型电子商务时不可能完全避免，但可以尽可能地减少，如在具有较高安全性的网站开办店铺，现在最常见的就是淘宝、ebay、拍拍等，这些网站已经具有一定的规模，其设立的交易平台也具有相对的安全性。此外考虑不要在有安全隐患的地方(如网吧等)进行与买方的交易，还要定期检查自己网店交易平台的可靠性及定购系统的稳定性等。

(4)服务是客户非常重视的因素。个体实施 C2C 型电子商务时，应做到及时对老客户进行定期回访，当有新产品上架时，及时有效的通知买方，售后服务要做到尽可能地完善；在交易产生之前，就应让买方明确有关产品退换货的范围，退换货的费用承担问题等，与产品有关的服务尽可能与客户达成一致，避免最终产生相关纠纷；为了让更多买方了解自家的产品，应做好网店的宣传和推广，可以通过广告、搜索引擎、论坛等方式介绍网店相关信息，吸引更多的新客户。

(5)货物丢失和损坏也是影响个体实施 C2C 型电子商务的一个较为重要的风险因素。对于不易于保管的物品，如玻璃制品、灯具等，需在保存时注意库存环境，实施电子商务的个体也可以选择买方下订单后，再从厂家进货的方式，这就必须确保从厂家到买方的货物运送过程中货物的完整性。若卖方有自己的库存，则应该考虑库存中的通风，温度、湿度等因素，确保库存货物的完整性。

当交易产生时，卖方就必须选择最佳的运输服务供应商(即快递公司)，使产品能够及时、准确、完整的运送到买方手中。若在运输过程中出现任何意外，如货物损坏、丢失等情况，应及时跟买方联系，并确保在最短的时间内，从库存中换货再运送。为了避免在运送过程中与运输服务供应商出现货物损坏费用纠纷，应事先与快递公司签订好协议，明确各方责任。

（6）尽管个体实施 C2C 型电子商务时，对于供应商缺货风险并没有太过于重视，但为了避免出现"供不应求"现象，在实施电子商务最初阶段，个体应该选择两个以上的供应商。

（7）竞争因素是个体实施 C2C 型电子商务过程中需要考虑的风险因素中重要的一个，对于这样一个客观因素，所有个体网络销售商都应呼吁政府就该问题制定出相关的法律政策，确保国内个体电子商务环境的安全性和稳定性，减少恶性竞争情况。

第六节　附　　录

煤炭行业管理者决策影响因素问卷调查表

您好！感谢您填写这份问卷，此问卷用于帮您分析影响您决策的因素，请您在做出选择前仔细阅读每个选项，按照自己的真实想法进行选择，您的选择将帮助我们顺利完成这次调研，在此，我们对您给予这一调研工作的帮助表示诚挚的感谢。谢谢！

问卷说明：

1. 本问卷用于分析管理因素对煤炭行业管理者制定生产任务这一决策的影响。

2. 在"□"中填"√"表示选择该项，填"×"表示不选择该项。

（Ⅰ）当您制定生产指标时，您认为下列哪些因素会对您产生影响，请您在认为有影响的因素后打"√"。

（1）风险偏好　　　　　是 □　　　　　　　否 □

（注：风险偏好指的是由于自己的决策造成了损失或者受益，这种效果是否会影响下次决策的制定）

（2）情绪因素　　　　　是 □　　　　　　　否 □

（注：情绪因素指的是在决策时是否会受到当时的情绪影响）

（3）感情因素　　　　　是 □　　　　　　　否 □

（注：感情因素指的是制定决策时是否会考虑竞争对手的利益，对竞争对手怀有合作或者对抗的心态）

（4）个性因素　　　　　是 □　　　　　　　否 □

（注：个性因素指的是您是否认为个人的做事风格会影响您的决策）

（Ⅱ）对于您所选定的因素，请您思考该因素对您的影响程度，从各选项中做出选择（各选项的含义可参考括号内的注释）

（1）风险偏好（　　　）

A. 有风险偏好并且如果由于增加产出而损失，下次将减少损失；

B. 有风险偏好并且如果因为增加产出而受益，将会再增加一点点产出或不改变；

C. 无风险偏好，即认为风险无所谓

(2)您认为下列哪一些最恰当的描述了您此时的情绪（　　　）

A. 非常好　　　　　B. 好

C. 一般　　　　　　D. 糟糕

E. 非常糟糕

(3)在您做出选择时，您是如何考虑您的竞争对手的（　　　）

A. 要么我得到更多利润，要么大家都没有利润

B. 完全不会考虑竞争对手

C. 将竞争对手视为朋友，做出偏小产量的决策

(4)您对自己的评价是什么（　　　）

A. 进取型（常做出大幅度增加产量的决策）

B. 中庸进取型（常做出小幅度增加产量的决策）

C. 一般（不受影响）

D. 较为保守（常做出小幅度减少产量的决策）

E. 保守（常做出大幅度减少产量的决策）

第七节　附　　录

IT行业人员流动问题调查问卷表

您好！下面这张问卷表，系无记名问卷形式，是为了管理实验研究之用，对IT行业人员流动的管理有很大的益处，并不涉及个人。因此，为了保证结果的真实性，谨请您根据自己的实际情况，实事求是完成全部题目。对您的协助表示诚挚的谢意！（请您在认为正确的题号前打"√"）

1. 您的性别

1)男　　　　　　　　　　2)女

2. 您的年龄

1)20岁以下　　　　　　　2)20～30岁

3)30～40岁　　　　　　　4)40～50岁

5)50岁以上

3. 您的文化程度

1)高中或以下　　　　　　2)大专

3)大学本科　　　　　　　4)双学士

5)硕士　　　　　　　　　6)博士

4. 您从事IT行业的时间

1)半年以下　　　　　　　2)1年

3)2年　　　　　　　　　　4)3年

5)4年　　　　　　　　　　6)5年以上

5. 您所在的部门是_____

6. 您在该公司的职位是_____

7. 您在职期间的月薪范围处在

1)2 000～4 000 元　　　　　　　　2)4 000～6 000 元

3)6 000～8 000 元　　　　　　　　4)8 000～10 000 元

5)10 000 元以上

8. 您在职期间获得过何种形式的福利奖励？（可多选）

1)奖金　　　　　2)公费旅游　　　　3)实物奖励　　　　4)其他_____

9. 您在职期间平均每年轮岗的次数

1)一次　　　　　2)两次　　　　　　3)三次　　　　　　4)三次以上

10. 您在职期间参加单位组织培训的次数

1)从未有过　　　　　　　　　　　　2)每月一次

3)每半年一次　　　　　　　　　　　4)每年一次

5)没有规律，零星几次

11. 您离职前处于公司的级别

1)基层　　　　　2)中层　　　　　　3)高层

12. 预计升职至下一级别需要的时间

1)1 年内　　　　2)1～2 年　　　　　3)2～5 年　　　　　5)5 年以上

13. 您在职期间与上级领导交流的频率

1)很少　　　　　2)比较多　　　　　3)非常频繁

14. 您觉得导致您离职的主要原因是(可多选)

1)实际收入与期望薪酬有较大落差　　　　　2)职业发展需要

3)工作压力太大　　　　　　　　　　　　　4)与上级难以沟通

5)复杂的人际关系　　　　　　　　　　　　6)对管理方式不适应

7)个人需要与组织目标冲突　　　　　　　　8)家庭原因

9)其他(请说明)

第八节　附　　录

【附录一】

街旁、嘀咕、Foursquare 等 LBS 网站调查问卷

您好！感谢您填写这份问卷，此问卷是针对街旁、嘀咕、Foursquare 等 LBS 网站而设计的调研，用于对新型中国互联网及营销方式的研究，请您在做出选择前仔细阅读每个选项，按照自己的真实想法进行选择，您的选择将帮助我们顺利完成这次调研，在此，我们对您给予这一调研工作的帮助表示诚挚的感谢。谢谢！

基础知识：

基于位置的服务(location based service，LBS)是通过电信移动运营商的无线电通信网络(如 GSM 网、CDMA 网)或外部定位方式(如 GPS)获取移动终端用户的位置信

息(地理坐标，或大地坐标)，在 GIS(geographic information system，地理信息系统)平台的支持下，为用户提供相应服务的一种增值业务。

街旁网(http://jiepang.com)是一个基于地理位置的移动社交服务网站。它在传统的社交服务所拥有的时间、人物、事件之外，成功引入了第四个维度：地点，让用户的网络生活和真实生活更紧密的结合。用户可以使用街旁网来"签到"自己所处的地点，用创新有趣的数字化方式记录足迹，和朋友分享心情。街旁网自上线以来，以出色的用户体验及与国内主流社交网络的无缝同步广受业界褒奖。

[单选题]

1. 您的性别

1)男　　　　　　　　　　　　　　2)女

2. 您的年龄

1)16～22 岁　　　　　　　　　　2)23～28 岁

3)29～35 岁　　　　　　　　　　4)35 岁以上

3. 您的从业时间

1)工作 1 年以下　　　　　　　　2)工作 1～3 年

3)工作 3～5 年　　　　　　　　4)工作 5 年以上

5)其他　　　　　　　　　　　　6)在校学生

4. 您每个月大概消费多少？

1)500～1 000 元　　　　　　　　2)1 000～2 000 元

3)2 000～3 500 元　　　　　　　4)3 500 元以上

5. 知道街旁、嘀咕网、玩转四方、Foursquare 等 LBS 网站并拥有账号吗？

1)没有听过　　　　2)听说过但没有账号　　　　3)有账号

6. 您对这类 LBS 网站感兴趣吗？

1)不了解也不想尝试　　　　　　2)不了解但想尝试

3)了解但不感兴趣　　　　　　　4)了解并感兴趣

7. 您会选择 LBS 这种新型的社交方式吗？

1)会　　　　　　　　　　　　　2)不会

8. 您每天手机上网的时间？

1)0.5 小时以下　　　　　　　　2)0.5～1 小时

3)1～2 小时　　　　　　　　　　4)2～3 小时

5)3 小时以上

9. 您大概多久会签到(check in)一次？

1)偶尔　　　　　2)经常　　　　　3)每次更换地点就签到

10. 您是一个什么类型的人？

1)内向　　　　　　　　　　　　2)外向

11. 您对新鲜事物感兴趣吗？

1)完全不感兴趣　　　　　　　　2)看情况

3)比较感兴趣　　　　　　　　　4)对任何新鲜事物都感兴趣

12. 您平时爱上人人、开心网之类的社交网站吗?

1)基本不会   2)偶尔

3)经常   4)每天

13. 如果街旁告诉您有一个活动,您正好在活动附近签到了,您会过去看看吗?

1)会   2)不会

14. 您会在您喜欢的店铺签到吗?

1)完全不会   2)偶尔

3)经常   4)每次都会签到

[多选题]

1. 您希望街旁与哪些商户或品牌合作搞活动?

1)咖啡店、茶餐厅、电影院、Nike 等中低层次商户或品牌

2)茶艺、高级会所、巴宝莉等高层次商户或品牌

2. 徽章、抢地主、店家优惠这些活动哪个比较吸引您?

1)徽章(当你签到了一些有趣的地点之后,街旁会送给你一个徽章作为纪念)

2)抢地主(签到某地点次数最多的人成为该地点地主)

3)店家优惠(街旁有遍布全国的合作商户,为用户提供有吸引力的优惠与折扣,如 5 折自助餐、免费音乐会等。不同商户提供优惠与折扣的方式各不相同,有些提供给地主、有些提供给签到 n 次以上的用户、有些提供给拥有某个徽章的用户。)

4)其他活动建议

【附录二】

街旁、嘀咕、Foursquare 等 LBS 网站调查问卷分析报告

样本总数:270 份。

【单选题】

第 1 题   您的性别?

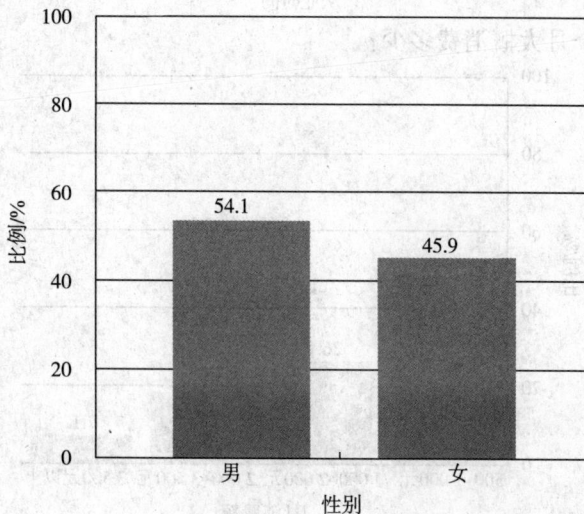

第 2 题 您的年龄?

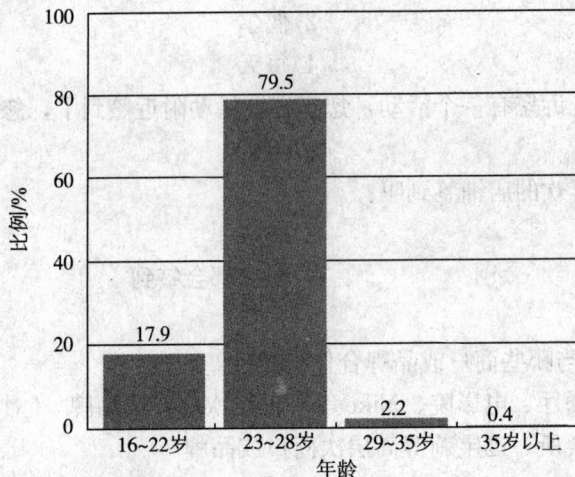

第 3 题 您的从业时间?

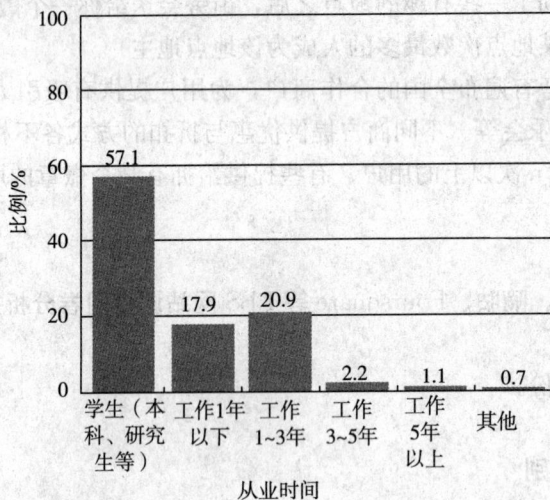

第 4 题 您每个月大概消费多少?

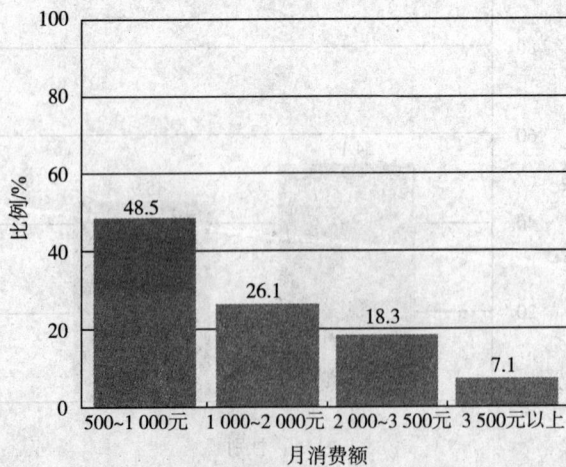

第 5 题 您知道街旁、嘀咕、玩转四方、Foursquare 等 LBS 网站并拥有账号吗?

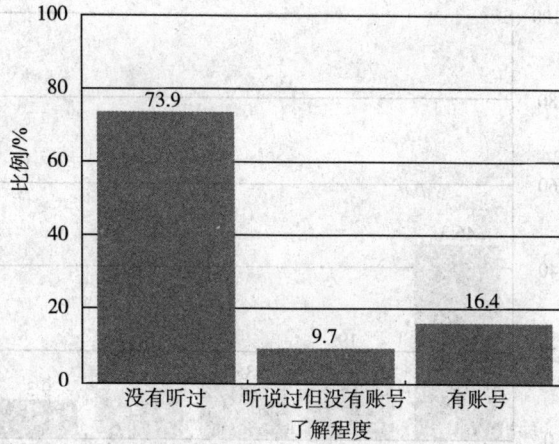

第 6 题 您对这类 LBS 网站感兴趣吗?

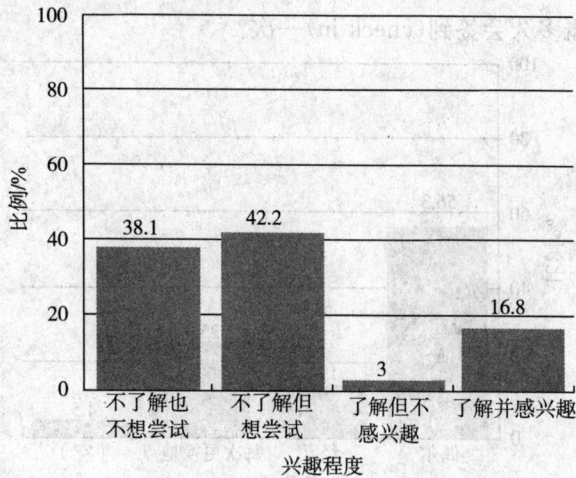

第 7 题 您会选择 LBS 这种新型的社交方式吗?

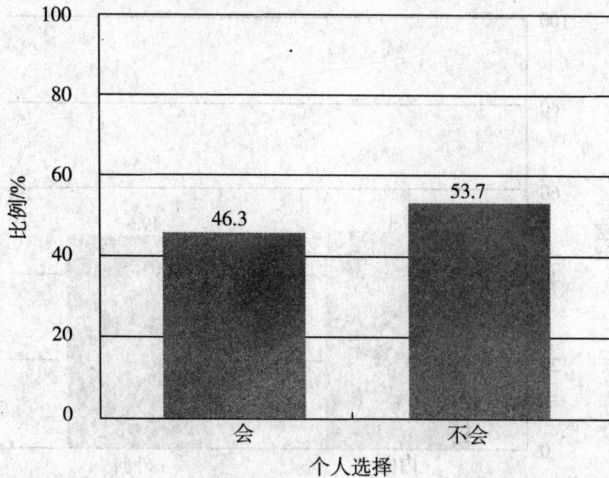

第8题　您每天手机上网的时间?

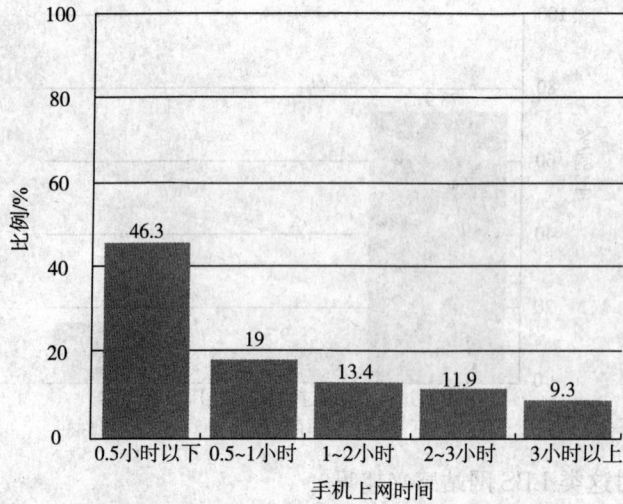

第9题　您大概多久会签到(check in)一次?

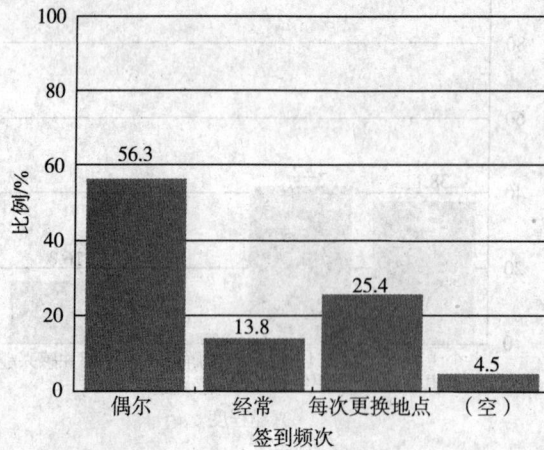

第10题　您是一个什么类型的人?

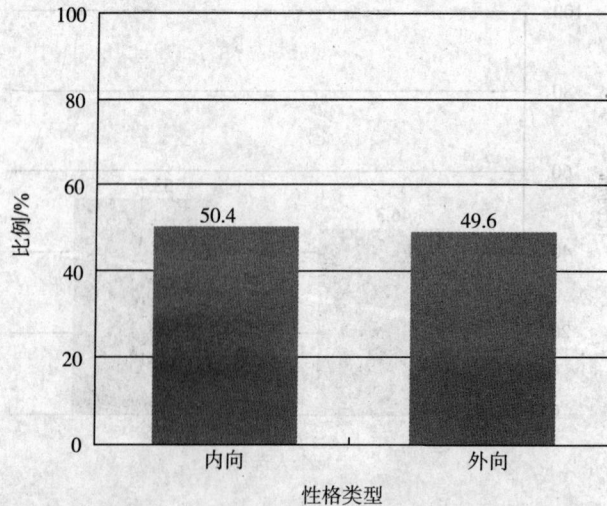

第 11 题　您对新鲜事物感兴趣吗？

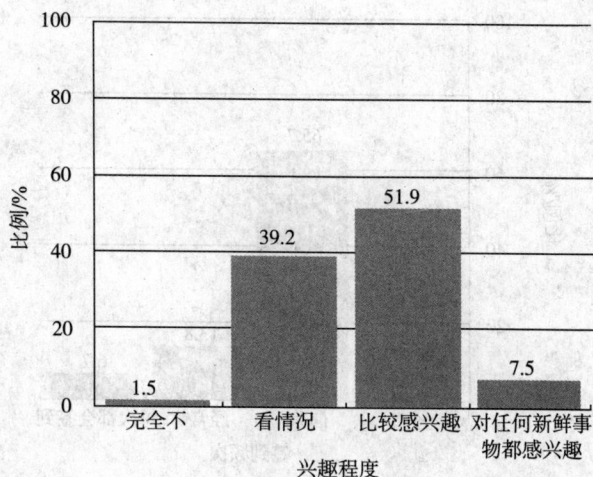

第 12 题　您平时爱上人人、开心网之类的社交网站吗？

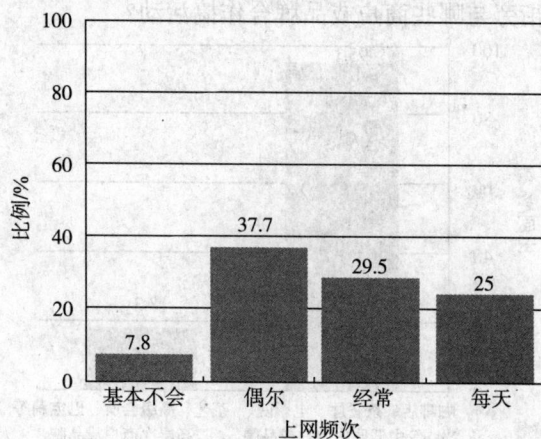

第 13 题　如果街旁告诉您有一个活动，您正好在活动附近签到了，您会过去看看吗？

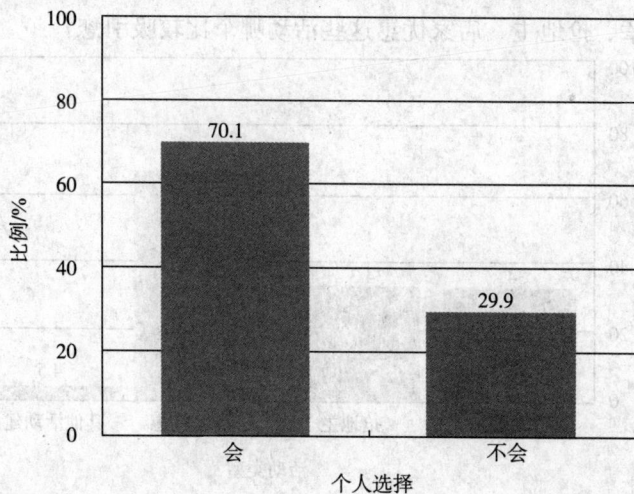

第14题　您会在您喜欢的店铺签到吗?

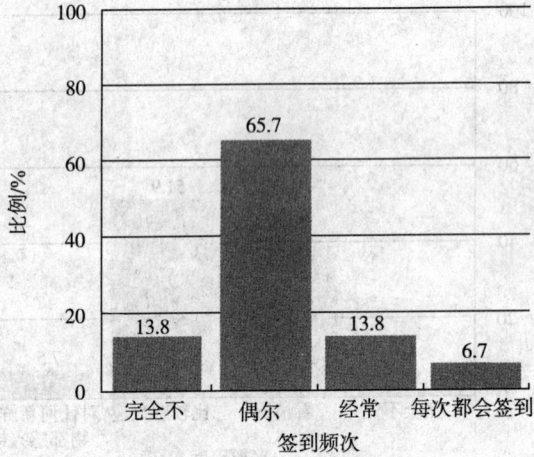

【多选题】

第1题　您希望街旁与哪些商户或品牌合作搞活动?

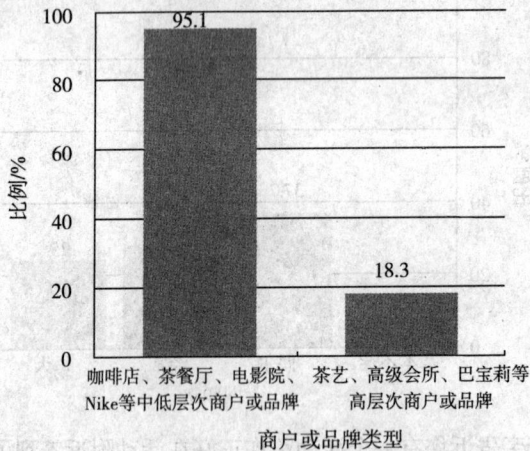

第2题　徽章、抢地主，店家优惠这些活动哪个比较吸引您?

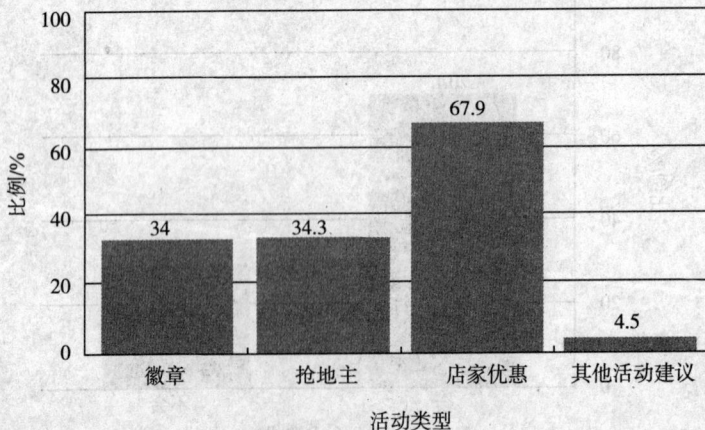

【附录三】

星巴克商户特征综合评分调查

您好！感谢您填写这份问卷，此问卷是关于移动互联营销商户特征的调查分析，请您在做出选择前仔细阅读每个选项，按照自己的真实想法进行选择，您的选择将帮助我们顺利完成这次调研。

另外需申明，我们在此以"星巴克"为例做测评，即在您所回答的测评问卷中提到的商户都是指"星巴克"。我们对您给予这一调研工作的帮助表示诚挚的感谢。谢谢！

基础知识：

星巴克（Starbucks）是美国一家连锁咖啡公司的名称，于1971年成立，为全球最大的咖啡连锁店，其总部坐落于美国华盛顿州西雅图市。除咖啡外，星巴克亦有茶、馅皮饼及蛋糕等商品。星巴克在全球范围内已经有近12 000间分店，遍布北美、南美洲、欧洲、中东及太平洋区。人均消费35元。

［单选题］

1. 您认为该商户的时尚度？

1）非常时尚　　　　　　　　2）比较时尚

3）一般时尚　　　　　　　　4）不太时尚

5）完全不时尚

2. 您认为该商户能给您带来多少附加值？（例如，除商品本身之外，环境、服务等能给您带来的额外价值）

1）附加值非常高　　　　　　2）附加值比较高

3）附加值一般　　　　　　　4）附加值很少

5）没有附加值

3. 您觉得该商户能给您带来新鲜的体验吗？

1）完全能够　　　　　　　　2）比较能够

3）一般　　　　　　　　　　4）不太能够

5）完全不能

4. 您对该商户的偏好程度和群体效应（如周围人的偏好）有关系吗？

1）非常有关系　　　　　　　2）比较有关系

3）一般　　　　　　　　　　4）没有太大关系

5）完全没关系

5. 您认为该商户能给您带来多大程度的品牌归属感？

1）非常强烈的归属感　　　　2）比较强烈的归属感

3）一般　　　　　　　　　　4）没有多少归属感

5）完全没有归属感

6. 您认为该商户的消费层次在您的可承受范围之内吗？

1）完全能承受　　　　　　　2）基本能承受

3)勉强能承受　　　　　　　　　4)不太能承受

5)完全不能承受

7. 在消费水平允许的情况下，您愿意去该商户进行消费吗？

1)非常愿意　　　　　　　　　　2)比较愿意

3)基本愿意　　　　　　　　　　4)不太愿意

5)完全不愿意

8. 您期待街旁与该商户合作搞活动吗(如优惠活动等)？

1)非常期待　　　　　　　　　　2)比较期待

3)一般　　　　　　　　　　　　4)不太期待

5)完全不期待

【附录四】

星巴克商户特征综合评分调查分析报告

样本总数：510 份。

本报告全部答卷平均分：33.5。

第 1 题　您认为该商户的时尚度？

本题平均分：4.1

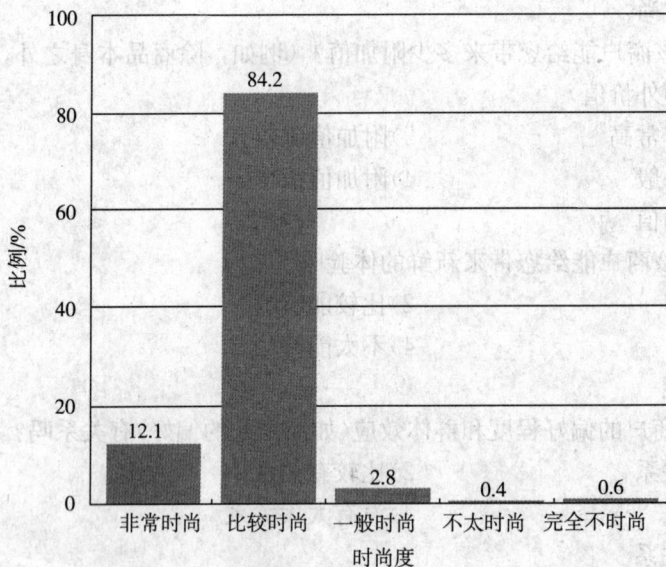

第 2 题　您认为该商户能给您带来多少附加值？(例如，除商品本身之外，环境、服务等能给您带来的额外价值。)

本题平均分：4

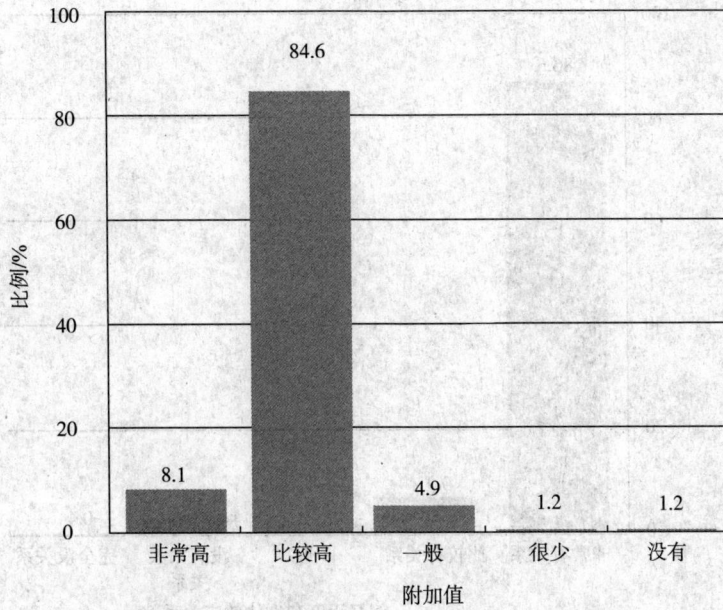

第 3 题　您觉得该商户能给您带来新鲜的体验吗?

本题平均分：4

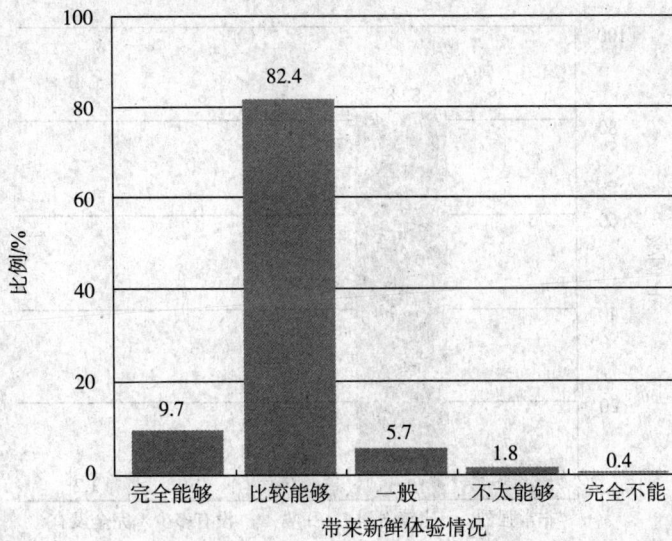

第 4 题　您对该商户的偏好程度和群体效应(如周围人的偏好)有关系吗?

本题平均分：4.7

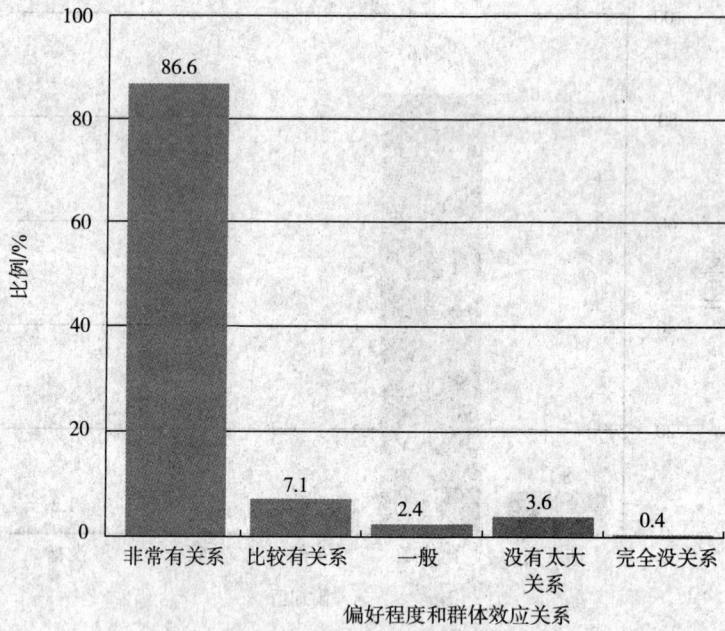

偏好程度和群体效应关系

第 5 题　您觉得该商户能给您带来多大程度的品牌归属感？
本题平均分：4

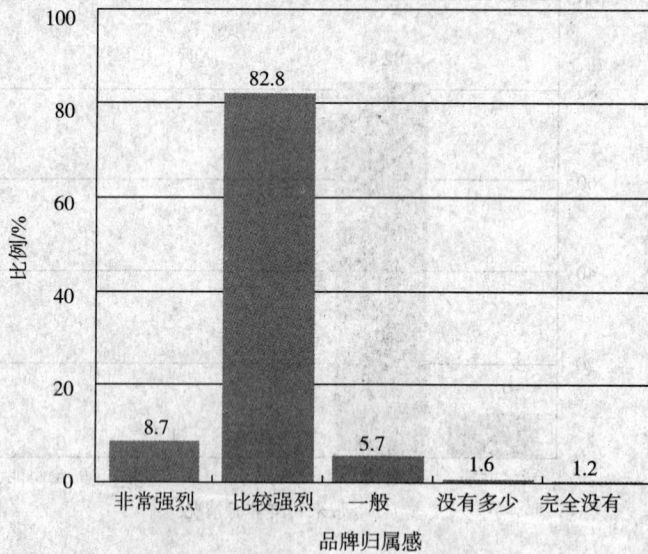

品牌归属感

第 6 题　您认为该商户的消费层次在您的可承受范围之内吗？
本题平均分：3.9

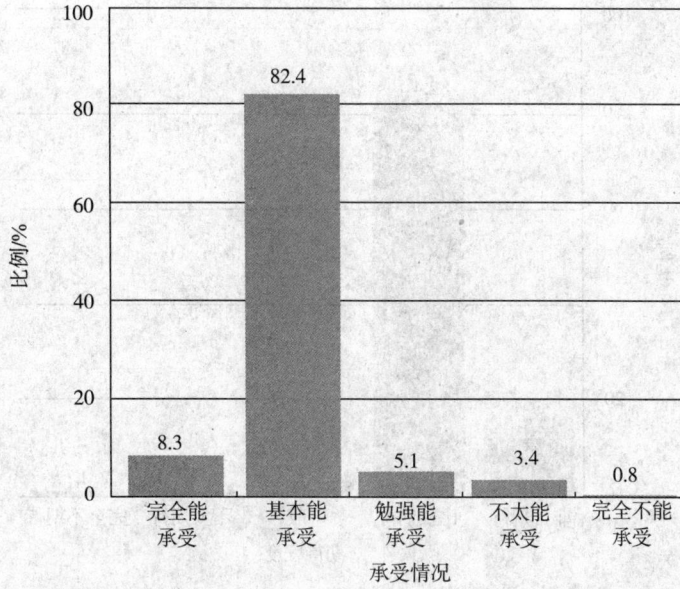

第 7 题　在消费水平允许的情况下，您愿意去该商户进行消费吗？
本题平均分：4.8

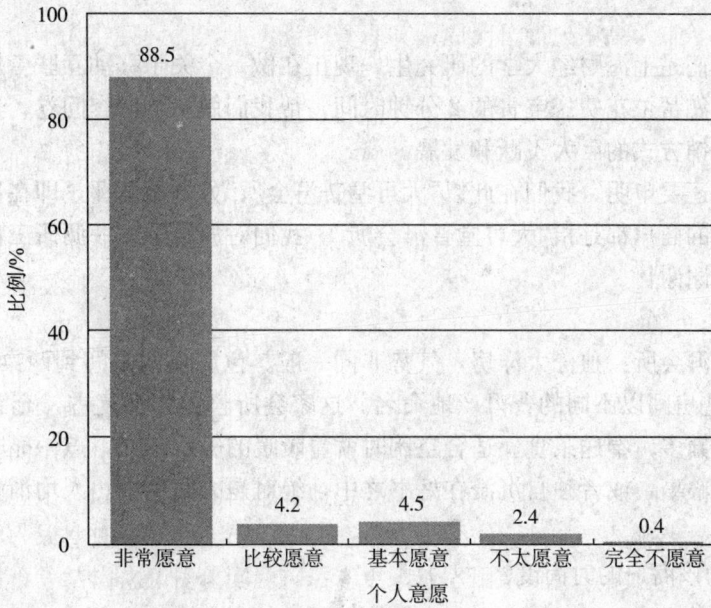

第 8 题　您期待街旁与该商户合作搞活动吗（如优惠活动等）？
本题平均分：4

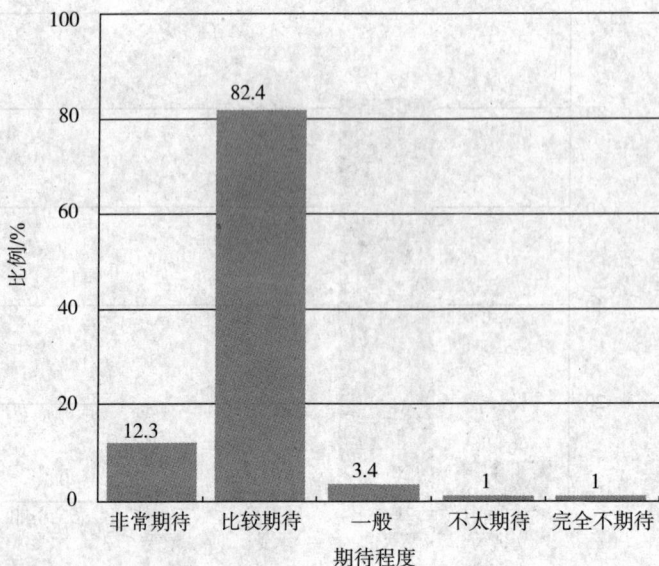

【附录五】

大可堂普洱会所商户特征综合评分调查

您好！我们是上海财经大学的研究生，现正在做一个关于移动互联营销商户特征的调查分析。请您帮忙花费您宝贵的 2 分钟时间，帮我们做一下调查问卷，这可能推动中国互联网及营销方式的巨大飞跃和发展。

另外，我们还要申明，我们在此以"大可堂普洱会所"为例做测评，即在您所回答的测评问卷中提到的商户都是指"大可堂普洱会所"。我们对您给予这一调研工作的帮助表示诚挚的感谢。谢谢！

基础知识：

大可堂普洱会所：独栋大洋房，气势非同一般。包房从两人间到两桌间（供会议使用）不等，这些房间以不同的普洱产地命名。这家会所整体装饰复古，充满了老上海风情。普洱种类繁多，奉送茶食。适合空闲时就着暖暖的午后阳光，点一壶陈普红汤，或者与知己聊聊心事，或者独自沉浸在好书之中，绝对是人间美事。人均消费 248 元。

[单选题]

1. 您认为该商户的时尚度？

1）非常时尚   2）比较时尚

3）一般时尚   4）不太时尚

5）完全不时尚

2. 您认为该商户能给您带来多少附加值？（例如，除商品本身之外，环境、服务等能给您带来的额外价值。）

1)附加值非常高　　　　　　　2)附加值比较高

3)附加值一般　　　　　　　　4)附加值很少

5)没有附加值

3. 您觉得该商户能给您带来新鲜的体验吗？

1)完全能够　　　　　　　　　2)比较能够

3)一般　　　　　　　　　　　4)不太能够

5)完全不能

4. 您对该商户的偏好程度和群体效应(如周围人的偏好)有关系吗？

1)非常有关系　　　　　　　　2)比较有关系

3)一般　　　　　　　　　　　4)没有太大关系

5)完全没关系

5. 您觉得该商户能给您带来多大程度的品牌归属感？

1)非常强烈的归属感　　　　　2)比较强烈的归属感

3)一般　　　　　　　　　　　4)没有多少归属感

5)完全没有归属感

6. 您认为该商户的消费层次在您的可承受范围之内吗？

1)完全能承受　　　　　　　　2)基本能承受

3)勉强能承受　　　　　　　　4)不太能承受

5)完全不能承受

7. 在消费水平允许的情况下，您愿意去该商户进行消费吗？

1)非常愿意　　　　　　　　　2)比较愿意

3)基本愿意　　　　　　　　　4)不太愿意

5)完全不愿意

8. 您期待街旁与该商户合作搞活动吗(如优惠活动等)？

1)非常期待　　　　　　　　　2)比较期待

3)一般　　　　　　　　　　　4)不太期待

5)完全不期待

【附录六】

大可堂普洱会所商户特征综合评分调查

样本总数：510 份。

本报告全部答卷平均分：25.7。

第 1 题　您认为该商户的时尚度？

本题平均分：3.1

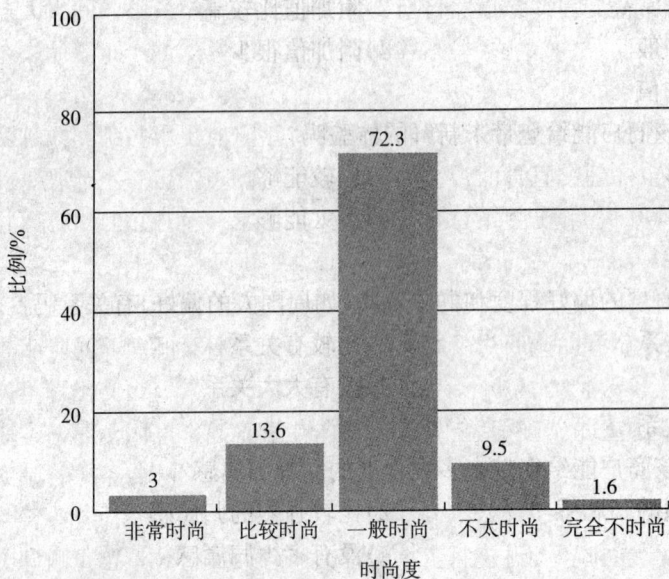

第 2 题　您认为该商户能给您带来多少附加值？（例如，除商品本身之外，环境、服务等能给您带来的额外价值。）

本题平均分：3

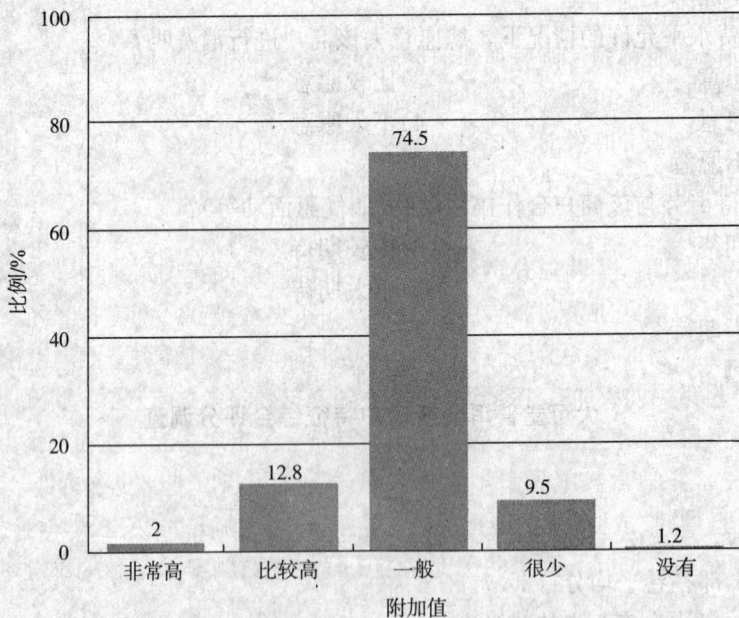

第 3 题　您觉得该商户能给您带来新鲜的体验吗？

本题平均分：3.7

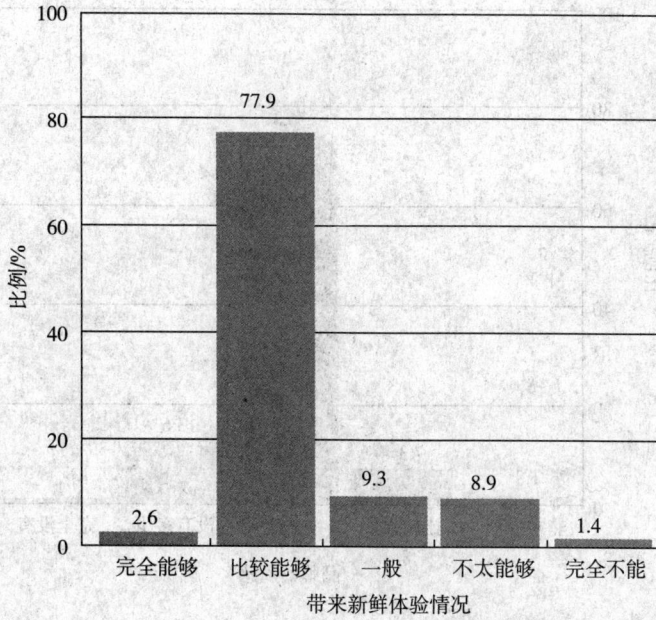

带来新鲜体验情况

第 4 题　您对该商户的偏好程度和群体效应(如周围人的偏好)有关系吗?
本题平均分：3.1

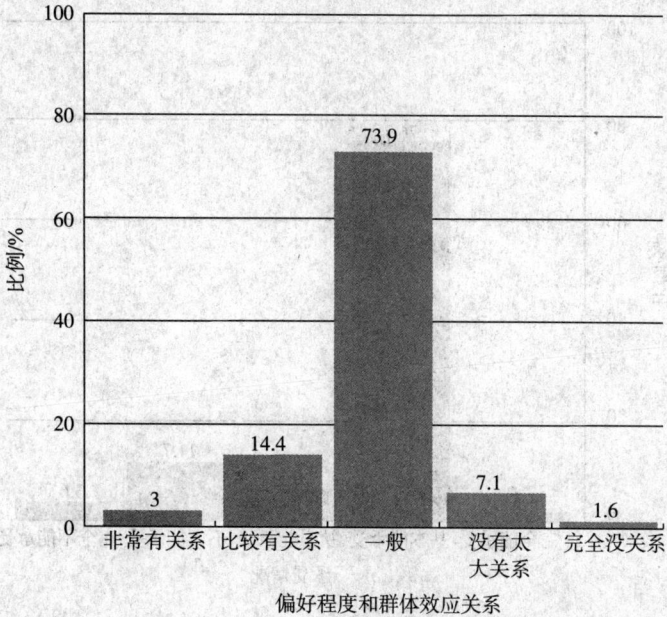

偏好程度和群体效应关系

第 5 题　您觉得该商户能给您带来多大程度的品牌归属感?
本题平均分：3

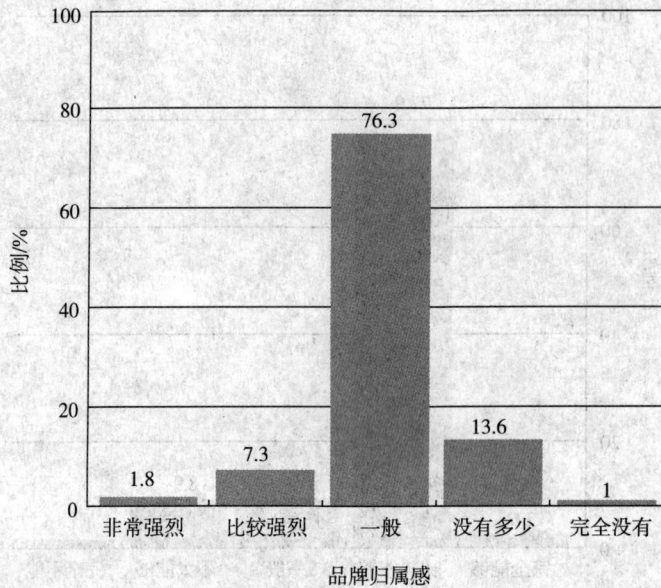

品牌归属感

第 6 题　您认为该商户的消费层次在您的可承受范围之内吗？

本题平均分：3.6

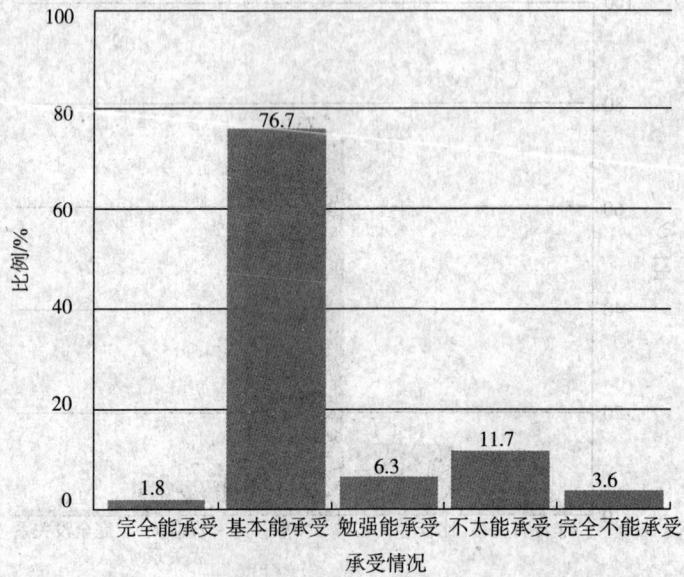

承受情况

第 7 题　在消费水平允许的情况下，您愿意去该商户进行消费吗？

本题平均分：3.1

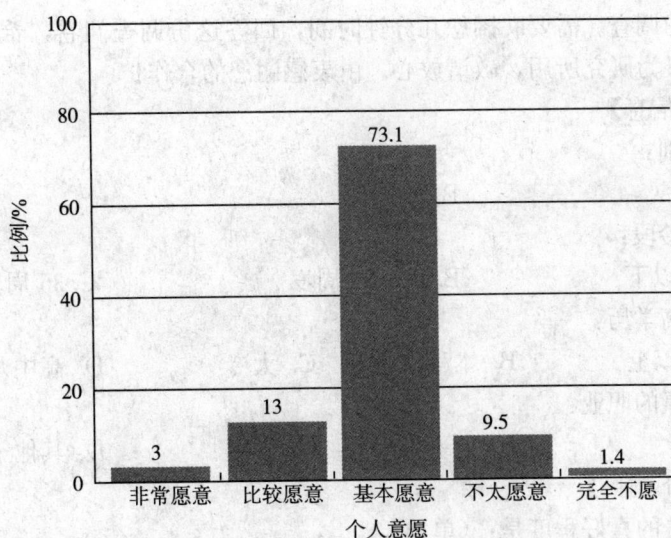

第 8 题　您期待街旁与该商户合作搞活动吗（如优惠活动等）？
本题平均分：3.1

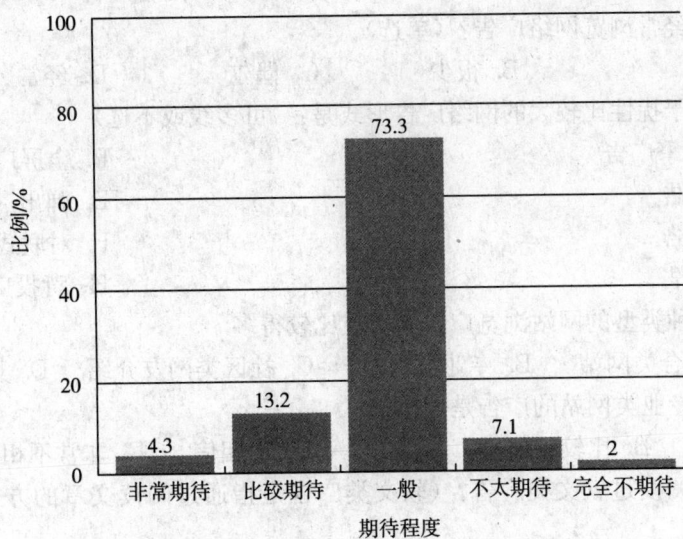

第九节　附　　录

【附录一】调查问卷

网络广告态度调查问卷

尊敬的先生/女士：

您好！我是上海财经大学信息管理与工程学院的学生，现正在进行一项关于网络广告消费者态度的调查。需要耽搁您几分钟时间，回答这份调查问卷，希望您给予支持！问卷不记名，只为研究所用，敬请放心。由衷感谢您的合作！

【您的个人信息】

1. 您的性别：

A. 男　　　　　　　　　　　B. 女

2. 您的年龄段：

A.18 周岁以下　　　　　　　B.18～35 周岁　　　　　　　C.35 周岁以上

3. 您的最高学历：

A. 硕士及以上　　　　B. 本科　　　　C. 大专　　　　D. 高中及以下

4. 您所从事的职业：

A. 企业家　　　　　　B. 上班族　　　　C. 学生　　　　D. 其他

【请完成以下题目】

1. 您对广告的喜好程度是：（单选）

A. 非常喜欢　　　B. 喜欢　　　C. 无所谓　　　D. 讨厌　　　E. 非常讨厌

2. 您最信任以下哪类媒体的广告：（单选）

A. 电视广告　　　B. 纸质广告(报纸、广告)　　　C. 网络广告　　　D. 其他

3. 您是否经常浏览网络广告？（单选）

A. 从不　　　　　　　B. 很少　　　　　C. 偶尔　　　　D. 经常

4. 您认为干扰性比较大的网络广告形式是：（可多线或不选）

A. 搜索引擎广告　　　　　　　　　　　　B. 全屏广告

C. 条幅广告　　　　　　　　　　　　　　D. 弹出广告

E. 邮件广告　　　　　　　　　　　　　　F. 对联式广告

G. 悬浮广告　　　　　　　　　　　　　　H. 背投广告

5. 对于哪种类型的网站浏览广告的次数比较得多

A. 知名综合类网站　　B. 专业类网站　　C. 社区类网友介绍　　D. 其他

6. 您对于专业类网站的广告是否相信

A. 相信　　B. 比较相信　　C. 无所谓　　D. 不相信　　E. 非常不相信

7. 您是否阅读过软文类广告？（软文类广告是指通过阅读文章的方式插入无形的广告）

A. 是　　　　　　　B. 否

8. 您对软文类广告的态度？

A. 比较的喜欢　　　　B. 无所谓　　　C. 没有兴趣

9. 您对软文类广告的观点？

A. 可以获得需要的知识，可以适当的添加　　　B. 无所谓

C. 属于垃圾类广告，应该屏蔽

10. 您最想获得的广告信息？

A. 日用品　　　　B. 房地产

C. 金融理财　　　D. 数码产品

E. 食品　　　　　F. 汽车

G. 交通运输　　　H. 教育

I. 其他

【附录二】补充资料——投放的软文化广告

15 条家庭消费经验

1. 电子时尚类的产品不要赶早买。电子类产品，以计算机为典型，其产品的更新换代速度远超过我们的想象，因此产品的价格也下降得最快。如果不是急需，买要淘汰的产品似乎更划算一些。

2. 小资类的产品还是少买为妙。这方面，以我的经验，像 MP3、MP4 等产品就属此类。三十好几的人了，像个小姑娘一样上班时插个耳机，似乎很年轻，但腰包里的钱的流失却不会真正让你年轻。

3. 食品以尽量少次地吃完为度，且不可贪便宜或图省事而大量购买。尽管吃是我们的基本要求，肯定要满足，但满足基本需要不是浪费的理由。衣着等亦是如此。

4. 如有条件最好保持日常记账习惯（记账本子、电脑），我本人是在账族 http://www.zonezu.com 记账，这样会让你及时了解每月详细的支出情况，省去不必要的花费。钱这个东西，用的时候没感觉，积少成多就不是一个小数目了。

5. 及时处理不用的东西。像我年轻时，家里三口人最多竟有五台电脑，这显然是浪费。还有，许多旧家电、旧家具不要因为不值钱就不管它或简单地一扔了事，那会让你在理财时损失可能像吃饭时最后一口那么重要的一笔钱。

6. 穿着以大方、简洁、庄重为美，加少量的时尚即可。时沿的衣服意味着过快地更换，而正规的、传统的衣着则保鲜度和耐用性会更好一些。

7. 及时支取到期的存款或债券。

8. 注意学习。学习可能会让你在通向财富的道路上多几个选择甚至是捷径。

9. 尽量地减少不良嗜好方面的开支。这方面不要向我学，我还抽着烟呢。但酒方面我是不沾的。

10. 交适合自己的朋友，不能为了表示受人喜欢就胡交朋友。这方面可能会有网友有不同意见。我的感受是，朋友多了，应酬就多，除了开支方面要增多以外，还有就是很多时间就不属于自己了。

11. 耐用消费品，不要追求一步到位。一步到位的思想越来越不适应现代社会。想想去年一万多买的电脑，今年还值几钱？早些年花了万余元买的 29 寸"大"彩电，现在还看吗？就是汽车，去年买的 PST，今年还生产不？

12. 时间充裕的话，许多事情可以自己做。像日常家务，自己做既省了钟点工的支出，也让自己变得充实，甚至可以给孩子们树立良好的行为规范。

13. 孩子兴趣学习适可而止。不管现在竞争多么激烈，也不管你多么用心良苦，孩子毕竟是孩子，玩才是他们最应该做的，而兴趣学习则要结合孩子的喜好而定，家长越过孩子，独断而定，其结果肯定是适得其反——自己既浪费了时间和金钱，也得不到预期效果。

14. 个人爱好要服从家庭的总体理财要求。我曾经玩过十余个照相机，还玩过十余台电脑，还买过三辆摩托车，现在想起来，这么多年，除了让自己的大好青春在这些爱好上面白白流失掉以外，还有大量的金钱。

15. 家庭建设，量力而行，并要留有余地。尽管谁都想让家更舒适一些，但如果舒适和金钱的付出不成正比（往往也是如此），还是找一个合适的点再计划支出，并保证决不突破计划。

总之，每家各有不同的消费妙招。但要切记，目前你的处境稳定不代表你未来就没有变数，涝时蓄水，旱时才能有水。

第十节 附 录

【附录一】调查问卷

智能手机购买意愿调查问卷

您好！这是一份关于智能手机使用者或者潜在使用者的调查问卷，请您根据自己的实际情况填写下列问卷。此问卷不记名。谢谢合作！

基础知识：

智能手机（Smartphone）是指像个人电脑一样，具有独立的嵌入式开放系统（如 Symbian、Windows Mobile 等），可以由用户随意安装和卸载软件、游戏等第三方服务商提供的非 java 应用的程序，并可同时运行多个程序，且可以通过移动通信网络来实现无线网络接入的一类手机的总称。常见的智能手机有苹果 iPhone 3G、诺基亚 N96、诺基亚 E71（英国媒体 *stuff* 评选的 2010 全球十大智能手机排名前三甲）等。

1. 您的性别（　　）

A. 男 　　　　　　　　　B. 女

2. 您的年龄（　　）

A. 25 岁以下 　　　　　　B. 25～35 岁 　　　　　　C. 36～50 岁

3. 您的文化程度是（　　）

A. 硕士、博士研究生 　　　B. 本科 　　　　　　　　C. 本科以下

4. 您每月愿意消费的金额在（　　）

A. 1 000 元以下 　　　　　B. 1 000～3 000 元之间 　C. 3 000 元以上

5. 您每天上网时间在（　　）

A. 1 小时以下 　　　　　　B. 2～3 小时 　　　　　　C. 3 小时以上

6. 您的专业（职业）使用电脑频率（　　）

A. 经常使用电脑 　　　　　B. 偶尔使用电脑 　　　　C. 基本不使用

7. 您对新鲜事物敏感程度（　　）

A. 很敏感 　　　　　　　　B. 比较敏感 　　　　　　C. 不敏感

8. 您对电子新产品关注程度（　　）

A. 很关注 　　　　　　　　B. 比较关注 　　　　　　C. 不关注

9. 您了解智能手机吗？（　　）

A. 很了解　　　　　　　　B. 比较了解　　　　　　　　C. 不了解

10. 您有使用智能手机的经验吗？（　　）

A. 使用过　　　　　　　　B. 正在使用　　　　　　　　C. 未使用

11. 您身边是否有人使用智能手机（　　）

A. 很多　　　　　　　　B. 有，但不多　　　　　　　　C. 不知道

12. 当身边的人有使用智能手机时，您是否也想尝试使用该产品？（　　）

A. 非常想　　　　　　　　B. 不一定，根据自己需要决定 C. 不想

13. 以下智能手机品牌中，您比较了解（　　）

A. 苹果 iPhone　　　　　　　　B. 诺基亚　　　　　　　　C. HTC

14 您对智能手机发展前景（　　）

A. 非常乐观，一定会普及　　　B. 持观望程度　　　　　　　C. 不清楚

15. 您是否会考虑购买智能手机（　　）

A. 会　　　　　　　　B 否

【附录二】补充资料

1. 购买群体潜在的特征属性

购买群体潜在的特征属性包括性别、年龄、文化程度、月消费支出、上网时间、专业（职业）、对电子新产品关注程度、受别人影响程度、智能手机使用经验、对新事物感兴趣程度。对各个属性进行离散化，分别用 0，1，2 代表其属性值，如下表所示。

属性	标号		
	0	1	2
性别	男	女	
年龄	25 岁以下	25～30 岁	30～50 岁
文化程度	硕士、博士研究生	本科	本科以下
月消费支出	1 000 元以下	1 000～3 000 元	3 000 元以上
上网时间	1 小时以下	2～3 小时	3 小时以上
专业（职业）	经常使用电脑	偶尔使用电脑	不使用
对电子新产品关注程度	很关注	比较关注	不关注
受别人影响程度	容易受影响	比较受影响	不会受影响
智能手机使用经验	有	正在使用	无
对新鲜事物敏感程度	很敏感	比较敏感	不敏感
是否购买	是	否	

2. 社会调查学

社会调查学就是关于人们自觉认识社会的理论、方法和过程的科学。

社会调查学有自己完整的知识体系和丰富的内容。它包括社会调查的对象和任务、目的和意义、理论基础和指导思想、起源和历史发展、一般程序和主要环节、基本类型和主要方法，以及社会调查的主要手段和技术等。其中社会调查的方法是这门学科的主要内容。社会调查的方法大体上可分为两类：

一类是搜集材料的方法，主要是感性认识的方法，它包括文献调查法、实地观察法、访问调查法、集体访谈法、问卷调查法、实验调查法等；

一类是研究材料的方法，即理性认识的方法，它包括统计分析方法（描述统计、推论统计）和思维加工方法（比较和分类、分析和综合、矛盾分析、因果分析、系统分析、结构—功能分析）。

社会调查学的主要特点：

(1)社会调查学是一门方法性的学科。

所谓方法，就是工具和手段。一般来说，方法可分为认识方法和工作方法两大类。社会调查主要是一种认识方法，同时也是一种重要的工作方法。

社会调查学研究的方法包括三个层次：

一是科学的方法论，它是最高层次的方法，包括最一般的哲学方法和各门社会科学的研究方法；

二是社会调查的基本方法，它是中间层次的方法，包括调查材料的方法和研究材料的方法；

三是社会调查的程序和使用调查工具的方法，它是最低层次的方法，包括社会调查的一般步骤和使用各种调研工具的具体方法。

(2)社会调查学是一门综合性的学科。所谓综合性，有两层含义：

一是指知识的综合性，社会调查学涉及的不只是某一学科或某一领域的知识，而是涉及多领域、多学科的知识。

二是指服务的综合性，社会调查学与研究社会某一特定领域的具体社会学科不同，它是为各门具体社会学科的理论研究和党政企事业单位的实际工作服务的综合性学科。

(3)社会调查学是一门实践性的学科。所谓实践性也有两层含义：

一是指内容的实践性。社会调查学的主要内容是一系列具体方法和操作技术。

二是指服务的实践性。社会调查学是一门面向现实并直接为现实服务的实践性学科。

3. 消费心理学

消费心理学是心理学的一个重要分支，它研究消费者在消费活动中的心理现象和行为规律。消费心理学是一门新兴学科，它的目的是研究人们在生活消费和日常购买行为中的心理活动规律及个性心理特征。消费心理学是消费经济学的组成部分。研究消费心理，对于消费者，可提高消费效益；对于经营者，可提高经营效益。

附录 B 大纲、报告、指导书模板

××实验大纲

一、【实验目的】

二、【实验平台】

三、【实验要求】

四、【实验步骤】

五、【撰写实验报告】

××实验报告

一、【实验名称】

二、【实验目的】

三、【实验使用软件平台】

四、【实验过程及数据记录】

五、【实验数据分析】

六、【实验总结】

××实验指导书

一、【实验题目】

二、【实验课时】

三、【实验目的】

四、【实验过程】